Fraterna Et Modesta Ad Omnes Per Universam Europam Reformatas Ecclesias

Bartholomaus Bythner

Fraterna & Modesta
AD OMNES PER
VNIVERSAM
EVROPAM REFORMATAS ECCLESIAS, EArumque pios ac fideles Moderatores ac Defensores,

Pro vnanimi, in toto Religionis Euangelicæ negotio

CONSENSV
INTER SE CONSTITVENDO
EXHORTATIO.

Bartłomiej Bythner

A Pio & erudito Theologo

Nomine Fratrum Euangelicæ Professionis in regno Poloniæ existentium, ante aliquot annos scripta, nuncque in lucem edita.

Prostat
FRANCOFVRTI,
In officina Ionæ Rosæ,
CIↃ IↃC XVIII.

Phil. Melanch. Epigram.

In tristi sudans quod poscit agone cruorem,
ÆEterno CHRISTVS de Genitore satus,
Semper CONCORDES, VNVMque vt si-
mus in IPSO,
Cum CHRISTO nostra hoc vota animique
petant.

D. Mart. Luth. Epist. ad Heluet. & habetur
Tom. 6. Ien. pag. 542.

DEVS omnis CONCORDIAE ac DI-
LECTIONIS auctor, coeptum HOC OPVS,
pie ac salutariter perficiat, sicut scriptum est: Cum
placuerint DOMINO via hominis, inimicos
quoque eius connertet ad PACEM, Prou. 16.

S. Hieronym. præfat. in Isaiam.

Legant prius, & postea despiciant, ne videantur non ex iudicio, sed ex O D I I præsumptione I G N O R A T A damnare.

B. Theodoretus prolog. in lib. de curat.
Græc. affection.

Quiscunque in A L I O R V M lucubrationes inciderint, E o s oratos vélim, vt siquidem B E N E habent O M N I A, quæ scripta sunt, D E V M laudent, qui bene scribendi facultatem dedit: ipsisq; adeo S C R I P T O-R I B V S bene precentur. Sin vero aliqua D E E S S E desiderarique videantur, ne P A V C O R V M causa, C V N C T A ea quæ scripta sunt, continuo D E T E S T E N T V R, sed ex I I s potius, quæ H A V D perperam scripta esse cognouerint, E M O L V M E N-T V M sibi, commoditatemq; comparent.

Idem prol. in Dial. eiusdem.

Rogo, qui in H V N C inciderint L I B E L-L V M, vt absque vllo anticipatæ opinionis P R A E I V D I C I O veritatem E X A M I-N E N T.

1. Tess. 5. v. 21.

Omnia explorate; quod B O N V M fuerit, retinete.

EXHORTATIONEM ISTAM
Potentißimis, Inuictißimúsque
REGIBVS,
Serenißimis, Illuftrißimúsque
PRINCIPIBVS,
Illuftribus, Generofis, & Magnificis
HEROIBVS,
Spectabilibus, Prouidis, & Amplißimis
VIRIS; *nec non*
Reuerendißimis, Reuerendúsque
PATRIBVS,
Dominis, Dominis
ECCLESIARVM EVANGELICARVM PER
Vniuerfam Europam
DEFENSORIBVS, PATRONIS, EPISCOPIS,
AC MINISTRIS, ET
IN CHRISTO IESV, FRATRIBVS SVIS
OBSERVANDISSIMIS;
FRATRES
Per Poloniam Euangelium CHRISTI
profitentes
HVMILLIME DICANT, DEDICANTQVE.

Ioh. 17. v. 11. & 17.

Pater fancte! Serua eos, per nomen
Tuum, quos dedifti mihi, vt fint VNVM,
prout & Nos! Sanctifica Eos tua veritate, Sermo TVVS eft Veritas!

FRA-

FRATERNA
ET MODESTA
AD OMNES

PER VNIVERSAM EVROPAM
REFORMATAS ECCLESIAS
Earumque pios ac fideles Moderatores
ac
DEFENSORES,

Pro vnanimi in toto Religionis Euangelicæ negotio,

C O N S E N S V
inter se ineundo ac conftituendo,

E X H O R T A T I O.

Ereniffimi , Inuictiffimi,
Potentiffimi, Illuftriffimi
R E G E S, P R I N C I P E S,
D v c e s , nec non Illu-
ftres, Magnifici, Genero-
fi, Comites, Barones , & Nobiliffimi,
Ampliffimi, Strenui, Clariffimi, Do-
ctiffimique viri: Adhæc Reuerendif.
A 3 fimi,

ſimi, Venerabiles, Spectabiles, Hu-
maniſſimi, DEO digni Domini, Domini & FRATRES in CHRISTO IE-
SV plurimum Obſeruandi, honoran-
dique, quocunque tandem nomine,

a Gal. 1. v.1. aut cognomine appellamini! *a* Gratia VOBIS & PAX à DEO Patre, &
Domino noſtro IESV CHRISTO, qui
dedit ſemetipſum PRO peccatis No-
STRIS, vt eriperet Nos de præſenti
ſeculo MALO, ſecundum voluntatem DEI & Patris NOSTRI, Cui ſit
gloria in ſecula ſeculorum, Amen.

Exordium à
praeoccupati-
one Obiectio
nis.
MIRABITVR quiſpiam Veſtrum, Viri
FRATRES vndiquaque Excellentiſ-
ſimi, cur Nos, qui alioquin Barbari ac feri
homines ab aliis, ſed immerito, cenſemur,
iſtas nunc partes EXHORTANDI reliquas
forſan magis excultas *Nationes*, adeo fidenter Nobis ſumpſerimus. Et profecto, ſiquidem res iuſto æquilibrio ſit ponderanda, haud leuis cuique admirationis porri-
gitur anſa. Quid enim? Nos, qui vt in reci-
piendo *Chriſtianiſmo*, tametſi corruptiore,
ita in admittenda Eccleſiarum *Reformatio-*
b Matth. 19. *ne*, facile poſtremi fuimus, hoc tempore *b*
v. 30. *primos* eſſe? cæteros cohortari, & quaſi cur-
rentibus calcar addere velle? Sauromatas?
                                        Pola-

Polacos?Ita fane.Eos noseffe profiteri nulla fuerit relligio:reticere autem,quæ commode proferri poffint,ac debeãt,maxima: *e Tob.12.v.7*
Etenim, *e* vt Raphaelis vtamur verbis, *Ar-*
cana regis celare bonum ; opera vero DEI reuelare.
*ac confiteri, honorificum:*At quum d DEVS per- *d Deut.10.*
fonarum acceptor non fit, Verum, vt Đ. Petrus *v.17.*
afferit,e *in omni* GENTE (& in Polonia) *qui* *e Act.10.v.35*
timet eum, & operatur iuftitiam, acceptus eft illi :
Nos quoq; Dominus ad eandem fidei ac
fpei, charitatisque focietatem vobifcum
vocarit, *f Vbi non eft,* inquit Apoftolus, *Græ-* *f Col.3. v.11.*
cus, & Iudæus. Circumcifio & Præputium, BAR-
BARVS & SCYTHA *, feruus & liber* *g O-*
MNIA *& in omnibus eft* CHRISTVS, ,
mnes communiter g CHRISTIA- *g Act.11.v.*
mur h; *Quicunque, enim in* CHRISTVM *bapti-* *26.*
zati fuiftis, ait idem, CHRISTO *fuiftis induti :* *h Galat.3.v.*
non eft Iudæus, neq; Græcus (Germanus, Polo- *27.*
nus, Italus, Gallus, Anglus, Vngarus, &c.) *Etiam Polo-*
non eft feruus, neque liber, non eft mafculus, ac fœ- nos effe Chri-
mina, OMNES *enim Vos VNVM eftis in* CHRI- *ftianos.*
STO IESV. Hic iam mirari quifque defi-
net, *Gentem* multorum opinione *Barbaram*
non folum in Ecclefia DEI palam verba
facere:Verum etiam in publicum iam pro-
dire *i, è thefauris fuis noua & vetera proferre,* *i Matth.13.*
eloquia Domini fonare, cæterosque ad id, *v.52.*
quod neceffarium fuerit,gnauiter&graui-
ter cohortari atq;extimulare.Quod quidē
donũDEI in nobis grato agnofcimus &ce-
A 4. lebra-

k 1.*Cor.*15.
6.10.

lebramus animo, cum D. Apoſtolo dicentes : *k Gratia DEI ſumus id, quod ſumus, & gra-*
tia eius in nos collata non fuit inanis.

Cauſa iſtius
Exhortatio-
nis.

Accedant & aliæ iuſtiſſimæ cauſæ, quæ à
Nobis id, non modo exigere; Verum etiam vi quadam extorquere videantur.

1.

Prima eſt amor debitus, cum erga vos, tum

l Rom. 13.
6.8.

erga veſtras Eccleſias. Audimus monen-
tem Apoſtolum : *l Nemini quicquam debeatis,*
NISI vt alii ALIOS diligatis ; Nam qui DILI-
GIT alterum Legem impleuit. Atq; hac ratione Nos *Vobis debitores* eſſe agnoſcimus, qua

m Ro. 1.*v.*14.

etiam ſe idem Apoſtolus *m Græcis & BARBA-*
RIS, SAPIENTIBVS & inſipientibus DE-
BITOREM eſſe agnoſcebat. Qua de re,

n 1.*Cor.*13.
6.5.

inter cætera, idem alibi : *n CHARITAS,*
inquit *NON QVAERIT quæ SVA ſunt,*
non exacerbatur, non cogitat malum, non gau-
det iniuſtitia, gratulatur autem VERITATI.

2.

Altera eſt *Zelus* conueniens, Qualis olim
repertus fuit in MOYSE fideli Seruo Do-

o Num. 11.
*v.*29.

mini, quum diceret : *o Vtinam vniuerſus po-*
pulus Iehoua PROPHETET, & daret Iehoua
Spiritum SVVM ſuper EOS ! aut in Apoſto-

*p Rom.*9.*v.*1.

lo *p : Veritatem dico,* inquit ille, *per CHRI-*
STVM, non mentior attestante mihi ſimul con-
ſcientia mea, per Spiritum ſanctum ; magnam
mihi TRISTITIAM eſſe, & perpetuum cru-
ciatum CORDI MEO. Quis enim ſiccis
oculis, cordeque læto poteſt aſpicere Fratres inter ſe inuicem vulnerib.cóficientes?
Et

Et quis *zelus* côuenientior,quâ ômnê inter
eos litigii materiam & occafionem è medio tollere, vtq; iidem in gratiam redeant,
ac inter fe conçilientûr,omne ftudium ad-
hibere? Bonus certe ardor eft, qui in con-
feruandos, & non perdendos *q* Fratres ac- *q Rom.9.ϑ.1.*
cenditur! Vtinam vero & hoc *r* *Pater ille r Num.27.*
*Spirituum tribuat,vt omnis,*populus Chriftia *ϑ.26.*
nus,pofita *f contentione & liuore,t* V N A N I- *f Aϑ.2.ϑ.*
MITER,u VNOQVE ORE,DEVM glo- *46.*
rificet , x in Charitate VERA , & Fide NON *t Rom.15.*
FICTA. Sic etiam Noftrum(pro quotan- *ϑ. 6.*
topere zelamur,) *y impleretur gaudium!* Sic *u Rom. 13.*
v.13.
omnis *z triftitia perpetuufque ille cordis* C R V- *x 1.Tim.1.*
CIATVS à Nobis aliifquemultis Chrifti- *v 5.*
colis procul recederet! Quid enim iucun- *y Phil 2 v.2.*
dius,quâ Videre *a fratres habitare in VNVM?* *Z Rom 9.*
v.2.
Tertia huius *Exhortationis caufa* eft,*Officium* *a Pf.133.v.1.*
Fraternum. Et quodnam, obfecro, cenfe- *3.*
tur maximum? *b* Nonne *Operam noftram ac-*
commodantes H O R T A R I *inuicem , ne fruftra* *b 2.Cor.6.*
gratiam DEI recipiamus? nullam *VLLA in re* *ϑ 1.*
*prabentes*O F F E N S I O N E M , N E *VITV-* *Notatur.*
PERETVR MINISTERIVM? Nonne
c obferuare alij alios, vt NOS acuamus ad C H A-
RITATEM & bona O P E R A ? Nonne *d* M O- *c Heb.10.v.*
N E R E *inordinatos, confolari pufillanimes, fub-* *24.*
leuare infirmos , & LENI animo effe erga O M- *d 1.Teff 5.*
ϑ.14.
N E S ? Hoc certe Nofter Dominus *e man-*
dauit: huius rei exempla funt in promptu, *e Matth.18.*
Prophetica & Apoftolica , quæ longius *v. 5.*

Fraterna exhortatio quā ti sit æstimanda.
e Psal. 141. v. 5.
f Prou 27. 6.

hic producere superuacaneum fuerit. Et quoniam præstat commoneri ac corripi à *Fratribus* & amicis , quam ab hostibus & alienis , vt Regius Propheta canit : *e Percutiat me iustus in misericordia. & INCREPET me , & erit OLEVM præcipuum , quod non franget caput meum.* Et aliter : f *Meliora sunt vulnera DILIGENTIS quam fraudulenta oscula ODIENTIS.* Magna spe nitimur, *Nos g vera dicentes* non fore vobis inimicos , sed Amicos. h *EXHORTATIO enim Nostra* futura est *non ex impostura, neque ex impuritate, neque cum dolo. Sed sicut placuimus DEO. quibus creduntur EVANGELIVM, ita loquimur, non vt hominibus PLACENTES , sed DEO , qui approbat corda Nostra.* Ac proinde eodem quo à Nobis scripta est animo & candore à vobis quoq; merito est recipienda.

g Gal. 4. v. 16.
h 1. T. ff. 2. v. 3.

Notamur.

At diceret quispiam vestrum : Quid vos hic insolentes ? *Tantumne ab re vestra ocij vobis , aliena vt curetis, eaque nihil qua ad vos attinent ?* Responderemus facile cum Comico : *i Homines sumus , humani à Nobis nihil alienum putamus.* Sed malumus cum pio Iuda. paullo Immutatis verbis : k *FRATRES vestri sumus , & CARO Vestra,* idque in Christo. IESV communi Domino & Seruatore Nostro, in quo coagmentati sumus in *l vnum corpus*, cuius ipse CA-

Exhortationem istam esse Fraternam & Modestam.
i Ter. Heaut.

k Gen 37. 6. 27.
Etiam Polenos esse aliquam Genti Fratris s.
l Eph 4. 6 4.

PVT

PVT eſt , adeo vt *VNVS panis* , *VNVM* *m Ibi. v. 16.*
corpus *MVLTI ſimus* , *OMNES qui de* *n 1.Cor. 10.*
VNO *Pane & Calice participamus :* Sumuſ- *v. 17.*
que vobiſcum *o CORPVS eius & membra* *o 1.Cor. 12.*
particulatim. *p* *CARO de carne eius, & OS de* *q. 27.*
oſſibus EIVS. Tales cum ſimus , vt re vera *p Eph. 5. v.*
ſumus , tales etiam à ſingulis veſtrum a- *30.*
gnoſci , recipi , audiri, ſuſtinerique, vt par
eſt , cupimus & petimus. Deceret qui- *Priuata ad-*
dem ſingulos priuatim hiſce de rebus à *monitio.*
Nobis admoneri. Forſan & oporteret.
Cæterum quando id omnino ſit impoſ-
ſibile, neque à vobis vſpiam, quod ſciamus, *Synodi* Generales celebrari ſoleant,
quo Nos quoque Noſtros poſſemus ex-
pedire Legatos : vti compendio maluimus, præſentique *Scripto* vniuerſos ac ſingulos veſtrum, in genere, admonendos,
facilius ac magis operæpretium faɥuri,
cenſuimus. Siquid hac in re à Nobis pec-
cetur, pro neceſſitudine ac Charitate Fra-
terna, *q qua operit multitudinem peccatorum,* *q 1. Pet. 4.*
id Nobis ignoſci poſtulamus. *q. 8.*
Ne autem vos diutus teneamus , atque *Narratio,*
id, cuius gratia EXHORTATIO præſens *qua ſummus,*
eſt inſtituta, celemus : iam Deo dante, nar- *Exhortatio-*
raturi rem in paucâ conferemus. Ergo ſic *nis negotium*
breuiter habetote : Nihil opus eſſe cenſe- *comprehen-*
mus, vt cum Apoſtolo nunc dicamus: *r Si-* *ditur.*
gnificatum eſt Nobis de vobis , fratres Noſtri, *r 1. Cor. 1.*
quia CONTENTIONES ſunt inter vos : Hoc *v. 11.*
enim

enim partim vidimus ipfi, partim quotidie, cum ex lectione, cum auditione, accipimus : dum iam non cum Corinthiis di-

§ I. Cor. I. catis : *ſ Ego quidem ſum Pauli, ego autem Ap-*
v.12. *pollo, ego vero Cepha, ego autem CHRISTI :* Sed
idem fupercilium contra inuicem attol-
lentes, dicitis : Ego quidem ſum *Lutheri,* tu
es *Zuinglij* , tu *Caluini :* vt cætera factiofa

Notetur. prætereamus nomina. Atque vtinam ſaltem Nomina horum & ſimilium, ſuffice-
ret in hanc producere fcenam, ni etiam
multi, ſub iſtorum nominum prætextu, ſe
inuicem, proh dolor! odio plus quam Va-
tiniano, imo Serpentino aut Canino pro-
fequerentur: (obnixe oramus, ne quem a-
fperitas harum offendat dictionum! Sca-
pha enim ſcapha, ligo ligo, odium odium
ex quotidiana *contentione* ortum, vocitan-

† 2.Cor.13. dum eſt, *t neque poſſumus quicquam aduerſus*
v.8. *VERITATEM, ſed pro veritate!*) Etenim no-
Contumelia minat ſe quis alicubi *Lutheranum,* mox peſ-
mutua. fime, quaſi Eutychianus, aut Capernaita
traducitur, vt cætera taceamus. Rurſus nominatur quis *Caluinianus,* aut *Zuinglianus,*
mox *Omnia conuitia dixeris* , quum ſaltem
horú mentionem feceris nominum! adeo
vt nullus Iudæus, aut Turca, nedum Papiſta vel Anabaptiſta, tam male inter Vos audiat, quam horum quiſpiam. Hinc iam à
multis annis tot dentata contra vos inuicem prodierunt *Scripta!* hinc tot diræ ac
dete-

deteſtationes, quibus pars altera alterum,
abſque vlla miſericordia, deuouet! hinc
tot exactiones, quibus vna pars alteram
pellit, ac loco mouet! hinc tot offendicula, propter quæ plurimi *u à doctrina Euange-*
lij abhorrent, illamque abominantur! hinc
tot triumphi, quibus omnes Aduerſarii
Noſtri, ad hunc vſque diem exultant, *Vici-*
muſque clamitant: atq; vt rotunde ac breuiter dicamus: hinc innumera mala, bona
pauca, vel nulla potius, iam pridem inter
vos inoleuere: *x vix enim bono peraguntur*
exitu, quæ malo ſunt inchoata principio: Hæc
autem, vt omnes norunt, non bono, inter
Lutherum, Zuinglium & Caroloſtadium,
inchoata ſunt principio; & quis bonus
hinc ſperandus exitus? Humano more dicimus. Neque de omnibus loquimur. Experti enim ſumus, atque etiam nunc nouimus, multorum ab vtraque parte, pia mo-
derataque ingenia, quibus hæc tam fune-
ſta ac deplorata valde diſplicent diſſidia;
quiue tandem horum meliorem ſperant
optantque Diuinitus dari euentum. Vidimus quoque aliquot Doctiſſimorum piiſ-
ſimorumque Theologorum, tam intra
quam extra Germaniam, qui hanc cauſam
ex profeſſo tractarunt modeſtas ac placi-
das *Conciliationes*. Excipimus etiam vniuer-
ſam fere Chriſtianorum plebem, quæ de
Controuerſiis iſtis parum admodum; aut
nihil,

u Teſtis Cal-
uino. Tur-
ciſmus Gif-
fordi Angli.

x Diſt. 61.
Can. Minu-
mur.

Notetur,
quod ſemper
hic excipian-
tur innocen-
tes.

nihil, nouit, iudicareue poteſt, præter-
quà quod *Nomina* illa factioſa nominare
ingeminareue ſoleat. Inter hæc ergo tot
tantaque diſſidia veſtra, Nos *Poloni*, qui
à multis iam annis inter Nos mutuum ſan-
ciuimus, & nuper in *y Synodo Torunienſi*
confirmauimus *Conſenſum*, velut olim A-
poſtolus *z inter Idola Athenienſium*, verſan-
tes, *concitato in Nobis ſpiritu*, exclamamus;
Ó Chriſte! quam nimis vere de poſtre-
mis hiſce temporibus prædixiſti: *a Et quo-*
niam multiplicata erit INIQVITAS, *refri-*
geſcet CHARITAS *multorum!* Quinimo in
publicum iam prodeuntes, atque Chriſtianum factum exiſtimantes, vos ab vtraque parte monere, audacter, cum Zelan-
tiſſimo illo Moyſe dicimus: *b Viri* FRA-
TRES *eſtis* VOS, *cur alij alios inter a affici-*
tis? aut cum pio Abrahamo, paulo immutatis verbis: *c Ne, quæſumus ſit* IVRGIVM
inter VOS PASTORESQVE *veſtros,* FRA-
TRES *enim* ESTIS! *Fratres eſtis,* inqui-
mus, tametſi quidam veſtrum id difficulter admiſſuri ſint. *Fratres eſtis,* quibus idem
d DEVS *Pater eſt in cœlis;* idem *e adoptio-*
nis SPIRITVS, *per quem clamatis* ABBA
Pater! idem *f primogenitus inter multos, g*
qui VOS *non erubeſcit* VOCARE FRA-
TRES *ſuos;* Atque hic idem vobis omnibus præcipit: *h* VOS *autem ne vocemini*
Rabbi: VNVS *enim eſt* DOCTOR *veſter*
CHRI-

y Conſenſus
in Polonia
Anno 1570.
initus. Sendo-
w. iria: Anno
vero 1595.
confirma-
tus Toruniæ.
z Actor. 17.
v. 16.
a Matth.
24 v. 12.

b Act. 7. v.
26.

c Gen. 13. v. 8.
Germanos
Euangelicos,
etſi inter ſe
diſſidentes,
nihilominus
eſſe Fratres.
d Matth. 23.
v. 9.
e Rom. 8.
v. 15.
f Ibid v. 29.
g Heb. 2.
v. 11.
h Matth. 23.
v. 8.

CHRISTVS, *Omnes autem vos* FRATRES
estis. Fratres estis chariffimi, quorum *i vnus* *Eph.4.v.5.*
Dominus, vna FIDES, *vnum* BAPTISMA.
k Etenim in VNO SPIRITV OMNES *+ 1. Cor.12.*
vos in VNVM CORPVS *Baptizati estis, & v.13.*
omnes in vnum SPIRITVM POTATI *estis.*
Vt quid ergo non *l solliciti estis seruare V- I Eph 4.v.3.*
NITATEM *Spiritus per vinculum* PACIS ?
VNVM *est* Corpus *& vnus* Spiritus (fidei)
ficut & vocati estis, in VNAM SPEM *vo-*
cationis vestra. Hæccine autem vos ab v-
traque parte non creditis aut agnofcitis?
Abfit.

Verum enim vero dicet aliquis : Nos *Propofitio,*
eam Spiritus & fidei vnitatem inter Nos *quo Exhor-*
seruare neutique polfumus, quamdiu dif- *tatio ista in*
fidia de *m persona* CHRISTI, *prasentia,* *dividitur.*
manducationeque Corporis eius in Eucharistia, *m Impedi-*
tum de Prædestinatione Diuina, *Cæremoniisque* *menta Vni-*
quibufdam, cum aliis *articulis Controuerfis,* *nis.*
inter Nos ferbuerint, ac fopita non fuerint, alioquin *Patres* Noftros, eorumque
Cautiones, præcife Nos damnare oporteret, ita enim illi ftatuerunt, fic tenuerunt,
ficque tenendum Nobis præceperunt,
Teftamentis denique fuis, & vltimis
Confeffionibus, cauerunt : ita tenemus,
ita quoque ad vltimum vfque vitæ noftræ curriculum tenere, ac permanere
volumus & decernimus. Stat fententia!
Valeant,

Valeant, qui inter Nos & *Patres* Noſtros diſſidia volunt, ſiue illi ſint Poloni, ſiue alterius cuiuſcunq; Nationis homines: Nobis quidem hac in parte præiudicare non poterunt. Ita Veſtrum plurimi. Sed ah! tantine iſta ſunt momenti, vt proptera in *Vnum Corpus* coaleſcere non debeatis? Bona Verba, fratres dilectiſſimi, bona Verba quæſumus.

Cæterum vt ordine aliquo Vobiſcum agamus, Veſtra freti beneuolentia, tria Nobis hic dicenda fauente D e i gratia, proponimus: Primo, enumerare conabimur cauſas longe maiores & grauiores, quæ Vos vtrinque ad mutuam Concordiam excitare ac impellere debeant. Deinde, oſtendemus breuiter modum certum, quo facilius exopratam diu Concordiam iſtam inire ac ſtabilire queatis. Poſtremo, ad Obiectiones ſeu Cauillationes eiuſmodi vtriuſque partis hominum, pro neceſſitate doniſq; Nobis diuinitus collatis, reſpondebimus. *o DEVS PACIS contteret Sathanam ſub pedibus Veſtris: amen.*

n 1. *Cor.* 12.
v. 13.

Partitio huius Exhortationis.

I.

2.

3.

o Rom. 16.
v. 20.

PRIMA PARS.

De causis grauissimis, quæ Euangelicos Argumenta vtrinque ad mutuam CONCOR-DIAM excitare atque impellere debeant.

NOn tantopere Vobis daremus vitio, Frattes in CHRISTO IESV obseruandi, Siquidem Controuersiæ istæ saltem in Scholis & Academiis ab Vtraque parte, Veritatis inueniendæ causa, ventilaretur. Multa enim eiusmodi in quæstionem venire possunt, de quibus, salua fide ac religione vera, in vtramque partem, disputare, quædam etiam in medio relinquere, & quædam ignorare, licet: Ac noti sunt Versiculi:

Non eadem sentire bonos de rebus iisdem Incolumi licuit semper amicitia.

Cæterum quando Controuersiæ istæ iampridem è Scholis & Academiis temere prorumpentes, non modo priuatas multorum domos & mensas; Verumetiam Templa & Cathedras, imo publica iudicia & Cancellarias, adeo occuparunt, vt, proh dolor, multis in locis, nil nisi diras & fulmina in Aduersam partem, ne quid deterius proferamus, exaudire liceat? Istud profecto est, quod vobis ab vtraque parte (innocentibus exceptis) iustissime

B vitio

p Iac.4.℣.11. vitio vertamus. *p Qui enim loquitur contra Fratrem, quique damnat Fratrem suum, loquitur contra Legem, & damnat Legem. Quod si damnas Legem, non es obseruator Legis, sed IV-DEX.*

I.   Etenim cogitate, obsecro carissimi!
A mandato quali vos omnes *DEVS* Noster, cui præ
DEI. omnibus parendum est, *mandato* obstrin-
q Leuit.19. xerit: *q Diliges,* inquit, *proximum TVVM,*
℣.16. *SICVT* te ipsum. Et, *r prout vultis vt faciant*
r Luc.6.℣. *vobis homines, VOS etiam facite eis SIMI-*
31.
ſ Rom.13. *LITER. ſ Siquidem illud, Non machaberis,*
℣.9. *Non occides, Non furaberis, Non falsum testi-*
monium dices, Non concupisces, & si quod aliud
est mandatum, in hoc sermone summatim com-
prehenditur, nempe, DILIGES proximum
tuum SICVT teipsum. Iam proculdubio
vultis, vt alii vos diligant, bene de vobis
loquantur & sentiant, vobis debitum, vt
par est, impertiantur honorem, vos fraterne complectantur? Quis enim est, qui ista
nolit? Eccur, quæsumus, idem alii aliis
t Luc.6.℣.31. inter vos mutuo non facitis? *t VOS etiam*
FACITE illis similiter, inquit Dominus.
Econtra, nolletis vos ab omnibus odio
haberi, contumeliis affici, conuitiis pro-
scindi, traduci, honore priuari, loco moueri, proscribi, expelli, aliisque indignissi-
mis tractari modis? Ecquis ista facile vel-
u Rom.13. let? Cur vero idem istud alii aliis, fratres
v.10. fratribus, facitis? *u CHARITAS proxi-*
mum

mum non afficit MALO, itaque CHARI-
TAS est completio Legis. ×VOS, inquit Apo- *×Gal 5.9.13;*
ftolus, *ad libertatem vocati eftis, fratres, tan-*
tum ne libertatem arripite vt datam carni occa-
fionem, fed ex CHARITATE feruite ALII
ALIIS. Nam tota Lex vno verbo completur,
DILIGES proximum tuum VT teipfum:
At dicet aliquis veftrum: Quomodo eum *Obieltie.*
diligam, qui tot fequitur errores, & blaf-
phemias? nonne potius eiufmodi homo deteftandus, & diris omnibus deuo-
uendus eft? Etfi non mox error & blaf- *Solutio.*
phemia eft, quod paffim ita nuncupari
folet, vt infra videbitur: Efto tamen:
Cur non potius, iuxta inftructionem A-
poftolicam, *y Si praeoccupatus fuerit homo in y Gal.6.9.1.*
aliquo LAPSV, vos SPIRITVALES in-
ftaurate huiufmodi hominem cum fpiritu MAN-
SVETVDINIS, confiderans vnufquifque
temetipfum ne & TV tenteris. Alij aliorum
ONERA portate, & ita complete LEGEM
CHRISTI. z Fratres mei, inquit Frater *z Iac 5.9,*
Domini, *fi quis inter VOS aberrauit à VE-* *19.*
RITATE, & conuerterit EVM quifpiam, fciat
eum qui auerterit peccatorem ab ERRORE via
fua, feruaturum animam à morte, & OBTE-
CTVRVM multitudinem peccatorum. Sic to-
lerant *a Difcipuli THOMAM* errantem & *a Ioh. 20. v.*
incredulum, eiufq; errorem ac increduli- *25.*
tatem, vt poffunt, corrigunt, donec ab ipfo-
B 2 met

met Domino plenius ac perfeꞔius inſtau-
raretur. Sic D. Auguſtinus de Pelagio Epi-
ſcopo errante ſcribit: b *Quem* , *vt ſeruum*
DEI dileximus , verùmetiam NVNC DILI-
GIMVS. Sed aliter nunc diligimus , aliter ali-
quando dileximus. TVNC *enim quia Nobis*
reꞔa FIDEI *videbatur* , NVNC *autem vt*
his , quæ inimica & aduerſa GRATIAE DEI
ſentire dicitur, illius miſericordia liberetur. Plerumque dicitur: c *Amici vitia noueris , non*
ODERIS. Quidni idem de Fratrum erra-
tis , qualia qualia ſint , dicendum ſit ? Atque his vos attendere magis, quam priuatis quorundam odiis contentionibuſque
oportuit.

II.   Cogitate , quæſumus , *mandatum* illud
nouum Domini Veſtri. Quodnam vero ?
d Mandatum NOVVM *do vobis* , *vt ALII*
ALIOS DILIGATIS , SICVT ego dilexi
VOS , vt vos etiam diligatis ALII ALIOS,
dicit Dominus. Quomodo autem is dilexit nos? *Maiorem* , inquit, CHARITA-
TEM *nullus habet* , *quam* ISTAM , *vt quiſ-*
piam ANIMAM SVAM *deponat pro* AMI-
CIS *ſuis.* f In HOC *cognouimus* CHARI-
TATEM DEI , ait dilectus Domino Di-
ſcipulus, *quod* ILLE ANIMAM SVAM
pro NOBIS *poſuit* : NOS *igitur* DEBE-
MVS *pro* FRATRIBVS *animas ponere.*
g *Incedite cum* CHARITATE , monet Apoſtolus, SICVT & CHRISTVS *dilexit*
NOS,

b Auguſt. de
Pelag. Epiſt.
CVI.

c Prou. Co-
mic.

II.
A mandato
nouo.
d Ioh.13.§.
34.

e Ioh.15.v.
13.

f 1.Ioh.3.v.
16.

g Eph.5.§.2.

NOS, & TRADIDIT SEMETIPSVM
pro *NOBIS oblatierum ac victimam DEO,*
in odorem bene fragrantie. En, eiusmodi est
Mandatum Nouum, exemplo ipsius *CHRI-*
STI confirmatum : Dum autem Vos inuicem tanto profequimini odio, execra-
mini, deteftamini, perfequimini, calu-
mniamini, excluditis, perimitis: (innocentes vbique excipimus) vbi iam, quæfumus, illud non folum Vetus, fed & Nouum Domini Mandatum? Vbi illa promp-
titudo, vel millies pro *Fratribus* malle *Notatur.*
animam ponere, quam vel minimum ini-
micitiarum hoftilitatifque de fe præbere
fignum? b *Filioli mei*, inquit ille, *ne dili-* b 1 *Ioh.*ς.18.
gamus VERBO, neque lingua folum, fed FA-
CTO & veritate. Nimirum, vt Chriftus
Dominus Nofter Nos, non verbo aut lingua duntaxat, fed opere ipfo & *Veritate* dilexit! i Nam qui *SERVAT EIVS MAN-* i *Ibid. v.*24.
DATA, in eo Chriftus *habitat & ipfe in EO.*
Meminerimus autem Omnes dicti ipfius:
k *Non Omnis, qui dicit mihi Domine, Domi-* k *Matth.*7.
ne, introibit in regnum cælorum, fed qui FA- ς.21.
CIT quod vult Pater meus, qui in cælis est. Atque hoc potius confiderandum fuit, eftq;
etiamnum, quam tot fefe peccatis inuol-
uendum, ob caufas fane lquiffimas, exigui-
que, vt patebit, momenti.
   Cogitate etiam, Deo dilecti fratres, *III.*
piorum à DEOQVE approbatorum ex- *Ab exem-* *plis.*

B 3   empla

l Gen.13.v.9. empla virorum; Maluit *l Abraham separari*
m Luth. E- à *Lotho*, quam iurgari cum eo. *m Cedit A-*
narr in Gen. *uunculus Nepoti*, ait D. Lutherus ad hæc
13.6. verba, *senior iuniori*, *Propheta & Sacerdos*
DEI discipulo, *idque ne DISSOLVATVR*
CHARITAS, & detur occasio RIXIS. Oh!
quid vos hic facere conuenit ? Nonne
n Tit.3.v.1. quod docet Apoftolus: *n ad omne OPVS*
bonum paratos esse ? ne cui maledicatis, *vt si-*
tis à PVGNIS alieni, *MODERATI om-*
nemque exhibentes LENITATEM erga quof-
o Rom. 12. *uis homines*, maxime vero erga *Fratres!* Sa-
& 9. ne: *o DILECTIO*, inquit idem Apofto-
lus, *esse minime SIMVLATA, abhorrentes*
à malo, *agglutinati bono*, *Fraterna Charita-*
te ALII ALIOS amandos propensi, *honore*
alij alios praeuntes, *studio minime pigri, spiri-*
p Eph.4. *tu feruentes, Domino seruientes.* p *Cum omni*
v.2. *MODESTIA ac Mansuetudine*, *cum ani-*
mi LENITATE tolerantes ALII ALIOS
q 1. Pet.3. *per CHARITATEM.* q Denique, ait D. Pe-
v.8. trus, *OMNES estote CONCORDES, mu-*
tuo molestiarum sensu affecti: Fraterna praedi-
ti CHARITATE, *ad intimam misericor-*
diam proni, *COMES*, *Non reddentes malum*
Notetur. *pro malo*, *aut conuitium pro conuitio*, *sed con-*
tra BENEDICENTES, *vt qui sciatis vos*
ad hoc VOCATOS, *vt bened. ctionem hære-*
r Matth.5. *ditario iûre obtineatis.* r Beati *MITES*, in-
v 5. quit Dominus, *quoniam ipsi terram haeredi-*
s Ro.9.v.8. *tatis iure obtinebunt.* Hoc, nimirum, vos *s Fi-*
lios

lios *Abraha*, *t Patris vestri opus* exemplum- *t Ioh.8.v.39.*
que sequutos, facere conuenit, *u sectan-* *u 1.Tim.6.*
tes *iustitiam,pietatem,fidem, Charitatem,* TO- *v.11.*
LERANTIAM, LENITATEM, & id ge-
nus virtutes D E o placentes.. Optauit
Moyfes *x de libro D E I , quem ille scripsit ,* *x Exo:32.v.*
DELERI potius , quam *populo noxam il-* *32.*
lam non dimitti. Optauit Apostolus *y ana-* *y Rom.9.v 3.*
thema esse à Christo , pro Fratribus S V I S, hoc
est., perire potius , dummodo illi per hoc
seruarentur. *z. Quid mirum ,* ait Origenes *z Orig.lib,7.*
ad hunc locum *, si cum Dominus pro Seruo* *ad Rom. 9.*
MALEDICTVM *sit factus, seruus* PRO
FRATRIBVS *anathema fiat* ? Ecquid
vos hic rurfum facere cc   `ι? Nonne
vel peffima quæque pei   fustine-
re malle, pro Fratribus, du   `ρer hoc
faluari possint , quam peffu,ιαare ac per-
dere *Fratres* ? *a Siue autem premimur ,* in- *a 2.Cor I*
quit Apostolus, PRO VESTRA *Consola-* *v.6.*
tione ac salute premimur , siue consolationem
percipimus , consolationem percipimus
PRO *vestra consolatione ac* S A L V T E : *qua*
efficitur per tolerantiam EARVNDEM *paf-*
sionum , quas & N O S perpetimur.. b Om- *b 2.Tim. 2:*
nia sustineo propter Electos, vt & I P S I salu- *v.10.*
tem consequantur qua est in CHRISTO
IESV cum gloria aterna. Quum autem inter vos altera pars alteram fastidit , contemnit`, reiicit, odit, vituperat,
traducit, proscribit , affligit , damnat;

              B 4   quo-

quomodo, quæsumus, alii aliis cessuri

f Eph.4.9.1.
d Col.3.9.13.
estis e *mansueti, humiles, patientes d tolerantes
inuicem in* CHARITATE ? Quo modo
alii propter alios vel durissima quæque
e 1.Cor.4.9.
14.
subituri ac paßuri estis? *e Non vt vos pudore
suffundamus hæc scribimus, sed vt* FRATRES
Nostros carißimos admonemus. Magnum pro-
f 1.Cor.13.
v.1.
fecto est, quod scribit Apostolus, *Si lin-
guis hominum, inquit, loquar & Angelorum,*
CHARITATEM *autem non habeam, factus
sum as resonans, aut Cymbalum tinniens, Et
si habeam prophetiam, & nouerim mysteria
omnia, omnemque notitiam: & si habeam totam* FIDEM, *adeo vt montes transferam,*
CHARIT EM *autem non habeam,* NI-
HIL fu... *si insumam alendis egenis* OM-
NIA *quæ mihi suppetunt, & si tradam corpus meum vt* COMBVRAR, CHARITA-
TEM *autem non habeam,* hoc nihil mihi prodest. Ecce! ecce! Si ista facientes *nihil sunt,
nil profunt:* Oh! quid de vobis hac Chari-
g 1.Cor.11.
v.1.
tate vacuis iam præsumitis ? *g Imitatores
estote* MEI, ait Apostolus, SICVT & ego
CHRISTI. De huiusmodi exemplis imi-
tandis fuse nos docet Chrysostomus, cuius verba, vt huc afcriberemus, dignißi-
h Chrysost.
hom.25.in 1.
Cor.
mà censuimus: h *Moyses*, inquit ille, *multa & magna operatus est miracula, sed nullum
tam magnum tum fecit, vt* BEATA *illa vox,
quam ad* DEVM *habuit, cum inquit: Aut
dimitte*

dimitte illis hanc noxam, Aut si non facis, DE-
LE ME DE LIBRO TVO! Huiusmodi e- Notetur.
rat Dauid, idcirco dicebat: Ego PASTOR pec-
caui: & ego male feci, & HI, qui OVILE sunt,
quid fecerunt? Fiat manus tua SVPER ME &
super Domum Patris MEI! Eodem modo Abraham, non SVAM, sed multorum quasiuit vtilitatem; adeo se periculis exponebat, & DEVM
pro his, qui NIHIL sibi conferebant, OBSE-
CRABAT, Hi tamen tantopere claruerunt.
Qui autem SIBI tantum consulunt, considera
quantum acceperint detrimentum! Fratris igitur
Filius, Lothum intelligit, cum audiuit; Si tu Notetur.
dextram elegeris, ego ad sinistram pergam, optione
accepta SVAM quasiuit vtilitatem, quam non
modo non inuenit; sed IPSA quoque regio est in-
censa. Quæ autem Abrahæ obtigit, incolumis seruata est. Adhæc Ionas non aliis, sed SIBI IPSI
prospiciens, pene periclitatus est, & Ciuitas con-
seruata: ipse vero agitatus, iactatus, & obrutus
est fluctibus. Sed cum multitudinis saluti inuigi-
lauit, SVAM inuenit. Ita & Iacob in ouibus
PROPRIVM non quærens lucrum, plurimum
lucratus est. Ioseph autem fratrum studens vtilitati, SVAM consequutus est. Paulus autem longe maiora aggressus est. Non enim simpliciter voluit aliorum calamitatibus participare, sed maximas IPSE subiit, vt cæteri bene haberent. Addit autem: HVNC IMITARE, quem si non
poteris, saltem EOS, qui in veteri claruerunt Testamento, æmitere. Ita enim tibi VTILITATEM

B 5   com-

comparabis, si PROXIMI inuigilabis vtilitati.
Vtinam vero Omnes hæc nó surda audire-
mus aure! Dum enim priuatis Nostris stu-
demus opinionibus, & commodis, proximorum interim, ac *Fratrum*, vtilitatem se-
cure contemnimus, imo, quantum in Nobis est, illis *nocere* conamur: Hoc certe facientes, quid aliud, quam propriæ salutis detrimentum accipimus! *i Nemo quod SVVM*
est querat, inquit Apostolus, *sed quisque*
quod ALTERIVS est. Et ista magis fuerunt ponderanda, quam priuata eiusmodi odia, mutuaq; conuitia vobis inuicem
reponenda.

Cogitate adhæc, amicissimi, quantum
sit commodum vnanimis Fraternaque
Concordia; & quantum econtra incom-
modum acerba hostilisq; Discordia. Quid
attinet illud Salustii in hanc producere
Scenam: *k Concordia parua res CRESCVNT,*
Discordia magna DILABVNTVR? Quod quidem verissimum, multisque vicibus compertum esse. non modo in Rep. Verumetiam in Ecclesia Dei, nemo vestrum ignorat. Habemus nos Diuiniores & magis pa-
theticas Scripturæ S. sententias: De Concordia: *l Ecce quam bonum & quam iucundum,*
habitare FRATRES in VNVM! Quoniam ILLIC
Iehoua mandauit BENEDICTIONEM & VI-
TAM vsq, in seculum! m Beati PACIFICI, quo-
niam Filii DEI vocabuntur! n PACEM secta-
                                                    mini

i 1. Cor. 10.
v. 24.

IV.
Ab vtili &
inutili.

k Sallust. in
Iugurt.

l Ps. 133. 6. 1.

m Mat 5 & 9
n Heb. 12. 6.
14.

*mini cum O M N I B V S & fanctimoniam, fine
qua nemo videbit Dominum. • Vbi enim CON-* • *Chry.hom.*
CORDIA, *inquit* Chryfoftomus, *IBI bo-* 45. *in Genef.*
*norum confluxus, ibi P A X, ibi CHARITAS, ibi
Spiritualis lætitia: nullum BELLVM nulla RI-
X A; nufquam inimicitiæ ac* CONTENTIO:
Sed H AEC omnia è medio tolluntur per CON-
*CORDIAM bonorum omnium RADICEM, quæ
omnia illa fimul abolet.* De difcordia vero: *pO-* *pLuc.11.& 17
mne Regnum difsidens aduerfus fefe* V AST ATVR,
& *domus aduerfus* SESE *difsidens,* CADIT.
q *Quodfi* ALII ALIOS, Notate ifta! *mor-* q *Gal.5.&.15.*
detis & *deuoratis, videte ne* VICISSIM
ALII ab ALIIS *confumamini!* r *Nam* SEDITIO r*Chryf.hom.*
& CONTENTIO, ait Chryfoftomus, *corru-* *in cap.5. ad*
ptionem & CONSVMPTIONEM *adfert, tum* *Gal.*
*iis, qui recipiunt E A, tum iis, qui inuehunt, ma-
giùque* CORRODIT OMNIA QVAM TINEA.
Audite iã ifta, quæfumus! Quid vobis hic
s *Scyluri* & fimilium Apophthegmata & s *Plut. in*
Chrias proferamus ? qui cùm octoginta li- *apopht.*
beros haberet mafculos, moriturus fafci-
culum iaculorũ fingulis porrexit, iuffitq;
illum rumpere. Id cum finguli recufaf-
fent, eo quod impoffibile videretur, ipfe
fingula iacula exemit, atque ita facile con-
fregit omnia, filios admonens : *Si* CON- *Notetur.*
*CORDES eritis, validi inuictíque manebitis:
Contra, Si* DISSIDIIS & *feditione diftrahe-
mini, imbecilles eritis* & *expugnatu faciles.* Sic
ille plane Scythice. Quod quidem in tot
peri-

periculis,quæ tam Reges ac Principes Prote-
ftantes, quam liberas Ciuitates ac Rèſp.
vndique circumuallant, meminiſſe valde
foret operæprecium: At Nobis multo ſan-

t Iob.13. v.35 ſtius Dominus Noſter moriturus : *t IN
HOC*,inquit,*omnes cognoſcent vos ESSE DI-
SCIPVLOS MEOS,Si CHARITATEM
habueritis ALII in ALIOS.* Cuius rei memor

u Act.2. ver. Eccleſia Apoſtolica,teſtante D. Luca : *u E-
46. rant*, inquit, *quotidie perdurantes CONCOR-
DITER in Templo ,ac frangentes domatim panem , capiebant cibum cum exultatione & ſimpli-
citate cordis,laudantes DEVM , & habentes gra-*

x Act.4. v.32 *tiam apud totum populum.* Et iterum : *x Multitudinis autem eorum qui crediderant, erat COR
& ANIMA VNA.* Vnde & Apoſtolus omnes

y 1.Cor.1.v. merito admonet: *y Precor vos, Fratres,per no-
10. men Domini NOSTRI IESV CHRISTI, vt I-
DEM loquamini OMNES , & NON ſint inter
vos DISSIDIA ,ſed ſitis coagmentati EADEM
mente, & EADEM ſententia:* Oh : Oh : Vbi
nunc eſt *Charitas* tanta ? Vbi *Concordia* illa ?
Vbi *Cor vnum , & Anima vna idem loquens,
idemque ſentiens* ? dum hic alius ab alio in
multis diſcordat, alius alium odit , perſequitur. Euanuit profecto;imo vix vnquam
adhuc vere ac ſolide affuiſſe videtur : Et

Notetur. tamen *Chriſti Diſcipuli* Omnes cenſeri vo-
z 1. Ioh. 4.v. lumus ? O Vtinam imis omnium pectori-
16. bus inſcriberentur illa Spiritus S. verba:
*DEVS CHARITAS eſt , & qui manet in CHA-
RITA-*

RITATE,*in D E O manet,& DEVS in eo:*quam
multa hic euitaremus nos haud decentia:
D.Marbachius olim Argentinenfium Doctor,in fuo,quem *z de Cœna Domini* confcri-
pfit libro, quatuor Diffidiorumiftorū maxima collegit incommoda: Primum, quod
vtilisScripturæ S.interptetatio fic impedi-
tur,dum alius aliter illam exponit,&fœpe-
numeroverum ac germanum illiusfenfum
eneruat. Alterum, quod plurimi per hæc
fcandalizantur,à vera & Otthodoxa religione abhorrent, ac in confueto errore cō-
firmantur. Tertium , quod Sectæ innu-
meræ,vna ex altera, fic excitantur,quæ deinceps illa diffidia magis ac magis augent,
& multiplicant. Quartum, quod Difci-
plina Ecclefiaftica per hæc laxatur,atque
omnino negligitur, & interit. Rem certe
is, quod dicitur, *acu tetigit,* Vt enim aliis æ-
.tatibus, ita præcipue hac Noftra fœlici,
quoad gratiam Dei vbertime in Nos effu-
fam; infœlici vero quoad diffidia ifta, nimis verum effe compertum eft. Addantur
his quoq; alia , non minus grauia damna:
quod, videlicet, per hæc Diffidia fiat re-
mora Chrifti Regni, progreffusque & in-
crementorum in religiohe vera. Quomodo pugnabimus contra Antichriftum , e-
iusque regnum , quando nos ipfos oppu-
gnamus, omniaq; tela in Nos inuicem di-
rigimus ? Sapientibus fatis. Quod item
Refp.

z Marbach.
lib.de Cœna
Dom. Germ.
Diffidiorum
incommoda.
1.
2.

3.

4.

Notatur.

Alia duo.
1.

Notatur.

Notatur. Refp. per hæc valde turbantur, quæ fefe
his inuoluunt litibus; ac proinde Reges illi ac Principes, nec non Liberarum Ciuitatum Magiftratus, fœliciter ac pacate neutiquam regnare poffunt, dum mutuis inter
fefe laborant, caufa religionis diuerfæ, o-
a Greg. Mag. diis inimicitiisque. Gregorius Magnus o-
Indict. 6. E- lim id laudabat in Francis: *a quia & præfen-*
pift. 9. *tia fapienter, ficut decuit, attenderent, & fic mu-*
niri futura fempiterna PACIS interuentu, in-
ter fe & Rempubl. feftinarent, vt VNVM facti,
Regni fui FIRMITATEM in perpetuum ex-
tendere poffent. Oftendens pacem Reipubl.
ex vniuerfalis Ecclefiæ *pace* dependere: nec
immerito. Quod idem in Regibus, Principibus , Magiftratibusque Euangelicis,
vt inter fefe ipfi bene cohæreant, valde o-
Notatur. ptandum foret! Vidimus autem alicubi
in eodem Templo duos fucceffiue con-
cionantes, & nil nifi mera conuitia, contra fe inuicem, pro Concione, afferentes:
quodque alter aftruebat fortiter, hoc i-
pfum alter poftea negabat & refutabat
fortius, & econtra. Quæ vero hinc fpe-
randa ædificatio ? quæ *pax* & incolumi-
tas Reipublicæ Chriftianæ ? quæ Principum Magiftratuumque fælicitas ? Annon
magis verendum, ne aliquando Certamina ifta, ex Ecclefia, erumpant in cruentas
lethalesque *feditiones*, ac cædes mutuas?
Ad cætera incommoda, accedit quoque
iuftif-

Iuſtiſsima peccatis hominum irrogata Di-
ninitus pœna, de qua porro Euſebius in
hunc ſcribit modum: *a Poſtquam res Noſtra,*
per nimiam illam LIBERTATEM *ad molli-*
tiem & ſegnitiem degenerarunt, & ALII A-
LIOS ſunt ODIO *ac* CONTVMELIIS
proſequuti, & tantum non NOS IPSOS *per* NOS
IPSOS, *armis, telis* VERBORVM, *vbicunq; con-*
tigit, IMPVGNAVIMVS; *& Epiſcopi in Epiſco-*
pos irruerunt, ac POPVLI *contra* POPVLOS *ſe-*
ditiones mouerunt: Deinde nefanda HYPOCRI-
SIS *& ſimulatio ad ſummum vſquè malitiæ pro-*
greſſa fuit; Diuinum iudicium, pro more ſuo,
dum adhuc COETVS ECCLESIASTICI
congregantur, ſenſim ac pedetentim NOS *inui-*
ſere cœpit, ita vt PERSEQVVTIO *à* FRA-
TRIBVS, *qui in militia erant, exordia ſume-*
ret. Cum autem nullo illius ſenſu tangeremur,
neque DEVM *placatum Nobis ac propitium red-*
dere conaremur, ſed quaſi impii, delicta Noſtra
DEVM *nec* CVRARE, *nec viſitare, putare-*
mur, nequitias Noſtras alias aliis cumulauimus.
Et qui PASTORES *Noſtri videbantur, re-*
pulſa pietatis norma, MVTVIS *inter ſe*
CONTENTIONIBVS *fuerunt inflamma-*
ti: & dum hæc ſola, CONTENTIONES, *vi-*
delicet, MINAS, *æmulationes, mutuum* O-
DIVM *& inimicitiam* EXAGGERANT, *&*
AMBITIONEM SVAM *quiſque in morem Ty-*
rannidis, ſtudioſe perſequitur: TVNC *ſa-*
ne Dominus, TVNC *inquam, ſecundùm vo-*
cem

Aliis incom-
moda, pœna
peccatorum.
b Euſeb. lib.
8. hiſt. Eccl.
cap. 1.

Notatur.

Factū eſt hoc
anno Chriſti
301. quum
Magiſter mi-
litum Vetu-
rius Chriſti-
anorum mili-
tes perſeque-
retur.
Notatur.

Noſtra planè
tempora.

d Lament. 1.
c.1.

cem Hieremia, d Filiam SION obscuram reddi-
dit, & gloriam Ifraelis cælitus deiecit, nec recor-
datus est scabelli pedum suorum in die iræ suæ, &
quæ sequuntur. Hæc eadem suo tempore
deplorabat magnus ille Basilius, quum ad

e Basil.lib.de hunc scriberet modum: e NOS viuißim A-
Spir.S.c.30. L I I S in A L I O s irruentibus M V T V O IN-
TER NOS subuertimur. Et si te non prior im-
petierit hostis, Auxiliarius & SOCIVS te vulne-
rat. Et si ille percussus ceciderit, COMPROTE-
CTOR insurgit. Tantum inter Nos habemus So-
Notetur. cietatis, QVANTVM in communi Aduersarios
odio habemus. Vbi autem præterierit hostis, I AM
NOS INTER NOS HOSTES esse videmus. Vtinam hæc in Nostra non nimis quadrent
tempora! Quis enim non videt, eandem
nunc prorsus agi fabulam, mutatis saltem

f Rom.14.& personis f Itaque Fratres, inquit Apostolus,
19. quæ ad PACEM faciunt, sectemur, & quæ ad

g Col.3.&.15. MVTVAM adificationem g Et PAX DEI sit gu-
bernatrix in cordibus vestris, ad quam etiam vocati estis in VNVM CORPVS: & GRATI estote! Atque hæc quoque præ omnibus Ex-
cusationibus vestris fuerant potius medi-
tanda.

V.
A similitu-
dine Corpo-
ris.
h Ph.Melan.
Epigr.

Cogitate præterea, dilectissimi, quali
nexu vos à CHRISTO inter vos colligati sitis: Nempe, vt Vnum omnes constituatis
in Ipso Corpus: h Inque Duo sit mens VNA, sit
VNVS AMOR. Ad quam rem probandam
exaggerandamque, quid attinet plures

cor-

eorrogate rationes? Videamus falte, quas
ipfemet olim collegit Apoftolus, cum ita
fcriberet: *i Sicut enim CORPVS VNVM eft, & i1.Cor.12:
membra habet MVLTA, omnia vero illa membra* &.12.& feq:
*Corporis, quod VNICVM eft, MVLTA funt, fed
VNVM funt CORPVS: ITA & CHRISTVS:
Etenim CORPVS non eft VNVM MEMBRVM,
fed MVLTA. Si dicat pes, Quia non fum manus,* Notetur:
*non fum ex corpore: num propterea non eft ex cor-
pore? Et fi dicat auris, Quia non fum oculus, non
fum ex corpore, num propterea non eft ex corpore?
Si totum Corpus oculus; vbi auditus? Si totum
auditus, vbi odoratus? Nunc autem DEVS collo-
cauit MEMBRA, fingula figillatim in corpore,
SICVT voluit. Quod fi effent omnia VNVM
MEMBRVM, vbi CORPVS? Nunt vero MVL-
TA quidem membra funt, VNVM vero Corpus:
Non poteft autem oculus dicere manui, Non eft
mihi opus te; aut rurfum caput pedibus; Non eft
mihi vobis opus. Imo multo potius; qua videntur
membra corporis INFIRMISSIMA effe, NE-
CESSARIA funt. Et qua putamus membra cor-
poris maxime effe INHONESTA, iis HONO-
REM ampliorem circumponimus: Et qua funt in
nobis INDECORA, copiofiorem DECOREM ha-
bent. Nam qua funt in nobis DECORA, iis DE-
COREnon eft opus: Sed DEVS contemperauit
CORPVS, ei cui deerat, copiofiore tributo HO-
NORE: Vt ne fit DISSIDIVM in Corpore,
Sed membra IDEM curent alia PRO aliis. I-
taque fi patitur VNVM membrum; SIMVL* Notetur.
C dolent

dolent O M N I A membra: fiue honore afficitur
V N V M membrum, congratulantur O M N I A
membra. Vos autem ESTIS C O R P V S CHRI-
STI, & M E M B R A particulatim. En! quam
pulchra harmonia,& quanta neceffitudo,
quantaque fympathia inter vos effe debeat! En! quam nullum fchifma,nulla difcordia, nullus contemptus, nedum odium deteftatio, perfequutioque mutua vos
deceat! imo, quanto ftudio mutuus ho-
nor, amor, confilium, auxiliumque inter
vos,velut in *vno corpore*, exhiberi conferua-
rique debeat! Iam vero in tot diffidiis, o-
diis, rixis, calumniis, fchifmatis, profcri-
ptionibus & anathematis, quibus pars altera alteram aggrauat, quomodo hæc tam
pulchra, tamq; iucunda, nec nô vtiliffima
ftructura poteft manere farta tecta? Annon hæc manifefta eft *Corporis* C̕H R I S T I
difmembratio? Nec quicquam penfi du-
citis, fiquidem vnum hoc corpus, in tot
particulas, adeo crudeliter diftrahatis ac

k Cypria.de dilanietis? *k Poßidere non poteſt I N D V-*
fimpl.prælat. M E N T V M C H R I S T I , ait Diuus Cyprianus, *qui fcindit & diuidit E C C L E S I-*
A M C H R I S T I. At quid de his dicemus,
qui non tam indumentum, quam ipfum
corpus Chrifti diuidunt ac fcindunt? Olim

li.Teſſ.4.v.9 Apoftolus fcripfit Theffalonicenfibus:*De*
FRATERNA CHARITATE non neceſſe
habetis vt fcribam V OBIS; I P S I namque Diui-
nitus

nitus docti estis, *vt DILIGATIS ALII A-*
LIOS. O sancte D E V S, in quæ nos serua-
sti tempora! vt nunc valde *necesse habeamus*
de hac *Fraterna Charitate* non solùm *scribe-*   *Notetur.*
re, sed &, si possibile esset, ad rauim vsq; cla-
mare: Tametsi enim in eo vos quoq; *edocti*
estis, vt hodie nihil sit facilius, quam dicere:
m Dilige proximum tuum S I C V T teipsum : *m Leuit. 19,*
Tritum ac vulgare id est, multotiesq; de-   *v. 18.*
cantatum: At reipsa, actu, effectuque & o-
pere id præstare, quod præstant *corporis mē-*
bra inuicem, quotusquisque est, qui id faciat ? Imo illa ipsa, quæ vos adeo misere di- *Notetur.*
scerpunt, maxime conglutinari ac coniun-
gi deberent , *Christus* videlicet *caput* Nostrum, & *Cæna* Eius, quæ *n Communio corpo-* *n 1. Cor. 10,*
ris & sanguinis ipsius est.   Quæ quidem *v. 16.*
haud ita oscitanter fuerant prætereunda,
ne eiusmodi Concertatiunculas *Christi*
membra distrahentes, tam pulchro perfe-
ctoque præferretis Ædificio. *o Vigilate ergo,* *o 1. Cor. 16. v.*
S T A T E in F I D E , viriliter agite , estote fortes : *13.*
Omnia vestra cum C H A R I T A T E fiant p Non *p 1. Cor. 10.*
quærentes propriam vtilitatem , sed M V L T O- *v. 33.*
R V M , vt seruentur.   Quæ omnia singuli
vestrum in proprii Corporis conuenientia
quotidie experiuntur.

Cogitate etiam, dilecti D E O Fratres,   VI.
quâ pulchra etiã sit *confessionum* vestrarum *A Confessio-*
Harmonia , à quibusdam in vnũ Corpus re- *num Har-*
dacta: dũ nemine cogéte, nemine vi, flãma. *monia.*

    C   2   ser-

ferroque id à vobis extorquente, citraque
vllum generale *Concilium* hactenus vſpiam
celebratum, idem prorſus (quod ſummi
loco eſt *miraculi!*) docetis, idem ſentitis, i-
dem profitemini, idem tenetis, *de Scriptura*
ſacra vero Dei verbo, contra Traditiones
humanas: *De DEO* eſſentia vno, perſonis
trino, genuinoque eius *cultu : de Creatione*
mundi *DEIq,* Omnipotentis *prouidentia*; de
hominis *lapſu, peccato & libero arbitrio*: de e-
iuſdem per Chriſtum *reparatione* totoq; *re-*
demptionis humanæ opere: de *Lege* & *Euan-*
gelio: de *pœnitentia* & conuerſione hominis:
de *iuſtificatione* per fidem, deque *bonis operi-*
bus, eorumque præmiis: de *Eccleſia* Catholica, eiuſque *Capite* Chriſto: de *Paſtoribus*
Eccleſiæ, eorumque vocatione & officio:
de veris & falſis *Sacramentis* in genere, eorumque numero: in ſpecie vero de *Bapti-*
ſmo, eiusque inſtitutione, cauſa, neceſſitate, materia, forma, fine, effectu, vſu, abuſu,
perſonis baptizandis, baptizatorumque
officiis: deque ſacra *Cæna* eiuſque Autho-
re, cauſa, fine, effectibus, dignitate, materia, forma, tempore, præparatione, communione, pœna indigne manducantium,
& ſi quid pręterea hic ſcitu eſt neceſſarium:
de *cœtibus* Eccleſiaſticis, & quæ in eis fieri
debeant: de *Ceremoniis* & ritibus adiaphoris, Chriſtianaque *libertate*; de *feriis, ieiuniis,*
infirmorum *viſitationibus, & mortuorum cu-*
ra: de

Articuli Cō-
cordes.
Legatur et-
iam epiſt. de-
dic. Pauli E-
bori ad Con-
feſ.ſuam, an.
1563.

Notatur.

ra: de *Coniugio, Cælibatu, votúque Monasticis:
de Magistratu* politico, subditorumque officiis. Denique quicquid in Ecclesia D E I
ex *verbo D E I* recte docetur, creditur ac te-
netur, nonne vtrobique eodem modo, sine
controuersia, docetis, creditis ac tenetis?
Fatemini per D E V M sanctum! Quinetiam, quod plane mirum est, ab vtraq; parte, tanquam communi voto, oppugnatis &
damnatis omnes ab Ecclesia vera & Catholica oppugnatas (eodem verbo D E I,
vnica *credendorum & faciendorum* regula ac
Norma) atque damnatas hæreses, *Iudæo-*
rum, Cerdonianorum, Ebionitarum, Montanista-
rum, Valentinianorum, Marcionitarum, Mani-
chæorum, Arianorum, Photinianorum, Samosa-
tenianorum, Sabellianorum, Macedonianorum,
Nestorianorum, Eutichianorum, Pelagianorum,
Machometanorum, Seruetanorum, Papistarum,
Anabaptistarum, Suenckfeldianorum, Libertino-
rum, Antinomorum, Socini, & si quid præterea sanæ repugnat doctrinæ. q *Vnum* ergo
est CORPVS, *& vnus* SPIRITVS, *sicut & voca-*
ti estis in V N A M S P E M vocationis vestræ: V-
nus D O M I N V S, vna F I D E S, vnum BAPTI-
SMA, vnus D E V S, & P A T E R omnium, qui est
super O M N E S, *& per* OMNES, *& in* OMNI-
BVS VOBIS. Hiccine *Fratres,* & *membra v-*
nius Corporis non estis? Videte quantum
boni, vobis insciis, nec satis aduertentibus
clementer indiderit! Quam pulchrum ædi-
ficium

C 3

Idem Vtrin-
que religio-
nis funda-
mentum pæ-
culis saltem
exceptis.
Quisquis no[n]
... non est
contra nos,
pro nobis est,
Luc.9.v.50.

Communio
Hæreseon
damnatio.

q *Eph.4.v.4.*

ficium inter vos conſtituerit : Videte etiam, quam turpe ſit, adeo elegantem ſtru-
ctuturam, ob leues ſaltem ſuſpitiones, di-
ruere ac diſſipare velle : O Deus : vbi
candor & feruor ille priſtinus ? Vidimus
enim, Fratres, vidimus, & non ſine lachri-
mis, maximoque dolore legimus multorum ab vtraque parte editas, *Theſes, Ana-*
lyſes , Expoſitiones , Reſponſiones , Deciſiones, De-
fenſiones , Apologias , Antapologias , Apologe-
ticas Epiſtolas , Confutationes , Synopſes , Ra-
tiones , Confeßiones , Demonſtrationes , Exege-
ſes , Redargutiones, Colluſtrationes , Abſterſio-
nes , Formulas , Tractatus , Dialogos , Admo-
nitiones , Commonitiones , Recitationes , Col-
lationes, Repetitiones , Acta , Colloquia , Exa-
mina, Epiſtolas , Catecheſes , Prodromos , Stur-
mios , Antiſturmios , Oſiandros , Antioſian-
dros , Pappos , Antipappos , Danaos , Antida-
naos, Serpentes antiquos , Sacramentariorum
damones , Lupos excoriatos , Caluinos rediui-
uos , Arianizantes , Iudaizantes , Orthodo-
xos , Cuculos , Falcones , Stuta , Exarmatio-
nes , Nouos Papiſmos , Xero & Sarcophagias ,
Virulenta mendacia , Conuitia , Maledicta ,
Plauſtra , Coccyſmos , Noua ſuper omnia noua
nouo nouiſſima nouorum. Pſalmos , Concordias diſcor-
des, Marinos, anrinumerinus. Et quis omnes
facile memorare poſſet? quos Soluam vidit *Paſquillos* ? in quibus tamen nil niſi a-
ctum agitur, eademque manibe roties re-

peti-

Notetur.

Scripta vtri-
uſque partis
Polemica.

petitur, recoquitur, reponitur, nec sine
nausea deuoratur, recrudescit, adorna-
tur, nouo stylo, nouis additis contumeliis. Vidimus ista, fratres, vidimus, &
plura, atque vtinam saltem vidisse iam
præterita sufficeret, nec in posterum quicquam eiusmodi videre amplius contin-
gat : Pereant sane, inuidente nemine bono, eiusmodi lædoriæ : Cæterum, vide- *Notetur.*
mus etiamnum, & dolemus magnope-
re quorundam indiscretum zelum, qui
eandem rursus retexere telam minime
dubitent : quorum honesto nomini, propter communes Aduersarios, parcendum
existimamus. Contra quos, siquidem
res adeo foret desperata, sane cum Apo-
stolo exclamaremus : r *Vt* abscindan- *r Gal.5.v.12.*
tur, qui vos inquietant : At qaùm adhuc
facile curabilem censeamus, quod infra, D E o dante, patebit, verbis Aposto-
licis vos vtrinque admonere malumus:
s *Quod superest, Fratres, gaudete, perfecti e-* *s 2.Cor.13.v.*
stote, EXHORTAMINI, IDEM SEN- *11.*
TITE, *in* PACE *agite; &* DEVS CHA-
RITATIS *ac* PACIS *erit vobiscum.* Quod
quidem vobis, ab vtraque parte, ex animo
precamur.

Cogitate quoque, fratres Nostri, quam VII.
multa sint Christianorū millia, qui ne mi- *Ab ignoran-*
nimum quidem intelligunt eorum, de qui- *tia multorū.*
bus tam acerbe, tamque truculenter inter

vos controuertitur. Nominare quidem
poffunt plerique factiofa quædam nomina, vt fupra attigimus, dicentes alij : Hic
Caluiniani funt. Ergo cauendi: Ita enim ex
Concionatoribus noftris audiuimus. Ecō-
tra alibi: HicFlacciani aut Vbiquitarij funt,
Ergo non audiendi: Sic enim Noftri Con-
cionatores monere nos folent. Quamob-
rem vero ? *Id populus curat, ſcilicet!* qui de neceſſariis ſcitu ad ſalutem potius jnſtruen-
dus , quam tot difficultatibus inuoluen-
dus aut obruendus eſt. Quomodo enim
ſe Chriſtianus populus biſce contentionibus immiſcere poſſet, qui propter nimiam
earum ſubtilitatem, neque quis ſit Controuerſiæ percipere ſatis queat ?
Quid , Chriſtiani homines no-
runt, qu . Ἀλλοίωσις, κατ᾽ ἄλλο, δι᾽ ἄλλο, ὡς

*Termini hu-
manitus in-
uenti.*

πεῶτον, καὶ κατ᾽ αὐτὸ, κατ᾽ μέθεξιν, κατ᾽ σύγ-
χυσιν, καλά συνθύασιν, καλά συμβεβηκὸς, τῷ εἶ-
ναι, τῷ ἔχειν, τῇ ὑσία, τῇ ἐξυσία, κλῆσαι, χρόσει,
ἀνυπό σαλ☾, ἰνυπό σαλ☾, *Cōcretum, Abſtractum,
Naturaliter, perſonaliter, phyſice, hyperphyſice,
per apparitionem, per diſparitionem, per abdica-
tionem, modo maieſtatis, ſecundum corporis modum, in, cum, ſub, Omnipraeſentia localis, exten-
ſiua, abſoluta, totus Chriſtus, totum Chriſti, vnio
ſacramentalis, vnio hypoſtatica,* ὅτι, διότι, ἀπο-
λέσμαζ *communia & energia incommunicabi-
les, corporaliter, realiter, ſubſtantialiter, eſſentia-
liter, formaliter, ſubiectiue, habitualiter, acci-
denta-*

dentaliter, *circumscriptiue*, *incircumscriptiue*,
schesis, synecdoche, hyperbole, metonymia, visibili-
ter, inuisibiliter, à priori, à posteriori, signi, bene-
placiti, inesse, adesse, repræsentari, figuræ, symbo-
la, signa significatiua, & exhibitiua, actiua, paf-
siua, realis, verbalis; & fexcenta eiufmodi?
Non quod nullum horum Terminorum
fentiamus vfum, præfertim in Scholis &
Academiis, modo illis recte vtantur Docti
& Pii Viri, Studiofique Adolefcentes: præfertim quum ex iis quidam fint ex Scriptura S. deprompti, quidam etiam longo vfu
in Ecclefiam recepti, atq; ad explicandam
veram doctrinam plane neceffarii. Id faltem dicimus: Innumeros effe, fuiffe, & fu-
turos adhuc Chriftianos, falutis æternæ
compotef, imo tot C H R I S T I Martyres
tam veteres quam recentiores, qui *folis*
Scripturis, earumque phrafibus & terminis
contenti, de his & fimilibus loquutionum
generibus, ne fomniarunt quidem, nedum
vt cum quopiam tot & tantas vnquã con-
ferre poffent lites. Nunc, heu prifca fides!
fi quis eiufmodi terminis non affuefactus,
eorum aliquem diffimulet, aut neget, aut
non intelligat, aut faltem ad aliquem, veluti ad nouam technam, obftupefcat, mox
ridiculus, bardus, imo *Hæreticus* proclama-
tur, ne quid grauius dicamus. Quis non
commiferatione dignos æftimet? Exclamare hic lubet illud Apoftolicum: *t Qui*

C 5 *affligi-*

Notetur; quod non omnes eiuf-
modi Ter-
mini reii-
ciantur.

Notetur.

t 2. Cor. 11.
v. 19.

*affligitur, quin ego affligar? quis offenditur, quin
ego VRAR?* Quis enim adeo excors est,
quem ista non moueant? Ferreum sane aut
Simplicium saxeum esse oportet! Experti autem su-
responsiones. mus, plerosque ex simplicioribus, quibus
cum alterutra pars suos loquendi modos
Factum id in enucleare ac declarare conaretur, saepius
aliquot locis. respondisse: Quid nobis cum istis ambagi-
bus? Maneamus nos in simplicitate cordis
nostri, simusque contenti simplici verbo
Dei, linquamus ista otiosis. Nec forsan immerito. Vbi enim nimia hęc reperitur sub-
tilitas, ibi plerumque iam iuspecta est veritas: Siquidem mendacium subtile, perple-
u Euripid. xum, ac multiplex, *u Veritatis* autem *simplex est oratio.* Et quidem, vt quod verum est
fateamur, isti tot similesq; diuerси loquędi
modi fidem valde implicaлt, vtcunq; eam
Notetur. explicare videantur. Neq; horum al quid
negare, aut non intelligere, est *Fidei articulos* abnegare, aut non admittere, quod ple-
riq; imprudenter existimant. Vtinam vero
omnes similiter Scripturæ S. terminis con-
Scriptura S. tenti essemus *CHRISTVM* verum *DEVM &*
termini. *Hominem; Panem & Calicem* in Cœna Domini, *Corpus & Sanguinem CHRISTI* confiten-
tes! deq; reliquis fidei saluificę articulis nō
tam Nostris, quam *Scriptura Sancta* verbis,
x Horat. velut ex ore Domini, loquentes! minus p-
y 1, C.r. 13. fectò esset *x rixæ inuidiaque,* plus *y fidei spei*
v. 13. *& Charitatis!* Nec ab re monet Apostolus:
z Ex-

x. Exprefſam FORMAM *teneto S ANORVM ſer-*   z *2.Tim.1.*
monum,quos A ME audiſti,cum FIDE *&* CHA-   *v. 13.*
RIT ATE *quæ eſt in* CHRISTO IESV. *Et rursũ:*
a Studeteipſum probatum ſiſtere DEO, *operariũ*   *a 2.Tim.2.*
qui non erubeſcat,& qui RECTE *ſermonem veri-*   *v.15.*
tatis SECET. *Profanos autem illos de rebus* IN A-
NIBVS *clamores cohibe ; ad maioré enim* PRO-
CEDENT *impietatem. Et iterum: b Si quis di-*   *b 1.Tim. 6.*
uerſam docet doƈtrinâ , neq, accedit S ANIS ſer-   *v.3.*
monibus Domini noſtri IESV CHRISTI, *& EI*
quæ ſecundum PIETATEM *eſt doƈtrinæ,is turget,*
NIHIL *ſciens, ſed inſaniens* (ſeu languens) *cir-*
ca quæſtiones ac VERBORVM. PVGNAS (λογομαχίας) *ex quibus naſcitur inuidia,* LI S, *male-*
dicentiæ, ſuſpicionemala, peruerſa EXERCITA-
TIONES *hominum* MENTE Corruptorum , *&*   *Notatur.*
qui priuati ſunt VERITATE,*&* QVAESTVI *ha-*
bent pietatem: SECEDE *ab eis qui* EIVSMODI
ſunt. Hæc ille, mores etiam Noſtri *tempo-*
ris , vna cum tot inſanis verborum formulis,
graphice depingens. Quæ *quidem multo*
magis fuerunt conſideranda, quam tot in-
fauſtis contentionibus opera danda c Veritaſ-   *c Ro. 1. v. 18*
que DEI INIVSTE *detinenda.*

. Cogitate inſuper, dileƈtiſſimi in Domi-   *VIII.*
no Fratres, *quonã referendas cenſeatis ha-*   *Ab offenſio-*
ſce mutuas, quas geritis & committitis, of-   *num gradi-*
fenſiones veſtras. Etenim Chriſtus Dñs *no-*   *bus.*
ſter oés eiuſmodi, lædorias ad hos tres re-   *I.*
tulit gradus: Vt primus ſit *iracũdia* ſimplex: *d Matth.5.*
d Quiſunq, inquit, IRASCITVR *Fratri* SVO   *v.22.*
                              temere

temere, tenebitur iudicio. Quibus Domini
verbis adſtipulatur Apoſtolus, inquiens:

e 1.Ioh.3 v.　*e Quiſquis ODIT Fratrem ſuum, HOMI-*
15.　*CIDA eſt, & noſtis nullum homicidam habere*
*VITAM æternam in ſe manentem?*Quod quidem valde horrendum auditu eſt! quo-
f Iac.1.v.　ñiam vt alter ait: *f IRA viri IVSTITIAM*
20.　*DEI non exequitur.* Secundus offenſionum
2.　gradus eſt *mutua deteſtatio:* *g Quicunque,*
g Matth.5.　inquit Dominus, *dixerit Fratri ſuo RACA!*
v.22.　*tenebitur conſeſſu.* Noſtis optime quid ſit *Ra-*
ca! Quotuſquiſque autem adeo proterue
contendens,nó dicit Fratri ſua *Raca?* dum
aliụs alium deteſtatur,damnat,proſcribit,
& quibuſcunque modis poteſt nocere,in-
h Gal.5.v.　dicta cauſa,nocet?h *Qui autem ſunt CHRI-*
24.　*STI* (veri Chriſtiani) *carnem ſuam crucifixe-*
runt cum AFFECTIBVS & CONCVPI-
SCENTIIS. Et recte: Chriſtus enim Nos
i Matth.11.　ita docet: *i Attollite iugum MEVM in VOS*
v.29.　*& diſcite à ME, quod MITIS ſim,& HVMI-*
k 1.Cor.3.v.3.　*LIS CORDE.* *k At quùm inter VOS ſint*
LIVOR & CONTENTIO, nonne CARNA-
LES eſtis, & ſecundùm HOMINEM incedi-
3.　*tis?* Tertius denique gradus eſt *mutua de-*
l Matth.5.　*tractio, l Quiſquis,*inquit Dominus, Fratri
v.22.　ſuo *dixerit FATVE! tenebitur gehenna ignis.*
Ecce! ecce! qui ſaltem homini *ratione* præ-
dito dixerit *fatue!* detrahes illi præcipuum
Dei donum,per quod à reliquis dignoſci-
tur animantibus,tantamne incurrit pœná!

ah,

ah, quid de iis dicetis, qui cum ſint *fratres*
in Chriſto, idem ſentientes, credentes, dicentes, docentes, quod ſupra iam vidimus; nihilominus ab inuicem audiunt: *Scommata*
Hæreticus, impius, impoſtor, deceptor, ſceleratus, mutua.
Caupo, adulter, homicida, maleferiatus, men-
dax, fanaticus, inſanus, delirus, bellus, beſtia, vi-
tulus, aſinus, lupus, vulpes, vrſus, falſarius, nuga-
tor, lubricus, diabolicus, vertiginoſus, ſycophanta,
daniſta, Capernaita, Cyclops, Iudæus, Arianus,
Neſtorianus, Eutichianus, Mahometanus, blaſ-
phemus, ſtipes, caudex, Cæna Lapitharum, Cen-
taurorum, menſa vini aduſti, Carniuorus. Et
quis omnia ſcommata & Conuitia tádem
enumeraret? quibus, proh dolor! homines
Euangelici, Filii D ɛ ɪ, & Fratres, inuicem *NB.*
proſcindunt, obruunt, detrahunt, deuo- *Iuuentus in*
uent, cauendos pronunciant, libros al- *Scholis &*
Academiis
terius partis excommunicant, venundan- *in eo maxi-*
dos prohibent, exurunt, & quid non mali *me imbui-*
in ſe inuicem deſignant? Hæccine multo *tur, quomo-*
do alteri par-
deteriora non ſunt, quam dicere, *fatue?* *ti occurrere*
Non ignota loquimur, nemo eſt, qui mo- *ac reſiſtere*
do multa Polemica, vtriuſque partis ſcri- *poſſit.*
pta legerit, non veriſſimum fateatur. Le-
gantur etiam *Catalogi Librorum*, qui ſingu- *Libri pole-*
lis annis, *bis Francofordiæ* aut *Lipſiæ* venun- *mici.*
dantur, bone D ɛ v s! quam aculeata ad-
huc quotannis prodeunt Scripta! Perpen- *Notatur.*
dite vos iam, quo *iudicio, conſeſſu,* & *ſupplicio*
digni æſtimemini à Chriſto communi vé-
/ ſtro

ſtro Domino & iudice, dũ tanto odio rari-
core,vltioneq; vos inuicem perſequimini!

m Pſal. 143. Ô Domine! *m ne intres IVDICIVM cum*
ſ 2. *SERVIS TVIS, quia non iuſtificabit SE in con-*
n Pſal. 130. *ſpectu Tuo omnis viuens!* *n Si iniquitates obſer-*
v. 3. *uaueris ô Domine! Domine quis ſubſiſtet?* Oh!
o Phil. 2.ſ. 1. certe nemo. *o Si qua igitur conſolatio eſt in*
CHRISTO, ſi quod ſolatium CHARITATIS, ſi
qua COMMVNIO Spiritus,ſi qua viſcera ac MI-
SERATIONES, ô Fratres cariſſimi! *explete*
gaudium Noſtrum, vt ITIDEM ſitis AFFECTI,
EANDEM CHARITATEM habentes, VNA-
NIMES, & ſententiis VNI, Nihil gerentes per
CONTENTIONEM, aut per INANEM gloriã,
ſed ex MODESTIA alius alium SE præſtantio-
rem exiſtimans.Ne SVA quiſq,ſpectate,ſed vnuſ-
quiſque etiam quæ ſunt ALIORVM. Iſta potius
repónite vobis inuicem pro lædariis illis,
p Rom. 12. quibus mutuo aggrauare ſoletis: *p Benedi-*
ſ. 14. *cite IIS qui VOS inſectantur: benedicite,*in quã,
& ne imprecamini! Hæc enim longe maioris
ſunt momenti, quã omnes illi prætextus,
quorum cauſa mutuam renuitis inire, ſeruare, aç colere Concordiam in CHRI-
STO.

IX. Cogitate porro,Fratres honorãdi,quan-
A propria topere hic conſcientiæ veſtræ, ab vtraque
cuiuſq; con- parte,lædantur! Chriſtus Dominus noſter
ſcientia. ait: *q Cum adſiſteritis precantes, REMITTITE*
q Mar. 11. *ſi quid habetis aduerſus ALIQVEM: vt & Pater*
v. 25. *ille veſter qui eſt in cælis remittat VOBIS offenſas*
veſtras.

veſtras. Et Apoſtolus: *r Volo viros precari in* *r* 1. *Tim.* 2.
quouis loco,puras manus attollentes ,abſq̃, IRA *&* ſ 8.
DISCEPTATIONE. Item alter:s *Ne interrum-* ſ 1. *Pet.* 3.
pantur preces veſtræ, OMNES *eſtote* CONCOR- *v.* 8.
DES,*mutuo moleſtiarum ſenſu affecti,* FRATER-
NA *præditi* CHARITATE , *ad intimam* MI-
SERICORDIAM *proni ,* COMES , *non red-*
dentes MALVM *pro* MALO ,*aut* CONVI-
TIVM *pro* CONVITIO , *ſed contra* BENE-
DICENTES , *vt qui ſciatis vos ad hoc vocatos*
eſſe , vt benedictionem hæreditario iure obtineatis.
Plerique autem veſtrum quid ? Poſtquam
ad rauim vſq; in alteram partem pro Concione detonuerūt , tum demum ad preces
diuinas c̄ouerſi, recitantes orationem Do-
minicam inter alia dicunt: *t Remitte* NO- *t Matth.* 6.
BIS *debita* Noſtra, SICVT *&* NOS *remit-* ſ.12.
timus debitoribus NOSTRIS ! Quid aitis,
obſecro ? Hiccine peccatorum veſtrorum
retentionem ac vindictam ne poſtulatis ?
Quomodo enim ? quomodo remitti vo- *Notentur.*
bis *debita veſtra* petitis ? Nimirum, *ſicut* &
vos remittitis *debitoribus veſtris.* At quum
vos non remittitis, quinetiam iniurias (cu-
iuſmodi ſint DEVS nouit !) grauiter vl-
ciſcimini : Ecquid igitur aliud , quam ſe-
ueram DEI , in peccata veſtra, vltionem
poſtulatis ? *u Nam ſi* VOS *non remiſeritis,* *u Mar.* 11.
ait Dominus, NEC *Pater ille veſter, qui in* ſ.26.
cœlis eſt, rem ttet offenſas VESTRAS. Hoccine autem conſcientiam lædere non eſt ?

Audi-

Notetur. Audiuimus autem alicubi in publicis precibus admoneri omnes, vt se à pestifera
Caluiniftarum lue præferuari ac liberari
diuinitus petant! Quidsi vero Aduerfaria
pars, (quod tamen nobis ignotum est) ali-
Notetur. cubi contrario agat modo? Nonne ita v-
trinque euelli, radicitufque extirpari, cum
Pontificiis, deuotione singulari petitis?
x Exod. 20. Vel hoccine non est *x nomen Domini DEI*
v. 7. *veftri aſſumere in vanum?* Vofne *infontes habe-*
bit Dominus, qui toties nomen eius aſſumitis
fruftra? An alium putatis Caluiniftarum,
alium Lutheranorum *DEVM*, vt Hos au-
y Gal. 6 v. 7. dire, illos reiicere teneatur? *y Nolite erra-*
re! DEVS non irridetur. Quicquid enim femi-
z Eccl. 18. *nauerit homo, HOC & metet. -z Anne homo*
v. 3. *IRAM retineat aduerfus hominem,*ait Sapiens,
& à Domino Salutem poftulet? Aut erga homi-
nem S V I fimilem nullam capiat mifericordiam,
& pro peccatis fuis DEPRECETVR? Ipfe
cum fit *CARO, IRAM fouet, & quis pecca-*
ta EIVS expiabit? Mementote extremorum,at-
a Iac. 4. v. 11. que *INIMICITIAS DEPONITE! a Ne*
ALII aduerfus ALIOS loquimini, fratres, inquit Apoftolus, *Vnus eft Legiulator vefter &*
IVDEX, qui poteft perdere & liberare. Tu au-
b Iac. 6. v. tem quis es, qui *DAMNAS ALIVM? b Ne*
37. iudicate,ait Dominus, *& non iudicabimini, ne*
condemnate,& *nō condemnabimini! ABSOL-*
c Eph. 4. v. *VITE, & ABSOLVEMINI!* Et Apoftolus:
31. *c Eftote ALII in ALIOS benigni, mifericordes,*
CON-

CONDONANTES VOBIS mutuo offen-
fas,Sicut *&* Deus *in* Chrifto, *condonauit* vo-
bis.Deum oramus, *d vt det* vobis eodem *a-*
nimò inter vos mutuo affectos eſſe fecũdum Chri-
ftum Iefum, *vt* Concorditer vno ore *glori-*
ficetis Deum *ac Patrem Domini noſtri* Iefu
Chrifti. Atque hæc rurſum longe vtiliora
fuerint,quam veſtræ illæ,haud Chriftianæ
concertationes mutuæ.

d Rom.15.v.
6.

Cogitate etiam,DE o digniſſimiFratres,
quam merito plurimi iſtis veſtrorum in-
tempeſtiuis iurgiis & diſſenſionibus, tam
intra quam extra Eccleſiam ſcandalizen-
tur! Audiunt ex verbo DE I *e* DE V M *non eſſe*
Diſſenſionis, *ſed* Pacis. Audiunt in Regno Chriſti tantam fore pacem, vt etiam
homines *f conflaturi eſſent gladios ſuos in ligo-*
nes, & lanceas ſuas in falces, nec leuatura erat
Gens *contra* Gentem *gladium . nec ſeſe exerci-*
tatura ad Bellum *domus Iacob*, hoc eſt, vera
Eccleſia. Vnde dilectus Domino diſcipu-
lus: *g Nos ſcimus*, inquit, *Nos translatos eſſe ex*
morte ad vitã,quia DiligimusFratres. Quo etiam pertinet illa Exhortatio Apoſtoli, quũ
inquit:*h Sectare iuſtitiam,fidem*,Charitatem,
Pacem *cum* Iis,*qui inuocant Dominum ex pu-*
rò Corde. Hæc vtrinque præſtare tenemini. Iam vero ingredientes illi Cœtus veſtros, audientesque plusquam Paganicas
contra alteram partem, Fratres itidem veſtros,debacchationes, obtrectationes, de-

X.
A multorũ
ſcandalo.

e I. *Cor.* 14.
v. 33.

f Iſa. 2.*v.* 4.

g I.*Ioh.*3.*v.*
14.

h 2.*Tim.*2.*v.*
22.

D   tractio-

tra&iones, deteſtatiões, anathemata, claſ-
fica,omniaque contentionum plena.Hinc
veſtramEccleſiam Chriſti *regnum* & *domum*
Iacob eſſe agnoſcent? Neq; potius contra-

Notentur. rium quid de vobis ſtatuent?Quamobrem
vero? Nimirum,ob pauculas, cũ in verbis,
tum in ſenſu,de rebus exigui precij, diſcre-
i 1.Cor.15.ꝟ. pantias.(*i Ad pudorem vobis incutiendum loqui-*
34. *mur*)Profe&o&vos,quod Corinthiis olim
k 1.Cor.11.v. exprobrauit Apoſtolus,hac ratione *k nõ cũ*
17. *emolumento,ſed cũ detrimento cõuenitis.*Quis
autē erit in culpa, quo minus tot homines
veſtris offenſi diſſidiis Euangelio credide-
rint? Quis proditionis tot ſimpliciũ anima-
rũ agetur reus?Nõne vos(parcite!) Fratres
l Matth. 18. amantiſſimi!*l Væ,væ,hic mũdo ab OFFENDI-*
ꝟ.17. *CVLIS!Neceſſe eſt enim vt eueniant offendicula;*
Veruntamē va homini per quē offendiculum eue-
Notatur. *nit!*Videte enim:Conſarcinarũt multi hac
ætate magna volumina ex meris Diſſidiis
ac Conuitiis veſtrorum mutuis:Confarſit
iis*Reſcius* ſuosAtheiſmos,Miniſtromachias
&Phalariſmos. Conſperſit iiſdem Iurgeni-
tius *Quinti Euangelii Bellũ*. Compleuit quoque ſuperiorib. annis ſuum *Amphitheatrũm*
honoris, quidã non melioris notæ Scriptor.
Vt plurimos hic, qui ſeſe in hac exercuere
palæſtra,prætereamus:Nonne, quotquot
ſaltem ex Pontificiis hoc æuo *de notis Eccle-*
ſiæ Catholicæ diſputarunt, omnes, omnes,
vnanimi conſenſu, veritatem ſuæ Eccleſiæ
hinc,

hinc, inter cætera, probare funt nixi? Nimirum: *vbi Confenfus*, ibi effe Eccleliam. A- Nititur.
pud fe autem fummum effe confenfuih.
Ergo & Ecclefiam. Econtra: *Vbi Diffenfio*,
ibi nullam effe Ecclefiam. Apud Nos autem Diffenfionem effe maximam. Ergo
nullam Ecclefiam. Scimus,quanti hæc argutia fit facienda, & quid iampridem à
noftris hoc loco fit refponfum, oftenfumq;
cuiufmodi fit ille, de quo tantopere glori-
antur, Côfenfus: Nempe, *in Satanicus, Ethni-*   *m Gen'. VPL-*
cus, Belluinus, Ifcharioticus, Tyrannicus, Herodia   *takur. de Ec-*
nus, qui deniq; *Ventris caufa* retinetur. Item,   *clef. contra*
Bellarm.q.5.
quanta fint etiamnum in multis fidei Ro-   *cap.8.*
manæ articulis *diſidia*; adeo, vt nihil ià melius, nilque perfectius Noftro iudicio, dici
queat. Aduerfariis tamen, atque inter Nos
multis *n infirmis in fide* (quorū magham ra-   *n Rom.14. &*
tionem Apoftolus docet habendam, qui ve   *15 cap.*
illud Ciceronianum haud immerito, No-
bis obiectant: *o Ego vero quem FVGIAM habeo,*   *o Cic.epift.ad*
quem SEQVAR non habeo) hoc pacto fatisfa-   *Attic.lib.8.*
ciemus nunq;, ni penitus omnes iftas pofue   *q iſt.7.*
rimus in micitias diffenfionesq;. Præclare
quidā:*p Maius eſt*,in quit,*teſtimoniū quod ꝑ A-*   *p Glareanus.*
CTIS , quam qꝛ VERBIS confirmatur. Vnde ēt
appofitiſſime admonet Chriſti Apoſtolus:
qESTOTE,inquit,*FACTORES verbi & nō AV-*   *q Iat.1.v.22.*
DITORES tantū fallentes vofmetipfos r Nō enim   *r Rom.2.ꝟ.*
qui AVDIVNT Legem , iuſti funt apud DEVM,   *13.*
fed qui Legem PRAESTANT , iuſtificabuntur.

D 2   Si

Si qua vero fides habenda eſtGallobelgico
Hiſtorico, Narrat is prodigium quoddam

a Merc. Gal- s *in Meckleburgenſi Ducatu in Templo quodam*
lobelg. lib. 9. editum:vbi è *ſuggeſtu ligneo* Manus *humana,*
Tom.2. circa *digitis quatuor & pollicè erectis vnguibuſq, muni-*
ann. 1594. *tis,excreuiſſe dicitur:in cuius aduerſa parte* Facies
pag.335. humana *conſpiciebatur, oculis, naſo, barbatoq*
Notetur. *ore,diſtincta.* Manus *hæc in diefrequenter* moue-
batur,*ſeſeq, vertebat, tanto conamine, vt* ſuda-
rit, *ſudoriſque gutta in ſubiectum lapidem deflu-*
xerint. Quod ille,ſuo more,ad Noſtra ap-
plicans tempora,inter cætera,ſic interpre-
tatur:*vt* Oculi *hi non fuere ſine* Manu,*nec ma-*
nus ſine oculis,ita doctrinam Fidei,*à doctrina* O-
perum,non eſſe diſiungendam. Etſi vnum ſine al-
tero eſſe, neutrum tamen ſine altero poteſt Pro-
ti credere fas deſſe. *Hæc doctrina non tantum in* Hoc pulpi-
eſt. *to iamdiu non dico neglecta, ſed plane fuit reiecta.*
t I. Tim.6. *Dum enim Diuini verbi* Miniſtri t languent
v.4. *circa quæſtiones* Fidei, *& pugnas* Verborum,
orta ſunt inuidiæ Contentiones, *blaſphemia,*
u Matth.24. ſuſpiciones malæ: u refrixit Charitas *multorum,*
v.12. *peccata, ſcelera, & flagitia hominum mundum,*
quaſi nouo Cataclyſmo,*cooperuerunt.* Nec longe is,tametſi communis Aduerſarius,à ſco
po veritatis aberrat ; Nam dum in hiſce
toti occupamur Controuerſiis ac Conten-
x Iac.2.v.14. tionibus, quid interim *boni* efficimus ? *x Et*
qua vtilitas, fratres mei, inquit Apoſtolus,*ſi*
Fidem *dicat aliquis habere ſe,*Opera *autem non*
v Verſ.16. habeat ? num poteſt fides illa *eum ſeruare ? y Sic-*
ut enim

ut enim corpus abſque ſpiritu mortuum eſt, ita Fides *illa qua eſt abſque* Operibus, *mortua eſt.*
Vtinam vero omnium, quotquot *Euangeli-*
ſorum nomine gaudent, ſemper imis fixa
inhæreant ſenſibus, illa Apoſtoli verba:
z Nullam Vlla *in re præbentes* Offenſionem, *z z. Cor.ſz*
ne vituperetur Miniſterium! Quam mul- *♥ z.*
ta faceremus, quæ non facimus, & non fa-
ceremus, quæ alioquin ſecure facimus! *a vt* *a I.Cor.I4.*
intelligentibus loquimur, iudicate Vos, *quod di-* *♥.Iſ.*
cimus! Veſtra enim omnium hic res agitur.
  Cogitate præterea, vos Fratres in Chri- XI.
ſto venerandi, quos Dominus ad ſanctum *Ab Eccleſia-*
in Eccleſia ſua vocauit ordinauitque Mi- *ſticorum offi-*
niſterium, veſtrum eſſe officium *b reconciliare* *cio.*
homines: non autem *c lites ſerere inter Fratres,* *b z. Cor.ſ. ♥.*
quod vitium ſumme deteſtatur Dominus. *c Prou.6.♥.*
d Angelos S V O S vos eſſe vult Dominus, non *19.*
furias Eumenidesque infernales: εἰρήνη vo- *d Mal. z. ♥.7*
bis commiſſa eſt, non Ἐρύννις ſiue Ἔρις, hoc
eſt, Pax non *contentio,* aut quid ſimile. Vt *Notetur.*
e um Angeli Domini *glorificantes* DEVM
in excelſis, optant non lites, non iurgia, non
bella, non exactiones, non cædes mutuas,
ſed *e pacem in terra hominibus bonæ voluntatis:* *e Luc.z.v.I4*
ita veſtrum eſt, ô Angeli Domini Exerci-
tuum: quibus ille dedit *f Miniſterium* Re- *f z. Cor. ſ. ♥.*
conciliationis, Chriſti *nomine Legatione fun-* *18.*
gi, velut D E O *per vos precante, orare* Chriſti nomine: Reconciliamini Deo: *g* O *quam ſpe-* *g Rom.I0.♥.*
cioſi pedes euangelizantium Pacem: *Euangeli-* *Iſ.*
        D 3   *zantium*

h Matth.5.
✝ 5.
i Mar 9. v. 50.
k Greg Pasto ral. cura par 3 Admon.23

Obiectio.

Responsio.

l Matth 5.ϛ. 26.

m Rom. 12. ϛ.18.

n Deut.23. ϛ 31.
o Heb. 12. ϛ. 14.
p 1.Pet.3 ϛ.11

zantium BONA ! h Beati εἰρηνοποιοί, hoc eſt, PACEM facientes! quoniã FILII DEI vocabũtur. i Habete, inquit Dominus, in vobis SALEM, & PACEM habete ALII cum ALIIS. k SAL quippe, ait Gregorius Romanus, ſine PACE, non virtutis eſt donũ, ſed damnationis argumẽtum. Quo enim quiſque melius SAPIT, eo deterius DELINQVIT. Et ideo inexcuſabiliter & multo magis merebitur ſupplicium, quia prudenter, ſi voluiſſet, potuiſſet euitare peccatum. Ac ne quis veſtrum dicat: Iſta ſaltem de interna, quam quidam vocant pectoris, pace, non autem de externa, quam iſti Corporis appellant, intelligenda: Vtranque ſane praedicandam & ſuadeaidam Chriſti Apoſtolorumque cenſemus exemplo. l Eſto amicus Aduerſario tuo cito, dum es in via cum eo, ne quando te tradat Aduerſarius iudici, & iudex te tradat miniſtro, & in cuſtodiam coniiciaris. Amen dico tibi, nequaquam exibis illinc, vſquedum reddideris vltimum quadrantem! m Si fieri poteſt, inquit Apoſtolus, quantum in vobis eſt cum OMNIBVS hominibus in PACE viuentes, non ipſi voſmet, ipſos VLCISCENTES dilecti, ſed date locum IRAE, ſcriptum eſt enim: n Mihi eſt VLTIO, EGO rependam, dicit Dominus. Item: o PACEM ſectamini cum OMNIBVS. Item: p Declinet à malo, & faciat bonum, quarat PACEM, & perſequatur EAM. Quomodo autem vos reconciliabitis Deo alios, ſiquidem ipſi inter vos ἀκαταδοι grauiſſimas geſſeri-

feritis inimicitias ? *q Si munus tuum attuleris* q Matth.5.
ad altare, inquit Dominus *, & illic memineris* v.23.
fratrem tuum habere aliquid contra te, omitte il-
lic munus tuum coram altari, & abi primum RE-
CONCILIATOR fratri tuo, &, tunc vbi ve-
neris, offer munus tuum. En! DEVS renuit vllum à vobis acceptare facrificium, donec
inuicem fueritis reconciliati. Pulcherrimi
adhuc, inter *Epigrammata* Phil. Melanch-
thonis, extant verficuli, quos vt hic quoq;
afferiberemus, digniffimos arbitrati fu-
mus. Ita enim ille inquit: r   r Epigr. Glo-
Sit procul à Chrifti DISCORDIA *faua*   ria in excelf.
    MINISTRIS,
    Namque DEVS *pote·   nifi* PACE
    coli.
Nulla LVES *ouibus tantus   vlla* VENE-
    NA,
Quantum PASTORVM DISSIDIA
    ipfa nocent.
Vos auté, obfecro, quomodo Euangeli- Notum.
zabitis *pacem?* quomodo fuadebitis *reconci-*
liationem mutuam? quomodo veftrum *fa-*
crificium cultumq; offeretis? quádo nó modo ipfi hoftes ad inuicem eftis infenfiffimi,
verü & alios infuper contra alios, Principes
contra Principes, ad arma vocatis, claffi-
cum canitis, inque mutua praelia truditis?
Quomodo offeret *pacem* iis, quib. primam
facem, véluti ad incendendam excinden-
damq; admouetis vrbem ? (Parcite diftis,
            D 4   fra-

fratres amantiſſimi : per vos enim hactę-
nus ſtetit, quominus vtrinque iniri potuerit Concordia: Innocentes vbique exceptos
volumus.) Quomodo non veremini, nę
vobis ſuadentibus aliis Pacem, reſpondea-
tur illud, quod olim Gorgiæ Sophiſtæ Me-
lanthus quidam: s Hic, inquit, de CONCOR-
DIA totius Græcia diſſerit, qui SIBI, VXORI,
& ANCILLAE, tribus duntaxat, vt concorditer viuant, nondum perſuaſit? Sane; t Turpe eſt
Doctori cum CVLPA redarguit Ipſum. Suade-
te, ſodes, pacem ac concordiam Pontificiis, aut Mahometanis, aliisve peſſimis hominibus, alioquin concorditer agentibus:
quid vobis hi ꞌ ꞌ ad, quam iſtud, mox re-
ponent? R. onciliamini vos, inquient,
prius inter vos; tum demum nobis pacem
reconciliationèmque ſuadebitis compe-
tentius: Oh: Si bene, quid ſit, u miſericor-
diam volo, & NON Sacrificium, expenderetis,
quam proni, quam alacres, ad conſeruan-
dos, quam tardi ac ſocordes ad perdendos
eſſetis homines, inprimis autem fratres:
x Seruum enim Domini, ait Apoſtolus, non o-
portet Pugnare, ſed Placidū eſſe ergâ Omnes,
aptum ad docendum, tolerātem Malos, cum Lenitate erudientem EOS, qui contrario animo
ſunt affecti, experturum num aliquando datu-
rus ſit EIS DEVS reſipiſcentiam ad agnitio-
nem VERITATIS. Et ſanitate MENTIS
recepta euaſuri ex diaboli laqueo, captiui ab eo
facti

*Erasm. A-
poph.*

Diſt.Catęn.

Nazian.

Oſe.6. v.6.

*2.Tim.2.
v.24.
Notatur.*

facti ad ipsius libitum. Et alibi: *y Oportet enim* *y Tit. 2. v. 7.*
Episcopum Inculpatum *esse, tanquam* Dei Di- *Notent hoc Ministri Dei!*
spenſatorem, *non* Sibi pertinaciter placentem,
non Iracundum, *non* Vinoſum, *non* Percuſ-
ſorem, *non turpem quaſtum facientem: Sed ho-*
ſpitalem, benignum, ſobrium, iuſtum, pium, con-
tinentem, tenacem fidelis illius ſermonis, qui ad
doctrinam facit, vt poſſit & Exhortari *doctrina*
Sana, *& contradicentes* Conuincere. Huius
rei luculentum habemus in ipſomet Apo-
ſtolo exemplum, qui, *z quamuis liber ſim,* in- *z i. Cor. 9. v. 19.*
quit, *ab omnibus,* Omnibus *meipſum* Seruum
feci, vt plures lucrifaciam. Et factus ſum Iudaeis vt
Iudaeus, vt Iudaos lucrifacerem: iis qui ſub Lege
ſunt, vt ſi eſſem ſub Lege, vt eos qui ſub Lege ſunt
lucrifacerem. Ex legibus vt exlex (non tamen,
vt exlex DEO, *ſed ſublex* CHRISTO) *vt lu-*
crifacerē exleges. Factus ſum infirmis vt infirmus,
vt infirmos lucrifacerem: Omnibus factus ſum
OMNIA, *vt* OMNINO *aliquos* SERVA-
REM. Et poſtea concludit; *Contundo cor-*
pus meum, & in ſeruitutem redigo, ne quo modo,
quum aliis praedicarim, ipſe REIECTANEVS
fiam. Oh: oh: Vbi nunc ſunt, qui ſimili modo ſeſe ad lucrandos Chriſto homines ſerio demittant? Vbi qui Caluinianis tanquam Caluiniani, Lutheranis quaſi Luthe-
rani, aliisq; vt illi ipſi fieri non detrectent
dummodo alter alterum Chriſto lucrifa-
cere ſtudeat? Vbi qui cum Apoſtolo di-
cant: *a Filioli mei, quos iterum parturio, vſque-* *a Gal. 4. v. 19*
quo

D 5

quo formetur in vobis CHRISTVS, velim autem nunc adesse apud vos, & mutare vocem meam, quoniam hæsito in vobis. Quam pauci! quam rari! quam nulli! Quamobrem vero? Quia officii sui immemores, fraternaq;

b Philip. 2. §. 21.

Charitate vacui, duntaxat *b quæ sua SVA sunt* querunt, non quæ IESV CHRISTI. Hæc autem quærentes, quid mirum, qui tam multas dent turbas? Quot vero malis interim afficiunt Ecclesias Respublicasq; alioquin

c Philip. 3. §. 18.

satis affl. ctas? Eheu! *c Multi incedunt,* querebatur olim Apostolus. *quos sæpe dixi vobis, nūc autē & flens dico hostes esse crucis CHRISTI, quorū finis est exitium quorum DEVS est VENTER, & gloria cū confusione ipsorū, qui TERRESTRIA curāt.* Quod vtinam de corrupto isthoc seculo Nostro etiamnū dici meritò nequeat! Atq; hæc rursum considerare magis inter vos præstiterit, quā ob leuiusculas causas, tantum in populo Dei excitare turbarum, inimicitiarumq; vos minime decentium.

XII. A collatione causæ Aduersariorū cum Nostra.

Cogitate, amplissimi viri fratres, Aduersarios Nostros, quū Nobis succensent, variisq; modis Nos persequi, tollere, extirpariq; meditantur, iustiores longe, quas saltē prætexdunt, factisui habere causas, quam vos: Negationem, videlicet *primatus* auctoritatisq; supremæ supra Ecclesiā conciliaq; vniuersalia Ro. Pontificis: Ademptionem pinguium præbendarū, quas illi bona Ecclesiastica & patrimonium S. Petri, nuncupare solent:

folent: Sublationem fuperftitiofarū *Ceremoniarū*, precularum, ieiuniorum, feftorū, proceffionū, aliarumq; pomparum idolo-latricarum, quibus illi fefe, tanquam laruis tecti, maximopere coram plebe venditare folebant: Abolitionem *Monafteriorum*, Cœnobiorum, & id genus luftrorum, quæ mul torum fuere, funtq; adhūc, defperatorū ho minum receptacula: Abrogationem Miffæ Indulgentiarum, Fabularumq; Purgatorii ignis, & fimilium *d piarum* fcil. *fraudum*, ex quib. vniuerfus fibi Papifmus quęftum fa-cere folet vberrimum; & pro quib. ifti, tan ꝗ pro aris & focis, depugnare ac mori etiam-num funt parati. Hęc maxima funt noftro-rūm piacula hominum, hæc flagitia, ferro, fcilicet, flammaq; vindicanda & tollenda! Quæ olim quoq; in Luthero ipfo notauit Erafmus, cùm diceret: *Duo effe maxima eius PECCATA: Vnum, quod Monachorum VEN-TRES, alterum, quod Papæ CORONAM attigif-fet!* Non mirum igitur hos nunc cœlū terræ mifcere, totq; affidue excogitare technas, tot artes, tot crudelia confilia, tot fangui-narias cædes, tot regnorum ac Prouincia-rum perturbationes. Aiunt enim: (quod & olim, tefte Cromero, hic quidā Pontificius legatus protulit) *fpræftare, vt TRIA REGNA PEREANT, quam IVS & auctoritas Eccle-fiæ perturbaretur.* Norūnt autem omnes, quidifti per *auctoritatem Ecclefiæ* intelligant, Opes,

d D. Ioan. de Vefalia.

e Chron. Ca-rion. à Phil. & Pincero.

f Crom. de reb. geft. Po-lon. lib. 25.

Opes, videlicet, potentiam Tyrannidem-
que fuam, quibus nunquam non fuperbi-
re, Regibus ac Principibus terrori effe, Ec-
clefiamque, fub eiufmodi prætextu, oppri-
mere folent. Poftquam enim *Religio peperit*
Notatur? *diuitias, Filia deuorat Matrem.* At vos quando ex vtraque parte contenditis, atquevna
pars alteram damnat, pellit, cædit, & quid
non? quas, obfecro, prætenditis caufas?
Num *Papam*? Atqui vtrinque iugum eius à
ceruicibus veftris excuffiftis, & amoliti e-
ftis? Num *bona*? Atqui vtrinq; illa in vfum
Ecclefiarum Rerumpublicarumq; veftrarum conuertiftis? Num *fuperftitiones*? Atqui
vtrinque eas, iuftiffimis de caufis, antiqua-
ftis: Num *fabulas*? Atqui vtrinque illas ab
Ecclefiis veftris profligaftis? Vtquid ergo
adhuc inuicem molefti eftis? Vtquid adeo
funeftas, contra vos inuicem, excitatis Tra-
gœdias? Quin tandem *g Omnes in VNVM*
g Eph.4.℘.4. *CORPVS, cuius h CAPVT CHRISTVM*
h Ephef.1.℘. vtrinque agnofcitis, coalefcitis? Certe ni-
21. hil habetis, nihil omnino, quod iure aliquo prætexere valeatis: Quod fi vna pars
Orthodoxa, altera veroHeterodoxa eft (id
quod fortiter negamus, & fupra iam mani-
i Lact.lib.5. fefte diuerfum oftendimus.) *i defendenda ta-*
Inft.c.19. *men,* inquiebat Lactantius, *Religio eft* NON
occidedo, fed moriendo, NON *fæuitia,* SED *Sapien*
tia, NON *fcelere,* SED *fide:Illa enim* MALORVM
Notatur. *funt, hæc* BONORVM. *Et neceffe eft* BONVM *in*
religio-

religione verfari, non MALVM: Nam fi SAN-
GVINE, fi tormentis, fi MALO religionem de-
fendere velis, iam NON defendetur illa, fed pol-
luetur, atque violabitur. NIHIL eft enim tam
VOLVNTARIVM, quam RELIGIO: in
qua fi animus facrificantis AVERSVS eft, iam
fublata, iam NVLLA eft: Et paulo fuperius: *
k Non eft opus vi & iniuria: QVIA RELI- k Eodem cap.
GIO COGI NON POTEST. VERBIS
potius, quam VERBERIBVS res agenda eft, vt fit
VOLVNTAS. Quod fi de reliquiis Papifmi Reliquiae Pa-
agitur, quas quidam inter Adiaphora recen- pifmi.
fent; ne fic quidem iufta ac fufficiens vobis
tumultuadi fuberit caufa. Aut enim reuera Nota I
funt adiaphora, aut non? Si funt? toleren-
tur fane, pacis tranquillitatisque mutuae
caufa, quando aliter fieri nequeat. Frua-
mur hic confilio D. Ambrofii ab Augufti-
no eius Difcipulo fideliter cofcripto & ob-
feruato: l Ad quam forte, inquiebat ille, Eccle- l Aug. epift.
fiam veneris, eius MOREM ferua, fi cuiquam 18. ad C m-
NON vis effe SCANDALO, nec quenquam nar.
TIBI. Atque vt facilius intelligamus, quae
& qualia fint pro Adiaphoris habenda, Adiaphora.
ibidem faluberrimam tradit regulam:
m Quod enim, inquit, nec contra FIDEM, ne- m Ibidem.
que contra BONOS MORES iniungitur, IN-
DIFFFRENTER eft habendum, & pro eorum, inter quos viuitur SOCIETATE feruandum eft. Cuius enim n genus, ait Hemmin- n Hemming.
gius, expreffe non eft praeceptum aut prohibitum, Ench. Theol.
                                                   claff. 3. c. 16.
                                          eius

eius species ,siue opus , recte censetur adiaphoron.
Qualia sane permulta videbimus infra. Si
vero adiaphora non sunt?& siue in genere,
siue in specie, manifestam prohibitionem
habent?Profligentur sane communi voto,
suisq; reddantur auctoribus & inuentori-
bus:Fraterna autem*Charitas* intervos,pro-
pter illa, minime rumpatur aut perturbe-
tur. Vt quid enim denuo *o imponitur I V-*
G V M super ceruices discipulorum,*Q V O D neq̃*
Patres Nostri,neq̃, Nos portare valuimus ? p State
in LIBERTATE, qua CHRISTVS Nos liberauit,
& ne regredientes IMPLICAMINI IVGO SER-
VITVTIS. q *OMNIA mihi licent,* inquiebat
Apostolus,*at ego non REDIGAR sub vllius rei*
potestatem. Quidni ergo & vos iugum Anti-
christi, per omnia,excutitis?*r OS nostrum a-*
pertum erga vos, Fratres l *Cor nostrū dilatatum*
est, Non habitatis anguste in Nobis, sed A N G V-
STI ESTIS in visceribus VESTRIS.s Omnis
ergo amaritudo, & excandescentia.& IR A,&
CLAMOR,&MALEDICENTIA tollatur
ex V O B I S, ab vtraq; parte,*cum OMNI MA-*
LITIA l t Induimini autem,vt electi DEI,san-
cti,& dilecti, visceribus miserationum, COMI-
TATE modestia,mansuetudine,LENITATE
animi, TOLERANTES ALII ALIOS,&
CONDONANTES vobis mutuo,Si quis ad-
uersus habuerit Q VERELAM: SICVT &
CHRISTVS condonauit V OBIS, ita & vos.
Super hæc autem omnia,induimini CH ARIT A-
TE,

• Act. 15,§.
10.
p Gal.5.v.1.

q 1. Cor.6.v.
12.

r 2. Cor.6.v.
11.

s Eph.4.v.31

t Col.3. §.13.

Notetur.

TE, *quæ eſt VINCVLVM perfectionis.* Hoc
enim magis profuerit vobis, quã ſi vel mille de vobis inuicem obtinueritis ac repor-
taueritis victorias, vel alii alios peſſunde-
deritis. Et præclare quidam cecinit:

Nobile vincendi genus eſt P ATI EN TI A,
vincit

Qui *P AT ITV R* , ſi vis *vincere* , diſce
PATI!

Cõuitiis autem vincere aliquem, Chriſtianum non eſt, *u Neque enim qui AV DIT* , inquit D. Cyprianus, *ſed qui F A C I T CON-*
V ITI V M, M I S E R eſt : *nec qui à fratre vapu-*
lat, ſed qui fratrẽ cædit, in lege peccator eſt. Et cum
nocentes INN OCENTIBVS INIVRIAM
faciunt, illi patiuntur iniuriam, Q V I facere ſe
credunt. Videtis ergo, quam nihili Contentionum veſtrarum habeatis cauſas ?

   a Cypr. lib.1.
   Epiſt.3.ad
   Corn.

Cogitate præterea, fratres optimi, cauſas
diſſidiorum eiuſmodi, ſemper in vitio, nũ-
quã in laude eſſe poſitas. *x Vbi enim inuidia*
eſt, & R I X A , inquit D. Iacobus, *I B I tumul-*
tuatio, & omne opus PRAVVM. Quæ vero, putatis, ſunt illæ cauſæ ? tametſi plures ſint,
præcipuas tamẽ hic recenſere conabimur:
Prima eſt Diabolus, ille *y leo rugiens, obambu-*
lans & quærẽs quem DEVORET! z *Inimicus ille,*
qui teſte Chriſto, *dormientibus hominib. venit,*
& inter triticum ſeminat ZIZ ANI A, a Ille homi-
cida à principio, qui in V E RIT AT E non perſti-
tit, b Sicut Cain ex illo M A LO erat, & occidit
fratrem

   XIII.
   A diſſidiorũ
   cauſis.
   x Iac.3.§.16.

   I.
   y1.Pet.5.§.8.
   z Matth. 13.
   §.25.
   a Ioh.8.§.44
   b 1.Ioh.3.v.
   12.

fratrem suum. Cuius autem rei gratia occidit
eum? Quid opera eius MALA erant, fratris autem eius IVSTA. Nimirum, scit ille perpe-

c Gen.3.v.15. tuas esse positas c inimicitias, inter se, & Semen illud mulieris. Hinc ergo cum Semen
illud tollere, alia quauis ratione ei nocere
nequeat; dissidiis eiusmodi, quibus se mutuo conficiant, turbare primum, ac deinceps abolere penitus, hostis atrox & calli-

d Apoc.12.v. dus, nititur. d Vae nunc incolis terrae & mari:
14. quia descendit DIABOLVS ad VOS IRAE
magna PLENVS, vt qui sciat se paululum TEM-
PORIS habere: Quoniam vero ille nequam
& homicida isthaec inter vos dissidia serit,
quod proculdubio agnoscitis; quin ergo

e 1.Pet.5.v.9 tandem ei e RESISTITIS FIRMI per fi-
f Eph 4.v.26 dem? f Irascimini & ne peccate: SOL ne occidat
super exacerbatione vestra: neq́, date locum DIA-
g Iac.4.v.7. BOLO: g Resistite Diabolo, & FVGIET à vo-
2. bis: Altera dissidiorum causa est Philautia
humana: dum suum cuique est pulchrum,
alterius vero displicet. De qua vitio Scri-
h Prou.3.v.9. ptura S. in hunc pronunciat modum: h Ne
SIS SAPIENS in oculis tuis, time Iehouam,
i Isa.5.v.21. & recede à MALO: i VAE SAPIENTIBVS
in oculis suis, & coram facie SVA prudentibus:
k Gal.6.v.3. k Nam si quis SIBI videtur ALIQVID, quùm
NIHIL sit, HVNC suus ipsius animus SEDV-
l 1.Cor.8. CIT. l Scimus NOS omnes notitia esse praeditos,
v.1. Notitia INFLAT, Charitas vero AEDIFI-
CAT. Quod si quis SIBI VIDETVR aliquid

quid scire, nondum quicqua NOVIT, sicut oportet NOSSE. Oh! quot nunc sunt, quibus
nec quicquam *m nisi q ipsi faciunt* perplacet! **a Teren.**
Quot, qui vel optimam alteriussentētiam, *Adelph.*
vel in deterrimam rapiat, interpreteturq; *Noteaur.*
partem? Hoc Apoftolus taxabat in suisCo-
rinthiis: *n vos INFLATI ESTIS*, inquit. **a 1.Cor.5.**
Hoc in Pseudochriftianis, *o SEIPSOS ama-* **v.2.**
turis. Ab hoc vitio dehortatur veros Chri- **o 2.Tim.3.**
ftianos: *p NE ELATE de vobis ipsis sentientes,* **q.2.**
sed humilibus obsecundantes. NE ESTOTE pru- *p.Rom.12.§.*
dentes apud VOSMETIPSOS. Item: *q in* **16.**
Nobis discatis, SVPRA id quod scriptum est NON **q 1.Cor.4.6.**
SAPERE, vt ne ALIVS pro ALIO inflemini
aduersus ALIVM. Videte, obsecro, non pro
seipsis tantum, inquit, sed & *pro alio,* siue is **Notetur.**
sit Lutherus, siue Zuinglius, siue Caluinus,
siue quispiam *alius,* quocunq; tandem vo-
cetur nomine! Quin idem oftendens liberam Doctorum in Ecclesia esse debere sententiam, modo ne sit verbo DEI contraria!
r Propheta, inquit, *duo aut tres loquantur, &* **r 1 Cor.14 §.**
ALII diiudicent. Quod si quid ALII retectum **29.**
fuerit assidenti, PRIOR taceat. Et rursum:
s Quotquot adulti sumus, HOC sentiamus; Quod **s Phil.3.§.15**
si quid ALITER SENTITIS, HOC quoque
vobis DEVS reteget. Id quod etiam confirmat D. Cyprianus ad haec verba scribens:
t Paulus quoque inquit, *prospiciens CON-* **t Cypr. Epist.**
CORDIAE, & PACI fideliter consulens in E- **ad Quintin.**
pistola sua posuit dicens: Propheta autem duo aut

E tres

tres loquantur, & C AET ERI examinent. Si
autem aliis reuelatum fuerit sedenti, ille prior ta-

Notamur. *ceat. Qua in parte docuit & ostendit multa sin-*
gulis in medium R E V E L A R I,& debere vnum-
quenque N O N P R O E O , quod semel imbibe-
rat , & TENEBAT , pertinaciter congredi : Sed si
quid MELIVS & VTILIV S extiterit ,libenter.
amplecti. Non enim V I N C I M V R quando offe-
runtur Nobis MELIOR A, sed INSRTVIMVR
maxime in his, qua ad Ecclesia V NIT AT E M
pertinent , & Spei & Fidei Nostra veritatem.

3. Hæc diligenter consideranda sunt. Tertia
dissidiorum causa est, hominum ambitio,
dum quisq; præ cæteris videri haberique
Notetur. cupit in Ecclesia Doctor maximus ! Solus
sapere, videre, atque intelligere omnia, cę-
dere nemini, detrahere cunctis, despicere
u Prou. 13.V.
10. ac contemnere omnes. u Vere in superbia,in-
quit Salomon , *dabit superbus LITEM : at cum*
x Iac. 4. v. I. *CONSVLTIS est SAPIENTIA.* x *Vnde bella,*
quærit Apostolus, *& LITES inter vos ? nonne*
hinc nimirum, ex voluptatibus vestris, qua mi-
y Cyril. Alex. *litant in membris vestris ?* y Nihil magis, inquit
lib. 9. in Ioh. Cyrillus Alexandrinus, *S E P A R A R E Fra-*
cap. 8. *tres & amicos solet , quam misera G L O R I A E*
nimia CVPIDITAS. Hæc causa fuit, vt mil-
le exempla hic prætereamus , cur discipuli
z Matth. 18.
V.I. Domini sæpius inter se cōtenderent, z *quis*
eorum futurus esset M A X I M V S in regno cœ-
a Luc. 22. V.
24. *lorum ?* adeo vt ne ad Cœnam quidem illam
mysticam ab eadem *a contentione* abstine-
rent.

Vent. Hæc eadem, quod *b Diotrephes* qui-*b* 3. *Ioh.* 9.
dam *primatum ambiens, non recipiebat Apofto-*
los. Hæc quoque multos nunc adeo titil-
lat, vt alter alterum fibi nolit agnofcere pa-
rem, nedum fuperidrem! qui proculdubio
c inflati, in CRIMINATIONEM *incidunt* DIA- *c* 1. *Tim.* 3. *v.*
BOLI, ni refipuerint. *d Quúquis* enim *fe ex-* 6.
tollit, ait Dominus, *deprimetur. Et quod apud* *d Luc.* 14.
homines SVBLIME est, ABOMINATIONI est *e Ibid.* 16. *v.*
in conspectu DEI! f Væ vobis! quum bene vobis 15.
dixerint OMNES *homines, nam* ITIDEM *fa-* *f Luc.* 6. *v.* 26
ciebant pseudoprophetis Patres EORVM. *g Quo-* *g Ioh.* 5. *v.* 43
modo vos potestis credere, qui GLORIAM A-
LII *ab* ALIIS *captetis, & gloriam* ILLAM,
quæ à SOLO DEO *proficifcitur, non quæra-*
tis? Aureis fane digna effet, quæ fcribere-
tur literis Admonitio Apoftolica per totü
ferme caput 11. ad Rom. dum inter cæte-
ra inquit: *h* DILECTIO *esto minime fimu-* *h Rom.* 12.
lata. Estote abhorrentes à MALO*, agglutina-* *v.* 9.
ti BONO*, Fraterna* CHARITATE ALII
AD ALIOS *amandos propensi.* HONORE
ALII ALIIS *præeuntes.* Et alibi : *i Ne fi-* *i Gal.* 5. *v.* 26
mus INANIS GLORIAE *cupidi*, ALII
ALIOS *prouocantes,* ALII ALIIS *inuiden-*
tes. Et rurfum: *k* ITIDEM *fitis affecti,* EAN- *k Phil.* 2. *v.* 2
DEM CHARITATEM *habentes,* VNANIMES,
& sententiis VNI. NIHIL *gerentes per* CON-
TENTIONEM, *aut per* INANEM GLORIAM,
fed ex modestia ALIVS ALIVM *fe præstan-*
tiorem existimans. Quæ vtinam non vobis
　　　　　E 2　　　folum-

folummodo, fed etiam re & facto, exprimere poffimus! id demum foret Chriftianum, ædificationique mutuæ conueniens.

4. Quarta diffidiorum caufa eft inuidia: dum alter alteri inuidet eruditionem, fauorem, gratiam, diuitias, honores, atque id genus

l Sap. 2. ¶. 24 gloriam huius mundi vaniffimam. l Sıc, INVIDIA Diaboli MORS introiuit in mundum, EAMQVE imitantur qui partium funt ILLIVS.

m Gen. 4. v. Quid in m Caino, n Fratribus Iofephi, o Princi-
4.
n Gen. 37. ¶. pibus Sacerdotum, p Iudais, & in ipfis CHRISTI
28.
o Luc. 19. ¶. DISCIPVLIS, inprimis autê q Iuda Ifchariote
47. inuidia effecerit, ex hiftoria fancta cuiq; no
p Matth. 26. tum effe pôt. Vtinâ vero tempora noftra ab
v. 24. hifce vitiis efsêt aliena! ô quâ multos (quo-
q Iob. 20. ¶. 4 tum honeftiffimis nominibus parfum volumus) Fraterne Concordiæ, nunc habere-
r 1. Cor. 13. mus ftudiofiores! r CHARITAS, inquit Apo-
¶. 4. ftolus, non INVIDET, nô agit perperam. s Quodfi
s Iac. 3. v. 14. INVIDIAM amaram habetis, ait alter, & IRRITATIONEM in corde veftro, ne gloriamini, &
MENDACES eftote aduerfus VERITATEM, Nô
Notatur. eft enim ifta fapientia fuperne defcendens, fed ter-
t Præfat. ad rena, ANIMALIS, DIABOLICA. t Interea, in-
Nic. Pallad. quit Melanchthon, ô rem miferam! Nos ipfi
DIMICAMVS INTER NOS velut CADMÆI
Nota. Fratres: cum, fi qua oriretur Controuerfia, pia di-
iudicatione tolli ERRATA deberent, & fanabi-
5. lium voluntates coniungi. Quinta diffidiorum caufa eft, ignorantia Scripturarum ; dum plerique non quid S. Scriptura, fed quid

saltem

saltem hic vel ille, vel alius dicat, attendût.
Hæc olim Iudæos induxit, vt Chriſtum
x *Authorem vita, & y Dominum gloriæ crucifige-*
rent. Hæc ignorantia fecit, vt z *Diſcipuli Do-*
mini difficulter crederent eum a SVRREXISSE
A MORTVIS. Hæc Saulum commouit, vt
tanto furore, b *Paternarum TRADITIONVM*
zelator exiſtens perſequutus eſſet c *Eccleſiam*
DEI. Vt multa eiuſdem claſſis teſtimonia
prætereamus, Hæc ſola multos d *aberrantes*
conuertit ad vaniloquium, vt inquit Apoſtolus, *Volentes eſſe LEGIS DOCTORES, nec IN-*
TELLIGENTES, nec quæ loquuntur, nec de quib.
aſſeuerant. Vt non immerito Concilium
Toletanum e *IGNORANTIAM Matrem cun-*
ctorum ERRORVM, & Chryſoſtomus, f *Igno-*
rantiam Scripturæ Cauſam OMNIVM MALO-
RVM, dixerint. Vtinam vero etiam nunc
eiuſmodi non haberemus exempla! dum
pleroſque adeo tenet ſcribendi cacoëthes,
vt vix dum è ſuperſtitionum emerſi lacu-
nis, arrepto calamo, non tâ quid, ſed quam
multa ſaltem ſcribant volumina, penſi habeant: interea ſe, alioſqʒ tot implicant difficultatibus, vt ne ipſi quidem inde, velut
è labyrintho quodam, exire atque extricare ſe valeant, g *Obtenebratam habentes cogita-*
tionem, & abalienati à vita DEI propter IGNO-
RANTIAM quæ eſt in IPSIS. Id quod tamê in
nullius piorum Eccleſiæ Doctorum con-
tumeliam dictum volumus. Sexta diſſi-

E 3   dio-

x *Act.3.&.34*
y 1.*Cor.2.&.8*
z *2.Ioh.20.*
&9.
a *Ioh.2.&.22*
b *Gal.1.v.14*
c 1. *Tim.1.v.*
17.
d 1.*Tim.1.*
&.7.

e *Conc.Tol.*
4. *Can.24.*
f *Chryſ.hom.*
9. *ad Coloſ.*
Notetur.

g *Eph.4.&.*
18.

6.

diorum caufa eſt κενοζηλία; dum plerique
non tam quæ in verbo DEI , quam quæ in
Scriptis aliorum reperiunt, accurate imitá-
ri ſtudentes, ex libris libros exq; conuitiis
Nota conuitia faciunt. Vnde enim, quæſumus tot
Termini, totq; loquendi modi peregrini ?
Sat ſcimus eos nihil habere quod hic ré-
ſpondeant, præter illud Pythagoricorum :
Ἀυτὸς ἔφα! Nimirum, ſic Lutherus, ſic Philippus, ſic alii; imo etiam, ſic Thomas de
Aquino, ſic Scotus, ſic Lombardus, ſic alii
Scholaſtici loquuti ſunt! Atqui nō ſic Prophetæ, non ſic Chriſtus, non ſic Apoſtoli
ſunt loquuti : quorum vt ſententiam, ita &
dictionem ſimplicem imitari præſtitiſſet
h 1. *Tim.* 6. potiu', quam tot multorum *h logomachias.*
ǫ. 4. Atque hinc illæ lachrymæ: hinc, nimirum,
tot diuerſæ opiniones, quæ deinceps ſectas
pariunt diuerſas. Hinc tot controuerſiæ,
quæ poſtea in maximas degenerant cōten-
tiones ac pugnas, quod longa rerum Experientia iampridem innotuit. Prudentiſſi-
me olim Prophetæ populū ab hoc dehor-
i Ezech. 10. tabantur vitio, quum dicerent : *i In præceptis*
ǫ. 18. patrum *veſtrorum ne incedatis, & iudicia eo-*
rum ne cuſtodiatis, & in idolis *eorum ne polluá-*
mini. Ego Iehoua DEVS veſter : in præceptis
meis *ambulate, & iudicia mea cuſtodite, & fa-*
*k Zach.*1.ǫ 4 *cite ea.* Et iterum : *k Ne ſitis ſicut* patres *ve-*
ſtri, ad quos clamauerunt Prophetæ illi priores, di-
cendo : Sic dicit Iehoua exercituum, Conuertimi-
ni nunc

nõ nunc à V I I S *veſtris* M A L I S, *& ab* OPE-
R I B V S *veſtris* M A L I S. Similiter Chri-
ſtus: *l Et* P A T R E M *veſtrum,* inquit, NE quen- *l Matth.*23.
quam vocate in T E R R A, V N V S *enim eſt* P A- *v.* 9.
T E R V E S T E R *qui in cœlis eſt. Nec vocemi-*
ni D O C T O R E S, *vnus enim veſter eſt* D O-
C T O R, *nempe* C H R I S T V S, Traditionum   *Traditionũ*
humanarũ
ſane *Humanarum,* vt alia multa, ita hęc præ-   *incommoda.*
cipua, recte quidam obſeruarunt Theolo-
gi incommoda: Vt primo nihil aliud ſint,   I.
quã aſſiduæ conſcientiarum diuexationes
ac carnificinæ, dum alii de admiſſis, alii vero omiſſis quibuſdã, va+·   guntur, quaſi   *Notetur.*
in illarũ obſeruatione t   noſtræ prora
& puppis conſiſtat: cũ tan   ſæpius *m pro-*   *m Matt.* 15.
pter illas mandata D E I ſoleant violari.   Id   6.3.
quod in ſuperſtitioſe religioſis manifeſte
videre licet. Deinde, quod ſaltem occaſio-   2.
nes ſint perpetuarũ, inter homines, litium,
dũ hi ſingulas exacte obſeruantes, cæteros   *Notetur.*
non obſeruantes aut negligentes, aut con-
temnentes, præ ſe ex alto deſpiciunt, faſtidi-
unt, damnãt, perſequuntur ac perdere conantur: iſti vero præ Diuinis, nõ has modo,
verum & vitam propriam, contemnere ac
proſtituere, malunt, verborum Domini
haud immemores: *n Fruſtra* M E *colunt, do-*   *n Matth.* 15.
centes doctrinas qua ſunt M A N D A T A H O-   6.9.
M I N V M, quocunque tandem illi voci-
tentur nomine: Optandum potius eſſet,   *Nota.*
vt miſſis certaminibus iſtis, *diſciplina*

Ecclesiastica constitueretur ar&ior,seueriusque in insolescentes, ac dissolutos extenderetur mores; præsertim inter eos, qui modo non sint *Caluinistæ* aut *Vbiquitistæ* (vt vocari solent) præclare se iam Christianitatis officio defunctos putant.   Quid & quantum illis interim ad Christiani hominis officium, nedum perfectionem, desit, nemo pius non videt ac deplorat. Cóquesti sunt hac de re permulti, ipse etiam D. e Lutherus, quorum testimonia communes Aduersarij libenter Nobis exprobrant, ostendentes *Euangelicos nunc esse multo* deteriores, *quam su   tin Papatu*. Quæ quidem non surda sunt aure prętereunda. *qItaq.* inquit Apostolus, *nullus glorietur in homini*bus; omnia *namque* vestra sunt, *& Paulus & Apollos, & Cephas* (& Lutherus, & Zuinglius, & Caluinus, & si qui sunt alij) *& mundus, & vita, & mors, & præsentia, & futura, OMNIA*, inquam, *VESTRA sunt, vos autem CHRISTI, CHRISTVS verò DEI. r OMNIA ergo explorate, quod BONVM fuerit RETINETE!*

XIV.   Cogitate adhæc, fratres colendissimi, omnia *Patrum scripta* (siue illi sint veteres, siue recentiores)esse *humana*, non autem Diuina, non Canonica, non αὐτόπιςα: quibus ne ipsi quidem Auctores, contra Scripturæ Canonicæ auctoritatem credi voluerunt; & in quibus multos *errores*, ipsimet primi agnouerunt. Firmissima enim stat sentétia

Apo-

o *Luth.in Postil.super Euang. Dom.1. Adu.*

p *Vide inter alios Nodum Gordium Smiglecij, pag.65.*

q 1.Cor. 3. v. 21.

r L. Tos.5. 61. 21.

Ab ipsorum Authorum sententia.

Apoftoli : *Eſto* Dєvs Vєʀax , *omnis autem* *s Rom.3.v.4*
HOMO MENDAX. *t Homines ſumus* , inquit *t Aug. lib de*
D.Auguſtinus, *vnde aliquid aliter ſapere, quã* *Bapt. coner.*
res ſe habet humana *tentatio eſt.* Nimis autem *Donat.6.5.*
amando ſententiam ſuam , *vel inuidendo me-*
lioribus , vſque ad præcidendæ communionis , &
condendi ſchiſmatis vel hæreſis ſacrilegium perue-
nire, Diabolica *præſumptio eſt. In nullo autem*
aliter ſapere , quam res ſe habet Angelica *perfe-*
ſtio eſt. Agnouit is quoque illam in ſemet-
ipſo *humanam tentationem* quum ita ſcribe-
ret ; *u Negare non poſſum , nec debeo ,ſicut in ipſis* *u Aug lib.*
Maioribus, ita multa eſſe in tam multis Opuſculis *Retraſtat.*
MEIS , quæ poſſunt iuſto iudicio & NVLLA TE-
MERITATE *culpari.* Vnde etiam alibi : x No- *x Idem pro-*
li, inquit, MEIS *literis,quaſi Canonicis Scriptis* *log.in lib.3.*
inſeruire , ſed in illis quodcunque non credebas, *de Trinit.*
cum inueneris ,incunſtanter crede. In iſtis autem,
quod certum habebas,niſi certum intellexeris,noli
firme credere. Ad eundem plane modum D.
Lutherus de ſe , ſuiſque pronunciauit ſcri-
ptis : y *Neque hæc,* inquiebat coram toto Im- *y Sleid.lib.3.*
perii Conuentu,*ita velim accipi,quaſi hoc mi-* *hiſt.Comm.*
hi ſumam, errare me non poſſe : *Verum quia*
proprium eſt hominis falli & errare : *ad* *Noteur.*
cauſa defenſionem mihi *ſumo illud Seruatoris*
Noſtri diſtũ , qui de ſua doſtrina loquutus,quum
à ſatellite quodam cæderetur : z *Si male ſum lo-* *z Ioh.18.v.*
quutus , teſtimonium perhibe de malo. Quod ſi 23.
Chriſtus , *in quem omnis cadit perfeſtio, non* *Noteur.*
retuſauit audire contra ſe *vil·ſimi ſeruuli teſti-*
monium,

E 5

monium ; quanto magis ego , *qui natura sum
peccator, &* non vno modo errare poſſum,
*ſiſtere me debeo vocatus , & audire , ſi quis con-
tra doctrinam* meam *aliquid teſtificari velit*

a Luth. præ-
fat. in prior.
part. ſuor.
Oper. *& adferre :* Et alibi : *a Ante omnia*, inquit,
*oro pium lectorem , & oro propter ipſum Domi-
num* Ieſum Chriſtum : *vt* iſta legat *cum iudicio , imo cum multa miſeratione. Et ſciat* me
aliquando fuiſſe monachum , *& Papiſtam in-
ſaniſsimum , cum* iſtam *cauſam aggreſſus ſum.*

Et paulo poſt : *b Dabis ergo hunc* errorem,
pie Lector, vel Antilogiam *tempori , &* im-
peritiæ meæ : Et quidem de eo , quod ſe
quidam ne Chriſtianos , ſed iam *Lutheranos* appellari gaudent , manifeſte in hunc

modum : *c Sunt*, inquit, *qui ſe* Lutheranos
eſſe gaudent. Non ſic ô fatue, *non ſic : Oro vt*
meum nomen *taceatur, &* nemo Luthera-
nus, *ſed* Chriſtianus *appelletur : Quid eſt Lutherus ? Doctrina non eſt mea , neque pro* vobis
crucifixus ſum. D. Paulus 1. *Corinth.* 3. *nolebat
pati vt Chriſtiani dicerentur à Paulo, ſed à Chri-*

*ſto. Vnde itaque mihi fœtido vermium ſacco ac-
cideret , vt Filii* Chriſti *à meo viliſsimo* nomine *denominarentur ? Abſit , ô amici :. Deleamus*
ſchiſmatica nomina, *& denominetur* Chriſtus, *cuius doctrinam habemus.* Ex quibus
verbis intelligere eſt Lutherum, vt in ſcriptis ſuis imperfectionem quandam, ſicut
par fuit, agnouiſſe, ita neminem *Chriſtianorum* ſuo., ſed omnes CHRISTI nomine
deno-

*denominati voluiſſe: Nec immerito.*d No-   d *Muſc.praf.*
*tuo ſiquidem,*ait Wolphg. Muſculus, *adeo eſt*   *in Op. Greg.*
vel cogitando,vel intelligedo,vel loquendo ac ſcri-   *Nazianz.*
bendo circumſpectus,cautus,religioſus ac P E R-
-F E C T V S, *vt non alicubi* H A L L V C I N E-
: T V R,*&vel non verta,vel impertinentia,vel fal-*
ſa quoque proferat. Vt non immerito quidam
hic egregie luſerit:

 Non ego C A L V I N V M, *magnum nec curo*
 LVTHERVM,
 V E R V S vterque placet, F A L S V S *vterq;*
 iacet.

e Neq; enim credirur P A T R I B V S,ait quidam,   e*B.Reikerm.*
dicentibus & ſcribentibus, quia D I X E R V N T *vel*   *Syſt. Logic.*
ſcripſerunt : ſed quia EX MENTE *Spiritus* S. *&*
ſacra Scriptura literis dixerut & ſcripſerunt. Net   f *Conf. Aug.*
Catholicis quidē EPISCOPIS,inquit Cofeſſio-   *de poteſt. Ec-*
-Auguſtana, poſt D. g Auguſt.*conſentiendum*   *cleſ.*
*eſt,*S I C V B I *forte fallantur, aut cotra Canonicas*   g *Aug.cont.*
DEI SCRIPTVRAS aliquid ſentiant. Plures in   *Epiſt. Petil.*
ea re, per ſe nota, atque inter vos minime
controuerſa hic coaceruare ſententias, nil
attinet. Iudicate ſaltem fratres obſeruan-   *Notetur.*
di, quantum hoc ſit præiudicium aggra-
uare aliquem ſententia Authoris illius,
quam is per omnia non ſequitur, ſed ab illa,tanquá incopetenti foro,perpetuo ad S.
Scripturæ tribunal,appellat.Poſſitne inter   *Αυτως ἐφα.*
Chriſtianos etiam iſta valere: Sic ait Luth.
Ergo ſic prorſus tenendum eſt? Vel: Sie
docet vel ſcribit Zuinglius, Bucerus, Cal-
         uinus

uinus, & similes. Ergo sic sentiendum est?
Absit. Præclarę olim monebat D. Augusti-
h Aug. de V- nus: *h Non audiamus,* inquit, *hæc* dico, *hæc* di-
nis. Eccl. c 3. cis. *Sed audiamus,* hæc dicit Dominus! *Sunt*
certe libri Dominici, *quorum* auctoritati v-
triquę seruimus. Ibi *quaramus Ecclesiam,* ibi
i Ibidem. *discutiamus Causam Nostram.* Et iterum: *i Au-*
ferantur illa de medio, quæ aduersus nos inuicem
non ex diuinis *Canonicis libris, sed* aliunde *re-*
k Ibidem. *citamus.* Item: *k Nolo humanis documentis, sed*
diuinis oracul:s *sanctam Ecclesiam demonstrari.*
In scripturis *sanctis* eam *requiramus.* Et alibi:
l In Psal. 57. *l Auferantur de medio* chartæ nostræ, *procedat*
in medium codex Dei, *audi* Christum *dicen-*
tem, audi veritatem *loquentem.* Etsi etim
Scripta vtri CHRISTVS insignia dona Pastoribus &
usque Eccle- Doctoribus vtriusque partis, ad dextre in-
sia perutilia. telligendam interpretandamque Scripturam S. liberalissime contulerit, atq; etiamnum multorum passim vtilissima extent ab
vtraquę parte edita scripta, quibus Ecclesia D E I maximo cum fructu, ad sui ædifi-
Notetur. cationem vti possit: adeo vt non minus illa sint admiranda in Zuinglio, Oecolam-
padio, Bullingero, Caluino, Lauatero,
Gualtero, Polano, Pareo, quam in D. Luthero, Melanchthone, Brentio, Maiore, E-
bero, Andrea, Hunnio, Huttero, & similibus: ni vtrouis horum contempto aut da-
mnato ipsa Dei charismata contemni aut
damnari velint: Christus tamen Dominus
& Ma-

& Magiſter omnium vnicus vt aliis, ita hiſce omnibus merito eſt præferendus , de
quo præceptum extat: *m Ipſum audite!* qui   *m Matth.17*
idem diſerte mandauit: *n Docete eos ſeruare*   *v.5.*
omnia quæ mandaui vobis. Ergo non quæ   *n Matth.28.*
hic vel ille mandauit ſimpliciter ſeruanda   *v.20.*
ſunt. Et rurſum: *o Vos amici mei eſtis, ſi fece-*   *o Ioh.15.v.14*
ritis quæcunque ego *mando vobis.* Ergo non
quæ Lutherus , Caluinus , & ſimiles man-
dant. *p Nam quod* Chriſtus *debeat ſolus audi-*   *p Cypr.lib.1.*
ri, ait D.Cyprianus, *Pater etiam de cælo conte-*   *epiſt. 3. ad*
ſtatur, dicens: Hic eſt Filius meus dilectißimus, in   *Cæcil.*
quo bene ſenſi, ipſum *audite!* *Quare ſi* ſolus
Chriſtus *audiendus eſt , non debemus attendere,*
quid aliquis ante nos *faciendum putauerit,*   *Notetur.*
ſed quid qui ante omnes *eſt* Chriſtus *prior*
fecerit. Neque enim hominis conſuetudinem
ſequi oportet, ſed Dei veritatem, *cum per Eſaiam*
Prophetam Deus loquatur *, & dicat:* q *Sine*   *q Iſa:24.v.*
cauſa autem colunt me *& mandata & doctri-*   *13.*
nas hominum *docentes. Et iterum Dominus in*
Euangelio hoc idem repetat, dicens: Reiicitis man-   *r Mar.7.v.8*
datum DEI *, vt traditionem* veſtram *ſtatuatis.*
Quæ quidem in hiſce Controuerſiis accuratius conſideranda fuerant.

  Cogitate denique, viri vndiquaque ho-   *XV.*
noratiſſimi, in quantas nunc redacti ſimus   *A communi*
  periculo.
anguſtias. Sors Noſtra profecto nõ eſt me-
lior *s ouibus in medio* LVPORVM exiſtentibus: *s Matth.10.*
  v.16.
aut , quod communi prouerbio dicitur: *t chiliad.Er.*
t Verſamur inter malleum & incudem. Ex vna   *Ros.*
             enim

enim parte impetimur à *Pontificiis*, hostibus acerrimis, quibuscum nobis omnibus bellum ἄσπονδοϛ perpetuo est, à quorū insidiis nemo, neReges acPrincipes quidē nedum alii Euangelici, tuti sunt. Hi vos omnes, ab vtraq; parte, pariter *u anathemate* percussos, gladio, flamma, veneno, puluere sclopetario, aliisque mille modis ac machinationibus, tollere, communemq; fidē ac professionem vestram penitus abolere conantur. Hi noua quotidie *x Consilia* cogunt, noua & mirabilia *Stratagemata* excogitant, nouos ordines, nouasq; *Confraternitates* (quæ verius *Coniurationes* dicerētur) ad vos sub prætextu, *y Hæreseon eradicandos*, instituunt. Iamq; multis in locis eo rerum (proh dolor!) peruentum est, vt non vxor à marito, non maritus ab vxore, non frater à fratre, non filius à patre, non pater à filio, non Rex à subdito, non Dominus à seruo, nec hospes ab hospite sit tutus: adeo, vt etiam nū dicere possimus: *z Tui causa OCCIDIMVR totum diem, habiti sumus velut OVES destinatæ MACTATIONI!* Hi inter vos istas libéter inimicitias fouét, quo deinceps, oblata occasione, vtramque facilius opprimant partem. Hostilé hoc stratagema est, distrahere coniunctos ab inuicem, hos *Semipapistas*, illos *Sacramentarios* contumeliose appellantes, quasi vero alteri parti sint parituri, qui etiamnum vbi possunt, *Templa* ipsorum vieri-

(marginal notes:)

1.
Pontificii.

u Legatur Bullæ Cœnæ Dom.
Item Admonitio D.Luc. Ofiānd. anno 1585. Tubingæ edita.
x Legatur cōsilium Rom. super an publicat.
y Legatur Bulla pro Cōfrat. S. Michael. & similes.
Exempla multa plus æquo sunt nota.
z Ro. 8 v. 36.

Notetur.

eripiunt, miniſtros Eccleſiarū exilio mul-
ctant,& ſicubi poſſunt,interficiunt! Vidit
hoc Auſtria, Carinthia, Stiria,aliæq; Prouinciæ Nobis vicinæ,vt nunc fruſtra quidā
de vniuerſali *pace*, inter Pontificios & Auguſtanæ confeſſioni addictos,ſancita,glo-
rientur. *a Cauete ab hominibus*, inquit Chri-   *a Matth.10.*
ſtus,*tradēt enim vos!* Vtcunq; hi *Cati AEſopici*   *v.17.*
dicant:b Quod fueram,nō ſum Frater,caput aſpice   *b Cat. in AE-*
tonſum! Recte illis cū muſculo Æſopico re-   *ſop.*
ſpōdetur: *Cor tibi reſtat idē, non tibi præſto fidē,*   *Nota.*
Atq; hoc ipſum præſagiebat olim D. Luth.
quum ita diceret : *c Imminet ſane vobis longe*   *c Sleid. lib.5.*
grauiſſimum PERICVLVM , & quaſi leniter ſu-   *Comm.*
ſpenſus GLADIVS,impendet ceruicibus veſtris:
& TAMEN SIC eſtis interea SECVRI.qua-   *Notetur.*
ſi nemo poſſit vos DETVRBARE loco. Sed hac
ipſa SECVRITAS vobis erit haud dubie PER-
NICIOSA! Etenim,vt Lipſius in ſimili,tam-
etſi Politica, inquit,cauſa : *d Inteſtino DIS-*   *d Lipſ.in Cō.*
SIDIO fractis , externus HOSTIS imminebit,&   *Polis.lib.1.*
ab VN A parte attractus, V TRAMQVE OPPRI-
MET. Et aliter: *e Neminem celerius opprimi,*   *e Velleius lib.*
quam QVI NIHIL TIMET , & frequentiſſimum   *1.Hiſt.*
initiū eſſe calamitatis SECVRITATEM. Ex al-   2.
tera parte ēt grauiter infeſtamur ab Arria-   *Socinianî.*
nabaptiſtis *Socinianis*,ſecta omnium perni-
ciſſima,qui contradicēdi ſtudio ducti,vni-
uerſa ac ſingula fidei noſtręfundamēta cō-
uellere ac prſus euertere conātur; nihil in-
tactū,nil intentatū relinquentes, omnia q̄
               Nos

Nos hactenus tanto *Consensu* asseruimus,
fidenter negantes, multosque etiam me-
diocriter doctos, sub pietatis ac disciplinæ
Notatur.   suæ specie, post se trahentes ac seducentes.
Neq; solum hic in Polonia, Transsiluania,
Borussia, Lithuania, sed etiam in *Belgio*, &
passim per *Germaniam*, opinionum suarum
Libellos dispergût, & quû aliter nequeant,
hinc inde per plateas Ciuitatum, hominib.
legendos obiiciunt. Quin etiam facti iam
audaciores per Antesignanos suos, Reges,
Principes, Magistratus, & Academias non-
nullas Euangelicas adeunt, libellos à se cō-
scriptos iisdem offerunt, dicant, dedicant-
que : vt ita se blandis verbis in familiarita-
tem Ipsorum insinuantes, vniuersûm deinceps Christianismû subruere, radicitusq;
euellere possint. Vnde etiam quum Liturgiæ & publicis Euangelicorum sacris in-
terfunt, tantam præ se ferunt arrogantiam,
vt ne capitis quidê apertione illas dignen-
tur. Hic quoq;, veluti Pontificii Monachi
2. Tim 3.   nunc *d in familias irrepunt , & captiuas ducunt*
C. 6.   *mulierculas, cumulatas peccatis, actas cupiditati-*
bus variis, SEMPER DISCENTES, sed quæ
NVNQVAM ad cognitionem VERITATIS ve-
nire possint. A quorum artibus non minus,
quam illorum Tyrannide, omnibus Euangelicis cauendum esse censemus: Vt nunc
extraneos, *Iudæos, Turcas, Tartaros*, & similes
prætereamus hostes, à quib. quanta omnibus

bus impendeant quotidie *pericula*! nemo
eſt qui ignoret. Nos vero quid interim?
Stertimus ſupini,imo contendimus ,acri-
ter, domi, foris in Curia & Ecclefia,accu-
ſamus, oppugnamuſque alii alios fortiter,
facimuſque ac ſi nihil vſpiam adeſſet periculi. Perinde vt galli gallinacei *caueis* in-
cluſi, qui tametſi videant ſubinde alios ra-
pi ad necem, ipſi nihilominus inter ſeſe dimicant vſque ad ſanguinem. O facinus indignum! Et tamen proh dolor,reperti ſunt
quidam adeo rigidi ac ſæui homines (Innocentes, & pacificos excipimus)qui cum
Pontificiis potius ineundam Concordiam
ſuaderent, quam cum iis, quos *Caluinianos*
appellant. A multis iam in vicinia Noſtra
audire licet : *Tolerabiliores eſſe Socinianos,*
quam Caluinianos. Alii publice proteſtari
ſolent, ſe cum *Caluinianis* in æternum non
concordaturos, & *Malle ſe Papiſtas eſſe quam*
Caluiniſtas! Tametſi vero hæc à nemine veſtrum ita præciſe flagitemus, vt qui factioſa iſtiuſmodi nomina (*Lutheranorum, Cal-*
uinianorum,Socinianorum)penitus,vna cum
ipſis diſsidiis, è medio tolli peroptamus.
Nemo ſane ſit Caluinianus,nedum Soci-
nianus, vt nec Lutheranus. Sint autem o-
mnes *Chriſtiani* , & inter ſe *Fratres:* hoc vni-
cum eſt Noſtrorum votum! At quinam illud adeo incogitanter faciunt? Nimirum,
qui ſe mutuo auxilio deſtitutos,communi

Notatur.

Notentur.

Factioſa no-
mina.

Notetur.

Ioban. Paul,
Vindeck in
Prognoſt.ſuo.

F hb-

flat. Ecclef. hofti trucidandos vltro obiiciunt. Noſt
e Matth.9.℣. ſecus,atque olim *e Diſcipuli Iohannis Baptiſtæ*
14.　　　ſeſe *Phariſæis* contra Chriſtum eiuſque *Di-*
　　　ſcipulis adiungunt ; immemores ſe in ea-
　　　dem verſari naui, & damnatione cum i-
　　　pſis, apud communes hoſtes Phariſęos: Sic
　　　iſti Romano Pontifici, eiuſque aſſeclis,
　　　pacis cauſa, adulari volentes ; ſe & alios
f Concilium　perditum eunt, obliti forſan illius Decreti
Conſtant,　iampridem in *f Concilio Conſtantiæ* editi:
Seſſ.19.　Hæreticis *non eſſe* fidem *ſeruandam.* Etenim
　　　quando iſti, perinde atque illi à Pontificiis
Notetur.　Iudicantur *Heretici;* quomodo iam de fide
　　　eorum ſecuri eſſe poterunt? Meminerint
g Das daß　potius Libelli D. Lutheri, cui titulum is
Bapſtumb
vom Teuf-　fecerat : *g Papiſmum eſſe Diaboli inſtitutum.*
fel iſt ge-　Hoc ſi ita eſt, vt proculdubio omnes a-
ſtifftet.　gnoſcunt, vt quid iſti igitur *h fædus cum*
h Iſa.28.v.　*morte, & pactum cum inferno,* inire conan-
18.　　　tur? an nondum ſciunt, quid Chriſtus de
i Luc.11.　eiuſmodi *pactis* pronunciarit : *i Qui non eſt*
℣.23.　mecum, aduerſum me eſt: *& qui non cogit*
k 1.Cor.6.　mecum *ſpargit?* Et Apoſtolus:*k Quod* con-
℣.14.　ſortium *iuſtitiæ cum iniquitate? & quæ* com-
　　　munio *luci cum tenebris ? & quæ* concordia
　　　Chriſto *cum* Belial *? aut quæ* portio *fideli*
　　　cum infideli? Et quæ C o n s e n s i o *Templo*
l Poſtill.D.　D e i *cum Simulachris? l* Opto *vobis,* aie-
VVilleri in
Epiſt. Dom.　bat D. Lutherus Schmalcaldię valedicens
　　　Collegis ſuis, A m o r e m C h r i s t i,
　　　& O d i v m P a p æ, *Quia* C h r i s t v s
　　　　　　　　　　　　　　　&

& Antichristvs *amari*, & *coli* si- *Notetur*.
mul *non poffunt*. Vidit hoc vir Sapientifsi-
mus, vt *ignis & aqua* neutiquam reapfe
commifceri poffunt, ita *Chrifti* & *Pontifi-*
ciorum dogmata coniung , conciliariue
haudquaquá poffe. Vtquid igitur ifti hos
inter fe conciliare præfumunt ? *Cretenfes*
blim, tefte Plutarcho, *m etfi factionibus*, & *m Plut.*
bellis inteftinis inter fe pugnarent, inuadentibus *Comm de*
tamen aliunde hoftibus, *omiffa* contentione. *frat. Charit.*
mox fuerunt coniuncti: atque is erat, quem illi *Syncreti'mus*
Syncretifmum *appellabant*. Simile quid- *vnde dictus.*
dam refert Qu. Curtius de *n Sudracu* & *n Qu.Cur-*
Mallis. Hoc autem fi illi in tebus, ad *tius lib. 9.*
hanc duntaxat vitæ pertinentibus, fa- *Notetur*.
ctitarunt, ecquid Nos rerum cæleftium
æternarumque fatagentes facere oportet?
quos fi non communia *bona* côciliant, faltem communia mala conciliare deberent:
Atque hactenus ifta:

Ex quibus iam, per DEVM! obfer- *Obferuanda*
uare hæc duo : Primum. Superius enu- *ex fupra di-*
merata longe maioris effe momenti, quam *ctis.*
vel maximæ Contentionum Difcordia-
tumque veftrarum cauffæ. DEI enim
populus, & Chrifti Ecclefia vera proculdubio ex vtraque parte cenferi vultis?
Quidni ergo ipfius mandata, piorum *Notentur.*
exempla, Concordiæ commoda, Difcor-
diæ incommoda, Officio veftro conuenientia, Confefsionum confonantiam

fanam verborum formam, offenfarum de-
bitam veniam, confcientiæ puritatem,
proximorum ædificationém, proceſſus
huius malitiam, Naturæ noſtræ depraua-
tionem, ipforummet, quos in Chriſto i-
mitari ſtudetis Authorum voluntatem ac
fententiam, ac denique propriū periculū,
ſemper præ oculis habeatis veſtris: vt hinc
quid faciendū, quidue cauendū ſit, ſtatuatis, ac re ipſa compleatis? *o Et quis eſt*, inquit
Apoſtolus, *qui affligat vos ſi bonitatis æmulatö-*
res fueritis? Sed & ſi quid perpetiamini propter
IVSTITIAM, BEATI tamen eſtis. Alterum ex
ſuperioribus obſeruandum, eſt: Omnia,
quæ inter vos, hac in parte committitis,
nonniſi in vitio, & nequaquā in laude eſſe
poſita: adeo vt hinc nullam prorſus gloriam, ſummum vero dedecus, non ſolum
in conſpectu Dei & Angelorum eius, verum etiam in facie totius Eccleſiæ, quam
grauiter offenditis, ſperare debeatis. Alioquin Propheta Domini inquit, *p Væ dicen-*
tibus malum bonum, & bonum malum, qui po-
nunt tenebras lucem, & lucem tenebras: qui po-
nunt amarum dulce, & dluce amarum! q Ve-
reor, inquiebat Apoſtolus Corinthiis, *ne*
quomodo, cū venero, non quales velim reperiam
vos, & ego reperiar vobis QVALEM non vultis!
ne quo modo ſint LITES, æmulationes, excande-
ſcentiæ, RIXAE, OBTRECTATIONES
ſuſurri, tumores, æmulationes inter vos. r Era-
                                          dicet

o 1. Pet. 3. v. 13.

p Eſa 5. v. 20.

Notetur.
r Matth. 15.
q. 13.

dicet DEVS, quod ipse non plantauit! Amen.

PARS SECVNDA.

De modo, quo exoptata diu Concordia Argumenti.
inter Euangelicos iniri, ac ftabiliri
queat.

DIFFICILEM ac moleftû dixere la- *Difficilimus*
borê, conciliare inter fe difsidentes: *labor conci-*
At côciliarediffidêtes in religionis negotio *liare difsi-*
difficilimû fane agñofcimus! vt nihil de dif- *dentes in Re-*
fidio cû Pōtificiis nûc dicamus; in quo tol- *ligione.*
lendo multoties, & fruftra, laborarunt viri
pii, pacisq; amatores maximi, tã intra, quã
extra Germaniam Noftra falcê videamus:
Tentata fuit Concordia Anno Chrifti
M.D XX IX. *Marpurgi* inter Lutherum &
Zvinglium, per pientiffimum (Sar̄ctæ memoriæ!) Principem Philippum Haffiæ
Landgrauium : Iniri non potuit. s *Nam* s *Sleid.lib.6.*
quum, inquit Sleidanus, *illud morbi genus eo* *comm. hift.*
iam peruenifet, abrupta demum actione, iuffu
Landgrauii fic conuenit : Quandoquidem in *Nota.*
PRAECIPVIS OMNIBVS dogmatibus IDEM
fentirent : ABSTINENDVM effe deinceps ab o-
mni CONTENTIONE, & DEV Morandum,
vt in hac etiam Controuerfia lumen accendat, &
CONCORDIAE viam oftendat! Pie quidem
is, & grauiter: nunquam exiftimans, tanta
ex fcintillis iftis exoritura incendia. Atqui
principiis iftis tunc maxime fuit obftandum:
Siquidem *fero medicina paretur, Quum mala*

F 3 *per*

per longas inualuere moras. Sed ista iam, vt
omnia præterita, magis reprehendi, quam
corrigi poffunt. *t* Tentata fuit deinceps,
acinita Concordia hæc Anno Chrifti
MDXXXVI. inter Lutherum, Buce-
rum, Capitonem, & paucos alios. Item,
Anno MDXXXVIII. inter ipfum Lu-
thérum & Heluetios. Cæterum non diu
durauit. Vtrinque enim poft aliquot annos ad ingenium reditum, difsidiumque,
quod in hunc vfque diem feruet, magis
incruduit atque exacerbatum eft. Cui
poftea malo Theologi quidam Doctores
in Saxonia mederi volentes, compofue-
runt *u Formulam Concordiæ,* quæ Illuftrifsi-
mis offerretur Principibus, cui Ipfi, vna
cum Doctoribus, Paftoribus, Ludimagi-
ftris, aliisque perfonis publicis, tam intra
quam extra Cancellariam cuiufque Principis exiftentibus, fubfcriberent, reliquos,
qui fubfcribere nollent, exauctorarent,
eiicerent, damnarent. Aft hæc *formula,*
proh dolor: plus difcordiarum & motuum
inter Fratres peperit, quam vllus alius fub
Sole editus liber: dum fe alii in oppu-
gnanda, alii vero in propugnanda illa, non
ad fudorem duntaxat, verumetiam fere ad
Sanguinem vfque, ô rem miferabilem!
exercerent: vt ne nunc quidem conflictus
illi, & certamina tanta pacari, fopiriue, ob
animos vtrinque exacerbatos atque exul-
ceratos

*t Bezel. vl-
tim. part.
Contrôu.
Phil. Milan.*

*Formula
Concordia
Anno
1574.
& 1576.*

ceratos poſſint. De re omnibus nota &
manifeſta loquimur, adeoque hic ſtudio
ſumus breuiores. Difficilimum igitur hoc
fatemur negotium!

Veruntamen, quum *nihil tam difficile ſit,* *Via ad Con-*
quin quærendo inueſtigari poſſit ait Comicus.*x* *cordiam fa-*
omnia *valeo,* inquit Apoſtolus, *per eum, qui* *cilis.*
me Corroborat, *nempe* Chriſtum. Nulli *x Phil. 4.*
ſimus, qui, piam nihilominus Concor- *ç.13.*
diam, certis propoſitis mediis, perſuaden-
dam vobis ab vtraque parte, dubitemus.
Charitatem ſaltem fraternam hic, vt etiam *y 1.Cor. 13.*
alias, requirimus, quæ *y Omnia ſuffert, omnia* *v.7.*
credit, omnia ſperat, omnia tolerat: Nimirum *Notatur.*
vt ſublatis odiis, præiudiciis, & grauami-
n'bus mutuis, vtrinque piam Chriſtianam
initi conſtabiliriue optetis, ſperetis, accu-
retis Concordiā. z *Huius rei gratiá, flectimus* *z votum.*
genua Noſtra cum Apoſtolo, *ad Patrem Do-*
mini noſtri Ieſu Chriſti ex quo tota familia in *z Eph. 3.*
cælis & terra nominatur, vt det vobis, pro diuite *ç.14.*
gloria ſua, vt fortiter corroboreminiper Spiritum
ſuum in interiore homine, & inhabitet Chriſtus
in cordibus veſtris, *vt in* charitate *radicati &*
fundati, valeatis aſſequi, cum omnibus Sanctis
quæ ſit illa latitudo, & profunditas & ſublimi-
tas! Et cognoſcere CHARITATEM *illam*
CHRISTI *omni cognitione ſuperiorem;*
vt impleamini ad omnem vſque plenitudinem il-
lam Dei. Haud parum quoq; Noſtram ſpem

F 4 eti-

Zelus vtri- erigit veftra pietas , & Zelus ille ardens,
ufque partis. quo vtrinque ad promouendam DEI gloriam & veritatem, fiue duntaxat *Secun-*
a Rom. 10. *dum confcientiam,* fiue etiam *a Secundum fci-*
ע.2. *entiam* , ducimini; allaturos , nimirum,
eundem ad redintegrandam, conftituen-
dam, confirmandamque pacem, ac mu-
Nota. tuam concordiam, fiue qua pietatem verumque Zelum perpetuo frigere neceffe
eft. Accedit & proprium Noftrum ex-
b Confenfus emplum *b Confenfus mutui* inter Polonicas
Ecclefiarum Ecclefias iam olim conftituti ac confirma-
Polonicarū. ti, cuius fupra mentionem fecimus: quo
iam freti , audacius vos monere, *hortari*
vobisque eandem Concordiam fuadere ac
Votum. perfuadere, connitemur. *c O IESV pacifica-*
c. Col. 1. *&* *tor omnium fiue qua in TERRIS , fiue qua in*
10. *& 22.* *COELIS funt, qui nos reconciliafti in corpore il-*
lo CARNIS tuaper MORTEM! Da Nobis, qua-
fumus, vt fiftamus nos Sanctos & irreprehenfos &
inculpatos coram TE! vtque permaneamus in FI-
DE fundati & firmi, nec dimoueamur à SPE Eu-
angelii: Amen.

Ad legitime Tentatam fuiffe inter partes diffiden-
ineundam tes Concordiam, Fratres in Domino ca-
Concordiam riffimi, & conftitutam quoque, vltro da-
qua requi- mus. At tentatam & conftitutam legiti-
rantur. me, conftanter negamus. Quare ? inquit
aliquis; Quia in nulla *Synodo generali* (quam
pars altera multoties , etiam cum lachrymis, flagitauit , audiri fe in ea petiit, fe
fore

fore tractabilem promifit, impetrare vero
id nunquam potuit) inita fuit ac conftitu-
ta. Quid enim perfona vna atque altera *Notetur.*
nomine vniuerfæ, per tot mundi partes
difperfæ Ecclefiæ, foli di conftituere? quid
D. Lutherus cum Bucero, Capitone, &
paucis aliis, legitime pro Nobis Polonis,
Vngaris, Gallis, Anglis, aliisque diuerfis
Nationibus concludere poffet, abfenti-
bus? quum ne fuis quidem in eo fatisface-
re poffet Germanis, Vidit hoc ipfemet,
quum ita fcriptum relinqueret : *d Certum* *d Luth. Ep.*
eft, HAVD FACILE & abfque cicatrice SANA *ad Heluetios*
RI tantum DISSIDIVM NON POSSE. *Tom. 6. Ien.*
ERVNT enim tam HOC quam ILLO LOCO, *pag. 542.*
quibus hæc Concordia DISPLICITVRA,
imo SVSPECTA etiam futura eft. Tametfi
is quoque fe bona fpe folaretur, inquiens: *e Ibidem.*
e Si vero VTRINQVE SERIO rem agamus, dili-
genterque infiftamus, DEVS Pater Domini no-
ftri IESV CHRISTI fua gratia NOBIS ADE-
RIT, vt IPSO TEMPORE offenfiones apud
alios tollantur, TVRBATA AQVA paulatim
fubfidat. Bene fane! At quia, vt dicitur *Spes*
alit & fallit; manifeftum eft viri boni *Spem* *Notetur.*
in eo quoque, proh dolor: valde fruftra-
tam fuiffe. Quo magis mirandum eft, Suc-
ceffores vtriufque partis, videntes hanc ab
illis infæliciter fatis inchoatam & difru-
ptam Concordiam, de legitimo pofthac,
fæliciorique eius inchoandæ, perficiun-

Prouerbia.

dę confirmandæque modo, non fuiſſe ſol-
licitos. *Fælices* enim dixere, *quos faciunt aliena pericula cautos:* Ac certe *feliciter ſapit, quisquis alieno* (& non proprio demum) *periculo
ſapit:* Iam vero ipſos non alieno ſaltem,
quìn & proprio etiam periculo & damno,
per tot annos ſuſcepto, iam pridem ſapere decuit: Cæterum quia, vt tritum habet
prouerbiū: *Præterita magis reprehendi, quam
corrigi poſſunt*; de præſenti aut futuro, quo
hæc correctio fiat, tempore, vtque ſublatis
omnigenis ſimultatibus, iurgiis, conten-
tionibusque generalis ſanciatur *Conſenſus,*
tandem ſolliciti eſſe pergamus. Quod vt
debito fiat ordine, Circumſtantias quatuor, in timore Domini, & Charitate fra-

*f Circumſtā-
tia hic ex-
pendenda.*

terna ſedulo diſcutiamus: Nimirum, *f
Quis? Quid? Vbi? Quomodo?* His explicatis,
finem huius ſecundæ partis, Deo aſpiran-
te, faciemus;

Quis.

Quis debeat eſſe Author & cauſa effi-
ciens huius generalis Conſenſus? permul-
tum ſane quærere interſit. Si enim (vt Do-
meſtica memoremus) Eccleſiarum Miniſtri, Paſtores ac Doctores ſaltem, in Polonia, Magnoque Ducatu Lithuaniæ, hunc
inter ſe, quem per Dei gratiam, habemus

Notetur.

Conſenſum, citra DD. Patronorum Suorum
præſentiam & aſſenſum, ſanxiſſent; nonne is perinde nunc valeret, atque is, quem
Doctor Lutherus eū D. Bucero & aliis iam
pridem

pridem fanxerat ? imo, vt res tunc fere-
bat, in tanta forfan animorum perturba-
tione ac diftractione illi ne quidem vnquam de Concordia aliqua cogitare po-
tuiffent ineunda g *Qui* enim *meditatur* g *Prou.* 17,
DISCORDIAS inquit Salomon, *dili-* v. 19.
git RIXAS. Quo minus nunc miramur
Doctores Paftorefque Ecclefiarum Ger-
manicarum aliarumque Nationum,rebus
fic ftantibus, de mutuo *Confenfu* inter fefe
parum effe follicitos. *h Sicut enim carbones* h *Prou.* 26,
ad prunas, ait idem, *& ligna, SIC homines* v. 21.
IRACVNDI fufcitant RIXAS. Vt au-
tem totum, quod iflhic, DEO afpirante,
factum tranfactumque. eft, folertifsimo-
rum ac Zelantifsimorum Noftri generis
Senatorum, aliorumque (poft DEVM)
Procerum Regni hortatu, ductu, authoritate, præfentia, affenfu, & fubfcriptione
eft factum, quod in hodiernum vfque
diem teftantur ipforum fubfcriptiones
i Synodis Generalibus Noftris fubiectæ (Se- i *Subfcri-*
quuti, nimirum, illi fuerunt laudatifsi- *ptiones DD.*
mum pii, & Magni illius Regis & Prin- *Patronorum*
cipis *Conftantini* primi exemplum, qui te- *& Miniftro-*
fte Hiftoria Ecclefiaftica, tollendi inter *rum Synodis*
Arianos & Orthodoxos difsidii caufa, *generalibus*
magnum illud, celeberrimumque con-
uocauit NICAENVM CONCI-
LIVM primum. Eius grauifsima ad
Epifcopos in Concilio habita Oratio,
                                    extat

extat apud Sozomenum, quam vt hie in-
fereremus, ad præfens negotium digniffi-
k Sozom.lib.
1.hift.Ecclef.
cap. 28.
mam arbitrati fumus: Etfi, inquiebat, *k pro*
aliis rebus omnibus, DEO gratiam habeo: pro EO
tamen maxime, quod veſtrum H V N C CON-
VENTVM cerno : *quandoquidem ſupra quam*
ſperabam accidit, vt tantus numerus Sacerdo-
tum CHRISTI *in vnum cogeretur. Eſt mihi*
quidem in optatis, vos omnes EADEM SAPIEN-
TES, *eandemque amplectentes* SENTENTIAM
videre. Nam ECCLESIAE DEI DISSENSIO-
NEM QVOVIS MALO GRAVIOREM CEN-
SEO. *Itaque quum mihi eſſent nunciata ea, quæ*
VTINAM NVNQVAM AVDIVISSEM! *ve-*
hementer animi diſcruciabar: Cumque certior
factus eſſem, vos Diſcordare mutuo , quos
Neutiquam deceret , *præſertim cum* miniſtri Dei & pacis procuratores , *ſitis* : *ob*
eam hoc Sacrum concilium *conuocandum cu-*
raui. Ac quum Imperator *ſim* , & *veſter*
conſeruus, *munus hoc à vobis poſtulo ,Deo com-*
muni omnium Moderatori gratum . & *cum*
mihi ad accipiendum , *tum vobis ad dandum,*
accommodatum: quod quidem nõ aliud eſt, quam
vt cauſas controuerſiæ in medium proferatis,
eiſdemque finem imponatis concordem &
tranquillum: vti exteris hoſtibus & Tyrannis
è medio ſublatis, ipſe vobiſcum vna , iſtud tro-
phæum contra inuidum *dæmonem* erigamus.
Nam ille veſtra bona vobis inuidens hanc
inteſtinam ſeditionem inuexit. *Et* Theo-

dore-

, doretus summatim omnia recensens, addit sententiam Imperatoris, vnde, nimirum, is tollendas omnes illas censuerit dissensiones ac Controuersias: *l Laudatißimus REX*, inquit *mentionem habuit de* CONCORDIA *&* Consensione, *reuocata omnibus in memoriam Tyrannorum crudelitate, & qua, suo beneficio, quamque honorifica PACE fruerentur! tum nihil dixit* ESSE INDIGNIVS, *quam hostibus demitis, cum qui rebellare auderet, inueniretur nemo,* IPSOS SE MVTVOS *impetere, &* VOLVPTATEM AC RISVM CONCILIARE INIMICIS: *præsertim in Disputationibus rerum Diuinarum,* IN QVIBVS HABERENT SANCTISSIMI SPIRITVS DOCTRINAM PERSCRIPTAM. EVANGELICI *enim &* APOSTOLICI LIBRI, *nec* ANTIQVORVM PROPHETARVM ORACVLA *plane instruunt Nos,* inquit, *sensu Numinis.* Proinde HOSTILI *posita* DISCORDIA *summus* EX DICTIS DIVINI SPIRITVS EXPLICATIONES *Quæstionum.*

Itaquoque Nos censemus, suademus, oramus, obsecramus, & per communem Dominum Nostrum IESVM CHRISTVM, perque cruenta eius vulnera, mortemque diram, qua Nos omnes sibi proprios asseruit, obtestamur VOS Potentissimos Reges, Principes, Dominos ac Magistratus

l Theodoret. lib. 1 hist. Eccl. cap 7.

Nota.

Notetur.

Imploratio Regum, Principum ac Magistratuū Euangelicorum opis.

94 EXHORTATIONIS

in Ifa.49. v. ſtratus Euangelicos *in VOS Nutritores*
25. *NVTRICESQVE Eccleſia vera : vos*, qui
n Pſal. 24. Chriſto *n Regi gloria*, eiuſque Euang lio
ϙ 10. veſtras *aperuiſtis PORTAS : Vos*, apud
quos *CHRISTVS* filius *DEI* cum Patre
o Ioh. 14. ϙ. & Spiritu Sancto , *o manſionem* s i b i *fe-*
25. *cit :* vos *p* miniſtros Dei,in hoc i p s i s e r -
p Rom. 13. v i e n t e s : Vos tandem miſeremini ad-
ϙ. 6. flictæ, & ſat diu adflictæ illius , quæ ad
vos clamat, veſtrumque auxilium implo-
r Ioh. 19. rat, Eccleſiæ:Miſeremini *r tunica* illius ad-
ϙ. 24. eo *ſciſſa*,imo laceri ac d ſmembrati tanto-
s 1. Cor. 12. pere s *Corporis* Domini veſtri Ieſu Chriſti?
ϙ. 27. *t Oſculamini* F i l i v m, *ne iraſcatur* , *& pe-*
t Pſal 2. *reatis de* v i a *iuſta !* Apprehendite vtrà-
v. 12. que manu *u aratrum* eius , *vt* a p t i *ſitis*
u Luc. 9. *Regno DEI* propagando: Et ſi nolueritis
ϙ. 62. Noſtrum , quod lenius forſan videbitur,
Notetur. illius ſane Magni Regis ac Principis *Con-*
ſtantini,(vt alios Orthodoxæ fidei tranſea-
mus Imperatores) ſequimini exemplum!
Veſtram, quæſumus, hic ſerio interponite
operam,auctoritatemque vobisDiuinitus
inditam,ac de ſopiendis hiſce Contentionibus, ſancte inter vos conſpirantes,eſto-
te ſolliciti! Date operam, vt tandem finis
omnibus hiſce imponatur diſsidiis, ſalu-
berrimusque ac diu exoptatus,veluti læta
Eccleſiæ Cataſtrophe, reducatur, reſti-
Notetur. tuatur, ac confirmetur *Conſenſus!* Satis
iam, per D e v m ! ſatis iurgatum eſt:
ſatis

fatis innocentis fanguinis fuper hoc iur-
gio, effufum eft : fatis multæ innoxiæ ac
fimplices animæ difperditæ: fatis diu Deū
ad iracundiam & iuftifsimam prouocaui-
mus pœnam : tempus ceffandi, tempus
conuertehdi , ac pœnitentiam veram a-
gendi: tempus reconciliandi, atque Fra-
terno inuicem amore complectendi:*x Iam*   *x Erafm.*
nimium diu , aiebat fuo tempore Erafmus,   *Piftor. in lib*
bello de faris
R I X I S *indultum eft* : *vel delaffati quaramus*   *Concor.*
Concordiam :*fi Domini lenitas Nos prouocat*
ad Licentiam , *qua ad* Pœnitentiam *debe-*
bat inuitare. *Verendum eft , ne furor fiat lafa*
fepius patientia :*& quod de Iudais fcripfit Pau-*
lus,perueniat in Nos ira Dei *in finem.* Vos autem, nifi his tot occurreritis malis, quum
vehtū fuerit ante tribunal Domini, quid,   *y Luc.12.*
obfecro, ei refpondebitis?*y feruus qui nouit*   *Q. 47.*
voluntatem *Domini fui* , *neque fe comparauit,*
neque fecit ex voluntate *eius* , *cadetur* multis
plagis: *Qui vero non nouit , & fecit digna* plagis, *cadetur plagis* paucis. *Porro* cuicunque
multum *datum fuerit* , multum *repetetur ab*
eo, & apud quem depofitum fuerit M V L T V M,
A M P L I V S *repofcetur ab eo.* Nec igitur exi-
ftimetis lufum iocumque effe z M I N I-   z *Rom.13. v.*
S T R V M D E I *effe in* B O N V M: Eximium
fane id munus, ac præclara functio eft,
honorificentifsima , maxima , fumma:
fiquidem recte veftro functi fueritis
offido

officio. At fi fecus; Vanum profecto, turpe;putidum,nihil: imo dignum *plagis mul-*
a Luc 16. *tis!* in die illo, quum vobis dicetur: *a Redde*
v. 2. rationem difpenfationis *Tua ; non enim*
poteris amplius effe difpenfator. Auditis ifta?
b Pf. 2. v. 10. *b Nunc* Reges *fapite, erudimini iudices terræ:*
Seruite Domino *in timore, & exultate ei cum*
c Derat.in- *tremore: c Profecto enim,*ait quidam non im-
eum. Conc. peritus, *Si* Reges *& Principes Euangelici*
pag 4. *fuam pro dirimendis bifce* contentionibus
Nota. *non interpofuerint auctoritatem, dubium non*
eft, quin Ecclefia Chrifti *multis infi iantur*
Hærefibus. *& tandem maxima earum vafti-*
tas fubfequatur, vt in Afia, Aphrica, & Græ-
cia,propter fimiles caufas euenijffe videmus. Id
quod non ifte folummodo, quisquis fuit,
agnouit ; agnouit quoque idem D. Sel-
Exeg Symb. neccerus in fua *Symboli* Apoftolici & Ny-
p. 283. An. cæni *Exegefi,* quum ita fcriberet: *Ex collu-*
Domin. *uie tot Hærefium conflatus eft Alcoranus: Nec du-*
MDLXXV. *bium eft , confufiones publicas & priuatas ori-*
Lipfia, quem *turas effe fimiliter ex* contentionibus Theo-
Librum de- *turas effe fimiliter ex* contentionibus Theo-
inceps fapius logicis *Noftra ætate.* Agnofcunt idem
citabimus. paffim multi, tam domeftici quam extra-
nei: quorum tamen infaufta omina *Deus*
quam longifsime à finibus auertat veftris
vt Noftris: A c de prima quidem circum-
ftantia hactenus.

At quid faciendum fit , porro quæritur: Antequam Noftram fuper hac circum-
ftantia

ſtantia proferamus ſententiam, humiliter
deprecamur, ne quem Paſtorum ac Doctorum Eccleſiaſticorum, vtriusque partis, li-
bertas offendat Noſtra! Dicendum namque eſt libere & candide quid ſentiamus,
quidue è re omnium maxime fore exiſti-
memus: Primo, cenſemus à Sereniſſimis
Potentiſſimisque Regibus ac Principibus
Proteſtantibus, Summoque quolibet Magiſtratu, mandandum vtrinque *ſilentium*
ſuis, tam ſummis quam infimis, tam Eccleſiaſticis quam Scholaſticis Rectoribus Do
ctoribus, Paſtoribus & Miniſtris, vſque ad
omnium iſtarum deciſionem controuerſiarum. Poteſt enim (per *DEVM!*) poteſt
verbum Dei prædicari: poteſt populus Dei
erudiri: poteſt in Chriſtiana fide ac pietate imbui ac Informari: Poſſunt Sacramenta *CHRISTI* in eius Eccleſia bene diſpen-
ſari & adminiſtrari: Poſſunt cœtus ſacri,
cum debito fructu, peragi: Poſſumus o-
mnes boni eſſe *CHRISTIANI*, etiamſi
Controuerſias iſtas, ne extremo quidem
(quod Noſtri hic faciunt) attigerimus digito: Poſſumus, Dei aſpirantis gratia, hæc
omnia eſſe, & facere, poſſumus, poſſumus!
ſi verum eſſet fatendum, maiori fide, fructu, feruore, citraque eiuſmodi ædificatio-
nis mutuæ impedimenta, Conuentus Ec-
cleſiaſtici celebrarentur, ſi omnino certamina iſthæc è Chriſtianorum Templis

I.
Silentium v-
triusque parti
indicendum.

Notatur.

G   elimi-

1.Cor.14.
V.33.
f 1.Cor.11.v.
16.

eliminarentur, *e Non enim est DISSENSIO-*
NIS, author DEVS, inquit Apostolus, *sed
PACIS. f Quodsi quis videtur CONTENTIO-
SVS ESSE, Nos eiusmodi consuetudinem non habemus, neque Ecclesia DEI. HOC vero ita de-
nuntio, vt vos non laudem, quod, videlicet, NON
cum EMOLVMENTO, sed cum DETRI-
MENTO conuenitis : Audio enim DISSI-
DIA esse inter vos, & aliquam partem credo.*
Vt autem Corinthii potuerunt veri, boni, ac fideles esse Christiani citra dissensiones & scissuras eiusmodi, quidni & vos ta-
les-sitis citra vestras? id quod inferius luce
meridiana clarius euadet. Sic Nostri lau-
datissimi *Proceres* & Ecclesiarum Patroni
Notetur.
in vtraque *Polonia*, Magnoque Ducatu *Lithuania*, olim fecerunt, suarumque Ecclesiarum Ministris verbum DEI publice pro-
ponendum populo, atque ab inuectiuis
eiusmodi, in fratres, orationibus, decla-
mationibusque abstinendum sedulo, de-
mandarunt. Sic quoque faciendum cen-
suit quondam, beata illa anima, Philippus Melanchthon, quum in quadam Epi-
g Epistol. ad
Frid. Palat.
Elect.
stola sic scriptum relinqueret : *g Quam ad
rem profuerit NON SINERE GVBERNA-
TORES defendi contrarias sententias!* PRO-
BO igitur Consilium Celf. V. quod VTRI-
QVE PARTI SILENTIVM MAN-
DARIT. Vtcunque istud saluberrimum
consilium à multis in pessimam partem
fuerit

fuerit acceptum,, Noftro iudicio tamen
fuit,eftque adhuc, faluberrimum. Reperti
etiam funt è Principibus ac Magiftratibus
Germaniæ ; qui eiufmodi filentium per
omnes Eccletias fuas publicis literis fan-
ciuerunt; Dux Brunfuicenfis, Anno 1562.
Auguftus Elector Saxoniæ, 1566. Iohan.
Cafimirus Electoralis Palatinatus Admi-
niftrator, 1584. Refpubl. Noribergenfis,
1585. Chriftianus I. Elector Saxoniæ, 1588.
Principes Brig. & Lignicenfes, 1501. & item
1614. Ioh. Sigifmundus Elector Brande-
burgicus, 1614. Nec profecto incófultum *Notatæ.*
foret, huic fe aliquandiu dare quieti: non
vt denuo recollectis viribus, quod fieri aliquando folet, certamen inftauretur acrius:
fed vt pacatiori animorum fedatione; ma-
turo, deliberatoq; iudicio, legitima omnium litium fiat, audiatur, recipiaturque de-
cifio. Nam fi illotis, quod aiunt, manibus,
imparatisque animis ad tantum accedere-
tur negotium, vltimaque mox ferretur
fententia : poffet vtique multorum, qui
id nec recte acceperint, nec legitime dif-
cuflerint, offendere animos. Vt funt *Notatæ.*
præcocia non paueorum ingenia, qui antequam didicerint, docere ; atque antequam audierint, decernere , iudica-
reve præfumunt : nihil penfi ducentes,
quod ait Salomon : *h Qui prius refpondet,* *h Prou. 18.*
quam AVDIAT, ftultum fe demonftrat, *v. 13.*

i Ezek.18.v.
19.

& cõfusione dignum. Vel quod Sapiens: *i AN-TE IVDICIVM*, inquit, *PARA iustitiam tibi,& antequam loquaris, D IS C E!* Iam vero quùm mature super omnibus deliberatũ, ac deinceps, facta decisione, Contentionibus hisce finis, quem D E I auxilio speramus, impositus fuerit; tum nemo facile reperietur, qui non vtroque in illam, ire vellet pede sententiam : ni omnino impius, reprobus, induratus, infatuatus, & occæcatus esse, haberique omnibus bonis & cordatis, velit. Hæc autem actio non vnius atque alterius horulæ, imo nec aliquot saltem dierum spacio perfunctorie est absol-uenda : iustũ hic requirimus tempus, quo,

Nota.

nimirum, ventilatis vniuersis ac singulis, quę in Controuersiam cadunt, rebus & re-culis, in posterum omnis contentionum eiusmodi præcidatur ansa. Quod enim ci-to fit, cito perit. Quod aũt lente, delibera-tóque iudicio fit, durat diu! vt inquit Sa-

i Prou.12.v.
15.
k Ecclef.32.
v.22.

lomon: *i Via STVLTI recta est in OCVLIS eius:qui autem S A PIENS est, AV DIT CON-SILIA* Et Sapiens: *k F.li, sine CONSILIO NIHIL facias, & POST FACTVM NON POENITEBIS.* Deinde, censemus, Com-

2.
Concilium generale in-dicendum.

muni eorundem Potétissimorum Regum ac Principum consilio & auctoritate, indi-cendum *Concilium* Magnum ac Generale pro Omnium Nationum *EVANGELI-CARUM*, idque ante integrum, vel ad minimũ, ante

ante dimidium eius celebrandi, annum;
promulgatis *Francofordie ad Mœnum*, & alibi, vbi celeberrima funt *Emporia*, quo ex v-
niuerfa fere *Europa* copuénire folent Mer-
catores, Diplomatis: in quibus *locus, tem-
puuque* certum conueniendi, determinetur,
& fi placuerit, ordo & modus in eo Concilio feruandus, fignificetur. Quibufdam
etiam poffet id, per certos Tabellarios vel
Nuncios fignificari. Iterum fupplices o-
ramus, ne id Nobis apud Sereniffimos Il-
luftriffimosque Reges ac Principes, Supre-
mosque cuiuslibet Reipubl. Magiftratus
vllam creet inuidiam, neue tantis, per hâc
Exhortationem, vllatenus lædamus Maiefta-
tesl quod, nimirum, adeo fidenter, Magnis
Monarchis ac Principibus, quid illis hac
quidem in parte fit faciendum, præfcribe-
re conemur! Nouimus fuas Maieftates ac
Celfitudines effe viros fapientiffimos, do-
&iffimos, prouidentiffimosq;: habere etiã
Confiliarios viros vndiquaq; prudentiffi-
mos, confultiffimos, ornatiffimos, longo
rerum vfu & experientia terfiffimos, excel-
lentiffimos, perfpicaciffimosq;: qui *ISTA*
multo rectius, quam Nos, intelligant, No-
ftraque hæc & alia facillime corrigere, e-
mendateque in fuis poffient. *DEVM* Te-
ftem inuocamus, Nos hæc in nullius præiudicium, contemptum, nedum, côtume-
liam, fcribere, vsgereque! Verum, quia ple-

*Supplicatio
ad S. R. es
& Principes.*

Not :ur.

G 3 rique

rique (vt fit in *Aulis*) partim ex præconce-
pta opinione, alii de aliis peſſime ſunt per-
Aulica ne- ſuaſi, atque idcirco tanto ſe inuicem pro-
gotia. ſequuntur odio& rancore:partim(nec mirum)aliis ſeriis,ad cuiusque Rempub.per-
tinentibus, occupati ſunt negotiis(vt taceamus alia)adeo vt HOC AGERE, nunquam vacet: fit etiam,proh dolor! vt iſtud
CHRISTI negotium (ignoſcite vera dicē-
tibus!) longe poſtponatur,poſthabeatur-
Nota. que. Multos iam expectanimus annos,vt
ad hanc quoque rem alicubi ſerio manus
admouerentur, deq; ſolida,inter diſſidentes eiuſmodi Concordia conſultaretur ineunda ac coſtituenda, prout olim ſe factu-
ƒPrafat. in ros receperunt,dicentes: IN OS cum præfa-
Confeſ.Aug. *tis Principibus,& Amicis Noſtris,de tolerabilibus*
Similia fere MODIS ac VIIS amice conferrePARATOS
habet Apol. *offerimus,vt,quantum honeſte fieri poteſt,CON-*
Form.Conc. *VENIAMVS,& re inter Nos partes, CITRA O-*
cap.15. *DIOSAM CONTENTIONEM, PACIFICE a-*
gitata,DEO dante, DISSENSIO dirimatur, &
ad VNAM veram CONCORDEM religionem
Diſputatio- *reducatur.* Cæterum ad hunc vſq; diem fru-
nes inutiles. ſtra expectamus. Vidimus quidem& audiuimus aliquot Illuſtriſſimos in Germania
Principes vocaſſe ab vtraq; parte viros do-
ctiſſimos, qui coram iis, aliisq; aduocatis,
ſimul de Controuerſo aliquo articulo *Col-*
loquium inſtitueret. Tale fuit Colloquium
Marpurgenſe,Mulbrunenſe, Mompelgartenſe , &
ſi qua

fi qua fuerint alia. Vnde tamen femper, rebus infectis, animifq; magis concitatis atq́
qué ex acerbatis vtrinq; difceffum eft. Vbi
enim vtraq; pars fuā pertinaciter defendit
fententiam, imo preconceptā opinionem,
neq; ab ea vel latum difcedere vnguem in
animo conftituit; cum, ne veluti victa domum ad fuos confufa rediret; tum, ne à
fuis male tractaretur, propterea quod hoc
vel illud, fe abfente, Aduerfariæ parti con-
cefferit. Quis obfecro, alius omnium eiufmodi Difputationum fperandus vnquam
fuit exitus? Experti idem fumus, non modo in *Colloquiis* Noftratiuṃ, fed etiam cum
Aduerfariis communibus habitis. Hoc
quum omnib. paffim notum fit, quid iam
fuper eo immorari diutius neceffe eft? Veftra igitur freti beneuolentia, ô viri perquā
Excellentiffimi! Nos primi hanc vóbis fe-
candā ftatuimus glaciem, non feuere man-
dantes, non imperantes, non Anathema-
tum fulminibus territantes, aut vi aliqua
iftud à vobis extorquere conantes: (hoc.n.
non Chriftianum, nõ Fraternum, fed plane
Antichriftianũ effe dudum cognouimus:
m Nõ. DOMINAMVR FIDEI VESTRAE, vt A-
poftoli verbis vtamur, *Sed ADMINISTRI feu
adiutores fumus gaudii veftri, nam FIDE ftatis!
n ANTICHRISTVS*, inquit Diuus Cyprianus, *cum venire cœperit, & introibit in Ecclefiam, MINATVRVS eft, & ARMIS*

Notatur.

*Fraterna &
Modefta Ex-
hortatio.*

*m 2. Cor. 1. 9.
24*

*n Cypr. epift.
ad Cornel. 31.*

G 4   *refi-*

resistentis perempturum se esse profitebitur. Id
quod iampridem longaexperientia,rerum
Magistra, edocuit) sed obnixe, moreque

● Ro. 12. ꝟ. 1. Apostolico, *o per miserationes*, perque p *visce-*
p Col 3. ꝟ. 12. *ra misericordia DEI!* orantes atq; obsecran-
tes, sententiam Nostram in medium pro-
ferimus,rationes eius,pro virili ac necessitate, quam censemus, exponimus,nemini
praeiudicantes,neminem contradicere vo-
lentem, ad sententiam Nostram adigen-
tes,nedum damnantes,parati saluo meliori vestro vestrorumq; iudicio cedere,dum-
modo idipsum à vobis serio ac strenue agi
viderimus,audierimusve. Imo nobis abunde erit,siquidem vobis *occasionem* duntaxat, & materiam his de rebus cogitandi

q Prou. 9. praebuerimus,iuxta dictum: *q DA SAPI-*
ꝟ. 9. *ENTI occasionem, & ADDETVR ei Sapien-*
tia, DOCE IVSTVM, & FESTINABIT
accipere. Principium Sapientiae timor DOMI-
NI, & scientia SANCTORVM PRVDEN-

Concilium *TIA.* Neque tamen omnino primi cense-
tale iampri- ri volumus, qui à vobis Generale istud fla-
dem fuisse gitemus *Concilium.* Flagitauit hoc ante Nos
expetitum. piissimus olim ille multorum doctissimo-
rumMagistrorum ac Doctorum praeceptor
Philippus Melanchthon, cuius memoria

r Luth praef. sit in benedictione! *r Nam quid operatus sit*
in prior part. *DOMINVS per hoc Organum,* inquit D.Lu-
Oper. suor. therus,*non in literis tantum,sed in THEOLO-*
GIA satis testantur eius OPERA, ETIAMSI
IRA-

IRASCATVR SATAN, & OMNES E-
IVS SQVAMAE! Is ergo in Epistola su-
perius citata, sic, inter cætera, inquit: *s* O- *s Phil. Md.*
PTO, *vt Sapientum Principum* CONSILIO *Epist. ad Fri-*
& *Auctoritate aliquando ex* ALIARVM GEN- *der. Elect.*
Palat.
TIVM *Ecclesiis*, & NOSTRIS, *pii* & ERV-
DITI *viri* CONVOCENTVR, *vt de omni-*
bus CONTROVERSIIS DELIBERE-
TVR, & VNA CONSENTIENS FOR-
MA DOCTRINAE *vera* & *perspicua, sine*
vlla AMBIGVITATE, *posteritati tradatur.*
Et alibi: *t* OPTO, inquit, *etiam, vt aliquan-* *t Idem respo.*
do in PIA SYNODO *de omnibus controuer-* *de Controu.*
ad eundem.
siis horum temporum DELIBERETVR: O-
ptarunt idem alii, præsertim in superiori
Germania, Heluetia, tum in Gallia Anglia,
& alibi, quod ex Scriptis ipsorum tam publicis quam priuatis ad Amicos, & ad Ne-
strates, facile liquet. Optauit inprimis Sa- *Notetur.*
pientissimus ille Princeps Landgrauius *Lauater. in*
Hassiæ *Philippus*, sanctæ memoriæ, quum is *list. Sacram.*
& alii.
quadã Epistola, inter cætera, tale scriptum
posteritati reliquisset: *u Quod Cinglianos, Sa-* *u Epist. ad Il-*
cramentarios, aut quomodocunque nominentur, *lustr. Saxon.*
attinet: Dolemus sanè TALI *A eis tribui, qua li-* *Princ. Pezel.*
ber (Vinariensis nomine Ducum Saxoniæ
fratrum tunc editus) *commemorat: & spera-*
mus tamen, si tum apud Lutheranos, tum apud
EOS, *qui Sacramentarii vocantur,* CONCOR- *Notetur.*
DIA *à Luthero, Philippo Melanchthone, aliisque*
constituta, salua mansisset, aut etiam num mane-
G 5   *ret,*

ret, hac CONTENTIONE haud opus fore. Nec
dubitamus, quin veſtra Charitas, ſi ſcripta tam
HVIVS quam ALTERIVS partis cognoſcere vellet, deprehenſura ſit EOS MODO VERITATI V-
TRINQVE CEDANT, non vſque adeo inter SE
reipſa DISSIDERE. Quod ſi, vt antea ſcripſimus,
pro fanaticis hæreticis, & Sacramentariis haben-

Nota.   di omnino eſſe videantur, CONSVLTVM
ESSET, vt pia & Chriſtiana SYNODVS
ORDINVM EVANGELICORVM &
THEOLOGORVM per Germaniam, indi-
cetur, & ad hanc ILLI quoque vocarentur, atque AVDIRENTVR! Sapientiſſimum ſa-
ne id fuit Conſilium, ſi modo fuiſſet au-

x M.Conrad. ditum. x Etſi, inquit M. Conrad Schluſ-
Schluſſelb.li. ſelburgius, Nazianzenus in Epiſtola ad Proco-
1.Theol. Cal pium dixit: Nullius Synodi euentum ſe vidiſſe bo-
uiu pag.164. num : tamen, MODO LEGITIME inſti-
tuatur, & tractetur SYNODVS, hoc eſt, non
ſecundum leges Pontifitias aut Sacramentarias,
ſed iuxta CANONES S. SCRIPTVRAE,
NON FVGIENDAM omnino SYNODVM
exiſtimo. Plurium Teſtimonia producere
nil attinet. Cæterum ne hi quidem adhuc
votorum ſuorum facti ſunt compotes.

y Ennius. y Tollitur è medio SAPIENTIA, VI geritur
RES! En igitur! quanti ante Nos viri Concilium eiuſmodi flagitarunt! In hoc ſaltem
Nos iam ab illis differimus, quod, nimirum, illi optarunt, aut non recuſarunt ſaltem,
Nos vero ad illud cogendum, totis modo
exhor-

exhortamur viribus. Oh! *z Tempus est fa-* *z Pfal. 119.*
ciendi D O M I N E! dissipauerunt L E G E M *v.126.*
T V A M a T V exurgens misereberis Zion, quia *a Pfal.102.*
T E M P V S miserendi EIVS, quia venit TEM- *9.13.*
P V S!b Benefac D O M I N E ex beneplacito TVO *b Pfalm.51.*
Sion, vt ædificentur M V R I Hierusalem! A c de *9.18.*
fecunda quoque Circumstantia satis.

; Porro, ne quid dubitationis relinquatur,   *III.*
quærendum etiam est, *Vbinam* Concilium   *Vbi.*
illud Generale congregari debeat? Id ne
quem offendat, iterum atque iterum obsecramus, vt Nobis liceat hic libere, quod
Christianos decet, ac prout capimus, Nostram proferre sentêtiam: Res enim ista ad
iustû deducenda est finem. Censemus itaq; *Concilium*
Concilium illud in *Germania* celebran- *in Germania*
dum. Rationes cur ita sentiamus, sunt po- *celebrâdum.*
tissimum istæ: Prima, quia Germania, ve-
luti in meditullio aliarum Euangelicarum   *I.*
sita est Nationum. Huc enim facilius ac
cômodius venire possunt *Legati* ex Gallia,
Anglia, Scotia, Dania, Suetia, Liuonia,
Lithuania, Polonia, Russia, Transsylua-
nia, Vngaria, Austria, Morauia, Bohemia, Silesia, Borussia, Pomerania, Mariti-
mis ciuitatibus, Belgio, Heluetia, & si qua
alia gens *CHRISTI* Euangelium hacte-
nus amplexa est. De *Vrbe* in qua Concilium *Vrbs.*
illud celebrandum sit, Nos anxii non erimus: Serenissimi Principes Electores, aliique, quib. id incumbet, de eo statuent, vbi
com-

commodiſſimum, tutiſſimumque videbitur, ſiue in liberarum Ciuitatum aliqua, ſiue in ſua cuiuſuis Ditione. Nulla hic à Nobis, certas ob cauſas, nominari volumus.

2.   Altera Noſtra ratio eſt; quia in Germania
potiſſimum hoc cœptum eſt diſſidium, in
Germania maxime viget, ac Germaniæ fines haud procul tranſcendit. Vt igitur in
Germania rurſus, per *Concilium* (iuxta pro-
miſſionem Ordinum ſuperius ex Præfa-
tione Auguſtanæ Confeſſioni præfixa, poſitam) dirimatur ac ſopiatur, opera eſt ſe-

Nota.   dulo danda. Neq; enim Pontificii ſumus,
qui Controuerſias omnes Romam deuol-
uendas, Pontificiſque pedibus ſubiicien-

c Con. Aphr.   das eſſe, quod alii fecere, cenſeamus. *Pru-*
Epiſt. ad Cæ-   *dentiſſime,* inquit Concilium Aphricanum,
leſt. Tom. 1.   *iuſtiſſimeque prouiderunt Patres, quæcunq; NE-*
GOTIA IN SVIS LOCIS, VBI ORTA
SVNT, FINIENDA. Quam etiam ob
cauſam vniuerſi Proteſtantes, ante Noſtra
tempora, petierunt à *Carolo V.* Imperatore
Max. Generale ac liberu in ipſis Germaniæ
viſceribus, celebrandum; Hac eandem ob

d Videntur   cauſam Noſtri (*d Poloni*) ſuas Generales
libelum Con-   ſynodos coegerunt, non extra, ſed intra
ſenſus E cleſ-   ipſos Poloniæ fines, vt ſiquidem inter ſe
Poloniæ.   forent diſcordes, inter ſe quoque fierent

3.   concordes. Tertia Noſtra ratio eſt, quia
nuſquam tutius, minuſque periculi ab Ad-
uerſariis, eſſe poſſet, quove facilior vndi-
qua-

quaque pateat aditus, quàm eſt, per D a i,
gratiam, adhuc in Germania. Reliquæ enim Nationes Térra Marique forſan magis obnoxiæ ſunt illorum inſidiis. Neque N*otatur.*
enim dubium eſt, quin communes Aduerſarii Noſtri, potiſſimum hic, vt & alias, vires ſuas in impediendo tanto bono, tantoque Eccleſiæ D a i commodo, multisque
hinc deterrendis, varie ſint experturi. Id
quod Potentiſſimorum Regum ac Principum, aliorumque Euangelicorum Magiſtratuum prudentia facile præuerti, auertique poterit: dummodo ſemper à ſuis *Verum* audire & queant, & ſuſtineant: neque
illis eueniat, quod olim, teſte Plutarcho,
Regi Antiocho, qui *e cum in venatione qua-* a *Plu. in A-*
dam ſtudio perſequendi feram ab amicis & ſeruis *poſt begm.*
aberraſſet, in caſam pauperiorum hominum igno-
tus intrauit: Ac inter coenandum, dum de Rege
ſermonem inieciſſet, audiuit: Alias BONVM
quidem ESSE, *ſed* AMICIS *flagitioſis vtentem* PLVRIMA NEGLIGERE, *ſepeque.*
ILLA, *quæ ſint* NECESSARIA NIHIL
CVRARE, *quod* VENATIONI *nimium*
eſſet ſtudioſus. Ac tunc quidem tacuit. Sed poſtea-
quam ſatellites ſimul cum die ad caſam illam ve-
nerunt, cognitus allata purpurà & diademate,
Nimiram, inquit, EX QVO DIE VOS SVM-
PSI, HERI PRIMVM DE ME IPSO
VERA AVDIVI. Id quod in meliorem
ab omnibus accipi partè obnixe petimus.

Adde-

Adderemus & quartam rationem, videlicet, vt ipfi quoque Sereniffimi Illuftrifli-
miq; Principes, aliique Euangelici in Germania Magiftratus inter *S E* , cum , quoad diffidium religionis, tum, quoad alia
negotia Politica, & priuata, exinde conciliari , amicitianique poftmodum ar-
ctiorem mutuo colere poffint, neque amplius (quod eis Aduerfarii obiiciunt) *Ma-*
le cohærentes cenfeantur. Cæterum quia I-
pforum Celfitudines conftat iam non male erga fe inuicem affectas, nihil dubitamus Ipforum Celfitudines , etiam citra
Concilium eiufmodi, inter fe fore integer-
rimos, ac deinceps manfuros fibi inuicem
amiciffimos.   Quod quidem vniuerfis
ac fingulis Diuinitus ex animo precamur.

Cur non ex- Dabunt autem Nobis veniam Sereniffi-
tra Germa- mi Potentiffimique Reges extra Germa-
niam. niam , D E I gratia , fœliciffime regnan-
tes, quod non Eorum aliquem hic , cui
Concilium illud in fuo conuocandum
cenferemus Regno, nominauerimus. Vt
enim alias minus competentes hic aduer-
timus rationes, ita hanc quoque haud po-
tiffimam exiftimamus, incommodiffimû,
videlicet, iter, quod quidem tot Prouin-
ciarum ac Rerumpub. legati(vt mox dicetur) trans mare nauigantes , ingrederen-
tur, quorum non omnes tranfmarinis af-
fuemere nauigationibus : quum interim
illa-

illarum Terrarum hominibus perinde fit
vehi nauigiis, ac Nobis aliisque pleno
inambulare folo. Ne qua vero inter Se- *Præfes Con-*
reniſſimos Illuſtriſſimosque Germaniæ *cilii quis.*
Principes contentionis *de primatu* præbea-
tur occaſio (tametſi Ipſimet iam norunt
◆ ſuum inter S ε ordinem) cenſemus, vt
in honeſta Ariſtocratia fieri ſolet, communi *Ordinum Euangelicorum* nomine, Di-
plomata illa ſcribenda, quibus vndique
ad Concilium illud euocentur Regum,
Principum, Ducum, Comitum, Baro-
num, Magiſtratuumque cum Nobilium,
tam liberarum Ciuitatum ac Rerumpu-
blicarum legati. Ita enim quod de communi factum fuerit conſilio ac voto, pa-
ri ſtudio, induſtria, labore, factum eſſe,
citra vllius præiudicium ac prærogati-
uam, iudicabitur. Hic ſolummodo ſan- *An poſſimus*
cta illa Chriſtianaque opus erit conſpira- *generale coge*
tione, qua Aduerſariorum impudentia *re Concilium.*
obturentur ora, fidemter calumniantium,
Nos haudquaquam poſſe Generale cogere Concilium: cum, quia Nobis perſona
eiuſmodi deſit, cuius authoritate, ex o-
mnibus Regnis ac Prouinciis euocentur
Epiſcopi ac Presbyteri, aliique doctiſſimi
viri, qualem illi Rom. Pontificem eſſe au-
tumant, ſiquidem Imperator(cuius auctoritate olim congregata fuerunt Concilia)
non ſit Religioni Noſtræ addictus: tam,
quia

Notetur.   quia Regès ac Principes Proteſtantium
raro admodum, aut nunquam inter ſe, per
omnia, conſentiunt, quin ſemper aliquis
iniectus ſit, qui eos male habeat, ſcrupus.
Hoc, hoc, Fratres obſeruandi, è medio tollendum, nec poſt hac temere admittédum
eſt: Spiritualia corporalibus, æterna tem-
poralibus, publica priuatis, maioraq; mi-
noribus præferenda, & Chriſti negotium

f Matth 16.   omnibus Humanis anteponendum. f *Quid*
ℭ.26.   *enim prodeſt cuipiam*, inquit Dominus, *ſi to-*
tum mundum lucratus fuerit, A N I M A *vero ſuæ*
mulctetur? aut quam dabit quiſpiam compenſa-
g Luc.12.ℭ.   *tionem* A N I M Æ *ſuæ?* g *Amens, hac nocte* A-
20.   N I M A *tua repetitur abs te; quæ vero paraſti* C V-
I V S *erunt? Ita eſt, quithesaurum recondit ſibi,*
nec eſt I N D E O D I V E S. Nihil hic plus
h Matth.10.   C H R I S T O amandum eſt, h alioquin ipſo
v.7.   indigni olim cenſebimur. Noſtis execra-
tionem Spiritus ſancti, dum ita pronun-
m 1. Cor. 16.   ciat: m *Si quis non* A M A T *Dominum* I E S V M
ℭ.22.   C H R I S T V M, E S T O *anathema, maranata:*
Gratia Domini I E S V C H R I S T I *ſit vobiſcum:*
Cui etiã, Principes Chriſtiani, veſtras iam
n Pſalm.24.   pandite fores, vt n *introeat* R E X G L O R I Æ,
v.7.   D O M I N V S *fortis & potens in prælio*: Atq; hactenus etiam dictum ſit de tertia Concilii
Generalis circumſtantia.

IV.   Reſtat vltima, de *modo*, videlicet. Hanc
Quomodo.   ordinis cauſa partiemur bifariam: Vt primo, dicamus de modo celebrandi illius,
quod

quod requirimus, generalis Concilii: deinde, de modo ineundæ illic Chriſtianæ
Concordiæ, tollendarumque omnium i-
ſtarum Controuerſiarum. Quoad priorem
modum, hunc rurſus diſtinguemus biparti-
to: Dicturi, videlicet, primo; de *acceſſorio*,
ad Concilium illud generale, neceſſario:
ac deinceps, de ipſomet *Concilio* celebran-
do.

Ergo *Acceſſorium* cenſemus iſtud pernē-
ceſſarium, nempe, in ſingulis Regnis, Prouinciis ac Territoriis, conuocari *Synodos*,
quas antiqui *Prouinciales* appellabant, antequam Magnum illud ac generale celebretur *Concilium*. Nimirum ; vt ſinguli
Reges, Principes, Duces, Comites, Barones, Domini, nec non Ciuitatum liberarum Magiſtratus ſupremi, quoſcunque
in Regnis, Prouinciis, Ditionibus ac Territoriis ſuis habent viros ſapientes ac Re-
ligioſos, Epiſcopos, Paſtores, Doctores,
Magiſtros, aliósque ad hanc rem idoneos
Curatores, ad ſe in certum congregent locum: Synodo illi præſideat, ſiue per ſe, ſiue
per ſubs fideliſsimos Commiſſarios (mal-
lemus tamen Ipſosmet intereſſe!) inque
illa *Synodo* tria hæc proponant tractanda:
Primum, vt inuocato Spiritus Sancti auxilio, ſinguli Epiſcopi, Paſtores, Doctores, &
quotquot viri ſapientes, Religioſi, publi-
tæque pacis amatores, conuenerint, ordi-

Acceſſorium
ad Concilii
generale.

Nota.

In Synodo
Prouinciali
qua tractan-
da.

I.

H   ne

ne,& pro ſumma quiſque ſua dicat conſci-

Notatur. entia: Quænam vtrinque cenſeat controuerſa? & quemnam optimum arbitretur

Notent hoc impugnato-res legitimi Euangelici Concilii. inueniendę *Concordia* modum? Non dubitamus autem vniuerſos ac ſingulos huc in-
primis collimaturos, vt præ Diabolica *Diſ-
cordia*, ſint Chriſtianâ Angelicamq; magis
electuri amplexurique *Concordiam*, incommoda illius, commoda vero huius maxima expendentes! Et ſi quis, quod abfit, voluerit eſſe *diſcors*, admoneatur à Præ-
ſidetibus: Si audire noluerit (quod omen
DEVS auertat!) non audiatur et, ſed Præſi-
dentiū authoritate coherceat, verbis Apo-

* 1 *Cor.* 11.
§. 16. ſtolicis: *o NOS eiuſmodi CONSVETVDINEM
non habemus, neq, Eccleſia DEI.* Nec permittē-
dum eſt cuique hic argutas & non neceſſa-
rias mouere quæſtiunculas, ne ita Synodus
his inuoluta, re infecta, ſoluatur. Nam, vt
habent verſiculi:

> *Tangendo quædam fieri peiora videmus
> Vulnera, quæ melius NON tetigiſſe fuit.*

Notetur. Meminêrint autem ſe non diſcordiæ, ſed
concordiæ, imo non diſputationis, ſed col-
lationis cauſa; huc conueniſſe, vbi nó pro-

† *Pſ.*115.§.1. a. pria, ſed p *DOMINI gloria* inprimis ſit quæ-
renda. Alterum eſt, vt Præſides Synodici
ſingulorū ſuffragia, ſiue ſententias per certos diligenter colligi, annotarique curent,
Notarios: & qui optimum Concordandi

mo-

modû inuenerint ac demonſtrauerint, eorum ſententias laudent, approbent, côfir-
ment, ſummamq; illarum, quę ad Generale Concilium mittatur, vna eum ſingularû
illius Synodi perſonarû ſubſcriptionibus,
conſcribi mandent. Nemo autem hic ſuc-
cenſere debet, quùm alter aliquâdo à ſententia alterius modeſte recedit, ac melius
quippiam in commune affert: Ita enim in *Notetur.*
libera Synodo fieri neceſſe eſt, vbi res ſerib
tractandæ ſûht, vt quod quiſque ingenue
ſentit, rotunde, plane, aperteque edicat,
proferatque. Et ſi alter id planius (ꝗ prout **ꝗ 1.Cor.12.**
varia ſunt Spiritus ſancti dona) intellexerit, **v. 4.**
ac rectius ſapientiuſq; iudicauerit, lubens
ac vltro cedat, admonente Apoſtolo: *r Pro-* **r 1.Cor.14.**
pheta duo aut tres loquantur, & ALII diiudi- **v. 29.**
rent. Quod ſi quid ALII reuelatum fuerit aſsiden-
ti, PRIOR taceat. ſNon enim vincimur, in- **ſ Cypr. E-**
quit Cyprianus, *quando offeruntur nobis ME-* **piſt ad Quin-**
LIORA, ſed INSTRVIMVR, maxime in hij **tiū.**
quæ ad Ectleſiæ VNITATEM pertinent, & Spei
ac Fidei noſtræ VERITATEM. Tertium in
Synodis Prouincialibus agendum, vt in ſin- **ꝷ.**
gulis illis Synodis eligantur certę perſonę,
ſiue plures, ſiue pauciores, pro cuiuſq; ratione ſeu magnitudine, ꝗ gloriæ CHRISTI, **t Conſeſ.**
& ſaluti vniuerſæ conſulere cupiant. Quanum **Anguſtan.**
vna vel duæ (ſiquidem ipſemet ſupremus **art. 11.**
Magiſtratus intereſſe nequiuerit): Regis

H 2   aut

aut Principis aut cuiuscunque summi Magistratus sui loco, inter Præsidentes generalis Concilii sedeat; Reliquæ vero, Synodi suæ Prouincialis vice, Legationis fungantur officio.

Polonorum   Hoc modo Nos (*Poloni*) tametsi rarius,
Synodi ge- propter Aduersarios, Nostras celebramus
nerales. generales *Synodos*, vt ex singulis Districtibus certas deligamus personas, tam ex Equestri, quam ex Ecclesiastico ordine, quas eo, cum concordi totius Districtus sententia, expediamus. Neminem interim prohibentes, qui ornandæ illius Synodi gratia vltro velit adesse. Impossibile enim fuerit vniuersos ac singulos Patronos, Doctores ac Ministros omnium Ecclesiarum, in vnū simul & semel conuenire locum; ac suo quemque loco ac ordine, absq; confusione ac tædio suam proferre sententiam. Meliori itaque compendio si res graues, tam in Ecclesia, quam Republ. libera, transigi solent. Sic quoq; facilius ex omnibus Nationibus, regionibus, Regnis, ac Prouinciis Concilium generale haberi, congregariue
Liberum potest. Sic *liberum Concilium* erit, quando
Concilium. ij præsederint, iique *Legationis* munus obierint, sententiasque in commune tulerint, qui ad hoc ex qualibet Prouincia delecti
Nota. destinatiq, & cum plenaria facultate missi fuerint: cumque illud ipsum actum transactum fuerit, quod quælibet Prouincialis

Syno-

Synodus agendum transigendumque, per
proprios Præsides Legatosque censuerit.
Sic nemo sanus ac sobrius reperietur, q̄ p̄-
iudiciū sibi aliquod fieri iure queri poßit,
prout inter eos fieri aßolet, qui dicunt:

Sic volo, sic iubeo, stet pro ratione voluntas!
u O manda DEVS virtuti tua! Confirma, quod   u *Psal.* 68.
operatus es in Nobis!   v. 29.

Poßet autem hic de duobus quæri: Pri-   *Quæstiones.*
mo Quænam futura sit *norma*, aut quis *iu-*   1.
dex, illius Cōcilij? Respondemus: Tametsi   *De norma*
scripta Doctorum & Conciliorum, tam ve-   *& iudice*
terum quam recentiorum, nec non *Symbo-*   *Concilii.*
la & *Cōfeßiones* in Ecclesia publ. ße receptæ,
magnam habeant authoritatē vtilitatem-
que, vtpote quæ testimonium perhibent
publicæ profeßionis cuiusuis ætatis, alias
magis, alias minus synceræ, & propterea
contemni aut reiici omnino à quopiam
nō debeant. Pro *iudice* tamen & *norma* Cō-   *Nota.*
trouersiarum, tam in Concilio quam extra
Conciliū, statui aut vsurpari haudquaquā
poßunt: cum, quia authoritas eorū (quod
x supra vidimus) mere *humana* est; tū, quia   x *Vide pri-*
Authores eorum errare potuerunt, & sæ-   *mam part.*
pius errarunt, quod vel ipsa rerum Expe-   *caus. 14.*
rientia palam testatur. Vnde etiam recte
D. Hieronymus ait: y *Spiritus S. DOCTRI-*   y *Hier. in E-*
NA est, quæ Libris CANONICIS prodita est, cō-   *pist. ad Gal.*
tra QVAM si quid statuant CONCILIA, nefas   *c. 5.*
duco. Et D. Augustinus: z *Nec ego*, inquit,   z *Aug. cont.*
   Max. Arian.
   H 3   *Nica-*   *lib. 3. s. 14.*

Nicænû, nec tu debes Arimense tanquam præiudicaturus pferre CONCILIA. Nec ego HVIVS authoritate, nec tu ILLIVS, detineris: SCRIPTVRARVM authoritatib. res cum re, causa cu causa, ratio cu ratione concertet. Ergo scriptura sancta, sola atq; vnica, debet côstitui norma & iudex oîum Controuersiarum, primo, quia sola a Diuinitus inspirata est, idq; immediate: b Non enim LIBITV HVMANO allata est olim PROPHETIA, fed acti à Spiritu S. LOQVVTI sunt sancti DEI hoës. Deinde, quia sola perfecta est, & Canon (additionê nullã, aut detractionê admittens, vnde Latinis vocatur d Regula, quâ, vt ait Theophylactus, e neq APPOSITIONEM habet, neq ABLATIONEM. Tertio, quia ad eam solã ab ipsomet DEO ablegamur: f Ad LEGEM, & ad Testimonium: Si non dixerint iuxta VERBVM HOC, non erit eis matutina lux. g Habent Mosen & Prophetas, AVDIANT eos. Quarto, quia oês pij ac veri Dei cultores hanc sibi vnicã in cultu Diuino & Controuersiis cu publicis tû priuatis, cultû Dei concernentibus, semper præstituerût normã. Id ꝙ exempla h Dauidis, i Iosaphati, k Ezechiæ, l Iosiæ, m Esdræ, n Nehemiæ, & aliorum manifeste demonstrant. Deniq; quia illi q ab ea declinarunt, nô solû turpissime errarunt, sed ét Diuinitus pptereá sæpe puniti sunt: quales fuere o Hieroboã, p Gedeon, q Michas, r Saul, s Salomon & similes. Vnde etiã haud immerito Constantinus ille Magnus hâc ipsam, eamq; solã Concilio Niçeno, p norma & iudice Controuerfiarû, cômendauit, in-

quiēs: *t EVANGELICI & APOSTOLICI LI-* *t Theodoret.*
lib. 1. hist. Ec-
BRI, nec ūā ANTIQVORVM PROPHĒTARVM *clef. cap. 7.*
ORACVLA, plane instituunt NOS sensu NVMI-
NIS. *Proinde HOSTILI posita DISCORDIA,*
sumam° ex DICTIS Diuini Spiritus EXPLICA-
TIONES Quastionū. Quod igit quidā *dogma-* *Nota.*
ta & *Controuersias* oēs cenlent examinādas
& dirimendas ex *Catechesi* aut *Cōfessione* aliqua singulari, Nostro iudicio, non solū p- *Legatur Col-*
loquium Ra-
postere, verū et contra propriam *professione* *tisbon. Anno*
suam faciūt. Quod. n. Pontificiis permittě- *1601.*
re nolumus, quomodo nēbis ipsis tā facile
permittemus? Gæterū de isthoc toto nego- *2.*
tio viderint Synodi Prouinciales. De altero *Sumptus in*
Concilio exi-
posset et quæri: Cuiusnā sumt ib. sint victu- *stentium.*
ri, q ad Generale illud Cōciliū cōuenerint?
Respōdemus breuiter: Quælibet Prouincia suis delectis Præsidib. ac legatis necessarios tantisper suppeditabit sumptus, dū.
opus fuerit. Neq; hoc illis graue videri de- *Nota.*
bet, Christi gratia aliquid impendere, qui
seiplum p Nobis totū impendit. Si. n. gra- *Notetur.*
ne nō est, multa aliquando erogare in spe-
ctacula, lulus, cōuiuia, aliaq; hui° Mundi
vanissima delectamenta q magis obsunt q
profunt: eccur, obsecro, graue sit sumt° fa-
eere necessarios ad *DEI* gloriā promouēdā,
CHRISTI regnū ampliandū, cōmuneq; Ec-
clesiębonū procurandū? Nō de Nostro da- *u 1. Cor. 4.*
ē. 2.
mus, quicquid huc damus: sed bona Dūi *x Luc. 16.*
Nostri fideliter, vt *x fideles* eius *x dispēsatores* *v. 1.*
decet, dispensamus. Præclarū sane elogiū
extat apud *DEI* Prophetam, de Christianis

Principibus, ac Magiſtratibus prædictum;

y Iſa 49.4.
25.
y Et erunt Reges NVTRITII tui, & Reginæ NV-
TRICES tuæ! Cuius rei memor olim Con-
ſtantinus ille Magnus, Euſebio teſte, quum

z Euſeb.lib.
3. de Vit,
Conſt.cap.9.
z Omnibus EPISCOPIS ad Synodum NICAE-
NAM congregatis, CIBARIA in ſingulos dies lar-
giter & liberaliter SVPPEDITARE mandauit.
Meminerint pij Reges, Principes, Domini

a Act. 10.
v.35.
ac Magiſtratus dicti Dominici: a Beatius eſſe DARE, quà ACCIPERE! dentq; hilari fron-
te, vt iterũ accipiant à Domino affluenter,

b 2. Cor. 9.
v. 7.
c Matth.10.
v.42.
qui b hilares datores diligit, & ampliſſimam
omnibus c mercedem pollicetur, quicquid
hic eius d nomine cuiquam præſtiterint. Et

d & 25 V.
40.
de acceſſorio quidem hactenus.

2.
Concilium
generale Vt
celebranaũ.
1,
Iam quod Conciliũ illud generale eiuſq;
celebrandi modũ concernit: Hic quidem
duo céſemus exequéda: Primo, ſuus cuiq;,
ex quolibet Regno & Prouincia, Præſidé-
ti, Legatiſq; ſingulis, aſſiguandus eſt locus;
ne quà de loco in ipſo exordio, fiat Cótro-
uerſia, Ad φ neceſſe eſt, vt deligãtur Generales Directores & Notarij illius Concilij. Di-
rectoresq dé ex Præſidentibus, Notarij vero ex Legatis. Illorũ erit ſua auctoritate ac
manutentione vniuerſos ác ſingulos jn ordine debito continere: horũ véro ſingulas
Præſidétiũ Cócluſiones & Canones fideliter

e 1.Cor.14.
v.40.
excipere, annotareq;. e Sic omnia DECEN-
TER & ORDINE ſient. Deinde, ſingulorũ ex
ſingulis Prouinciis Legationes, ſummarię-
que

que ſuarū Synodorū concluſiones attente
audiendæ ſunt, quas ordine debito recita-
bunt cuiuslibet Prouinciæ legati.Hic pro-   *Nota.*
culdubio vt varia hominū fuerint iudicia,
ex variis quóq; Prouinciis vtriuſque partis
allata:ita diligentiori cōſideratione, iudicio, & cōciliatione illorū fuerit opus, Ca-
uendūque,ne qua LIS aut *cōtentio* tam inter
legatos,q̃ ipſosmetPręſides ac Moderatores oboriatur:ſed per Directores ſingula rite m̃ ordinē redigantur , ſingulisq; ſua decenter ac ordine ſententia præfigatur di-
cenda:quid, nimirum,de iis,quas iam au-
diuerit legatorum ſententiis ipſe ſentiat ?
& quem,præ cæteris,ineundæ Concordiæ
modum faciliorem expeditioremque am-
plectatur ac probet ? Hinc enim Præſides
illi nullo negotio diſcernere poterūt,quid
poſtea in decidendis hiſce Controuerſiis,
ſequi debeant,quidve cauere.Sapientibus
ſatis. Atque hic quoque Noſtræ fuit Syno-   f *Synodus To-*
di f *Torunienſis* proceſſus, nec omnino, vt   *run. Anno*
exitus comprobauit, infœlix. Cætera Pru-   *1595. die 24.*
dentiæ Pietatique Congregandorum g *in*   *Aug.*
nomine DOMINI , committimus diſpo-   g *Matth. 18.*
nenda. Atque hactenus de primo dictum   v.20.
ſit modo.

Quod ad alterum illum perdifficilem   11.
ſane,at h D E O facilem,volentibusq; haud   *Modus in-*
difficilem , attinet modum : Ne hic quóq;   *eundæ Con-*
ſimus ἄφωνοι, quin etiam libere,vt cœpi-   *cordia.*
mus,   h Ga.18.G.14

                  H ʒ   mus,

mus,Noſtram proferamus ſententiam: O-
mnes in vniuerſum ac ſingulos, cuiuſcun-
que ſtatus, Ordinis, Eminentiæ ac Digni-
tatis ij fuerint, quive iſta lecturi,aut legen-
da ſint audituri, quam humilime oratos
volumus : vt ſi quorum palato ſententia
noſtra,vt nimis ſimplex,in defectu aliquo,
non per omnia arriſerit, Nos propterea,vt
infirmiores ac ſimpliciores,minime aſper-
nentur ! Ii enim ſumus, qui nemini ſcientiam inuideamus maiorem : quin etiam
meliora,ex verbo Dei,docentibus cedere,
eorumque Inſtructionem cum gratiarum
actione competenti recipere,nunquã non
parati erimus. *i Quicunq̃ adulti ſumus, HOC
ſentiamus ; quod ſi quid ALITER SENTITIS,
hoc quoq̃ VOBIS DEVS reuelabit.* Interea ƥ
ſentimus,candide,vt Chriſtianos decet in
medium proferimus. *k CORDE enim creditur ad iuſtitiam, ORE autem (& calamo) confeßio fit ad ſalutem. l Et quoniam HABEMVS
eundem Spiritum FIDEI, ſecundum illud : quod
ſcriptum eſt: CREDIDI, & ideo loquutuſ ſum;
NOS quoq̃ CREDIMVS, quamobrem etiam
LOQVIMVR,* & ſcribimus.

Animaduertimus autem in genere de
tribus potiſſimum inter vos controuerti:
Nimirum, de *dogmatibus* quibuſdam: de
Ceremoniis ſeu ritibus nonnullis : deque *diſciplina* Eccleſiaſtica. Ac *dogmata* quidem
ad hæc tria, quantum ſcire poſſumus, re-
duci

Marginal notes:

Iuſta depre-
catio.

Notetur.

Phil.3.v.15.

2Rom.j10.
k !10.
6.9Cor.4.
:13.

De quibus
ſit contro-
uerſia.

¶ 1.

duci poſſunt capita : Nempe : de *perſona,*
deque *praſentia* & *manducatione* Corporis
CHRISTI in ſacra Cæna, & de *Prædeſtina-*
tione Diuina. Ritus ſeu *Ceremoniæ* contro-   2.
uerſæ poſſunt quoque ad iſta quatuor
contrahi capita, videlicet: de Baptizando-
rum *Exorciſmo,* de *fractione panis,* in ſancta
cœna, de *confeſſione auriculari,* deque vſu
*imaginum,*altarium, veſtium Eccleſiaſtica-
rum, aliiſque rebus, quæ *adiaphoris* accenſeri ſolent. De *diſciplina* Eccleſiaſtica hæc   3.
ſolum quæſtio inter paucos fuit contro-
uerſa: Vtrum Chriſtiani flagitioſe viuentes,ac enormiter peccantes,ſint *Excommu-*
nicatione ab Eccleſia, an vero gladio à Politico Magiſtratu feriendi ? Hæc nimirum, arbitramur, Fratres in Domino cha-
riſſimi, de quibus inter vos tantopere controuertitur! Hæc, propter quæ tot tantæq;
hactenus turbæ ſunt datæ? adeo vt qui eas
pacare conciliareve vellet, rarus admodum reperiretur! Hæc ſunt illud *pomum*
*Eridos,*ob quod tanti vndique motus,inter
DEI Filios, contra ſe inuicem, ſunt exci-
tati, Tragœdiæque infœliciter actæ! Cla-
moſos rabulas nihil moramur, qui ex
quouis quiduis colligentes, plura vtrique
parti affingere ſolent diſſidia: quos vel ſola *Confeſſionum Harmonia* manifeſte reuin-
cit, vt alia pia Doctorum vtriuſque par-   *Notetur.*
tis prætereamus ſcripta. Oſiandricum
                           dogma

dogma de *essentiali iustitia*, Flaccianumque
de *substantia peccati*, sponte pretermittimus,
cum, quia à paucis defensum, tum, quia à
pluribus ex vtraque parte sufficienter est
refutatum.

Priuola con- Vera fatendo, indigniffima quidem hęc
tentionum omnia fuere, propter quæ tot, tamque fu-
causa. neftæ excitarentur Tragœdiæ! Quid enim?
An pro fratre iam nō agnofcendus eft, qui
de his, in vtramuis paitem, citra contuma-
ciam tamen, eruditi melius cupiens, pronunciarit? Abfit, per DEVM, abfit! Nimis
hoc præceps fuerit iudicium. Cæterum,
quando iam eo fit peruentum litium, fane, quod vitari nequeat, ferendum, imo
quod hactenus male actum eft, corrigen-
dum in pofterum, cenfemus. Et quidem,
m Ad. 17.v. vt verbis Apoftoli etiam nunc vtamur, *m*
30. DEVS *temporibus iftius* IGNORANTIAE
conniuendo diffimulatis, nunc denunciat OMNI-
BVS *vbique hominibus, vt* RESIPISCANT,
eo quod ftatuit diem, quo iufte iudicaturus eft Or-
bem terrarum, per eum VIRVM, *quem definiuit.*
n Rom.14.v. *Et tunc n omnes fiftemur apud Tribunal* CHRI-
10. STI, *& vnufquifque Noftrum reddet de* SEIPSO
o 1.Cor.4. *rationem* DEO. *o Proinde, ne ante tempus iudi-*
v.5. *cate alii alios, vfquedum venerit* DOMINVS,
qui & illuftraturus eft OCCVLTA *tenebra-*
rum, & manifefta faciet CONSILIA *cordium;*
Ac TVNC *laus erit vnicuique à* DEO.

Conciliatio Ergo, quod ad *dogmata* illa controuerfa
dogmatum. attinet,

attinet; Optandum sanè esset, vt in omnibus eiusmodi Controuersiis duo hæc ob-
seruemus: Primum, ne à verbis & phrasi
Scripturæ sacræ alienas nobis adsciscamus
loquutiones, quæ nihil aliud præter *p quæ-*
stiones, & q λογομαχίας pariunt, vt testatur
Apostolus. *r Omne enim quod LOQVIMVR,*
inquit D. Hieronymus, *debemus AFFIRMA-*
RE de SCRIPTVRIS Sanctis. Et, *s sine authori-*
tate Scripturarum GARRVLITAS non ha-
bet fidem. Quæ verò, quæ sumus, potest maior esse *garrulitas*, quam vbi citra omnem
Scripturam, Terminis duntaxát pugnatur
mere humanis? *t Vt vos pudeat vobis hoc dici-*
mus! Nonne vt plurimùm illi Termini sunt
glossæ, per quás vniuersa Scriptura S. eiusque genuinus sensus, multoties eneruatur
ac euertitur? vt meritò quidam cecinerit:
  Textus non fallit, multos speciosa fefellit
    GLOSSA, DEI verbo nitere, tutus eris.
Atque huc etiam fortasse pertinet Apostolica admonitio, quum *u Videte,* inquit, *ne*
quis sit, qui vos deprædetur per philosophiam, &
inanem deceptionem, secundum TRADITIO-
NEM HOMINVM, secundù elementa mun-
di, & non secundù CHRISTVM! quid enim
sunt plerique eiusmodi Termini humanitus inuenti, quàm mera Philosophia, inanis deceptio, Traditioque hominum? id
quidem supra iam, vt arbitramur, sole clarius eluxit, necessariis tamé vbiq; exceptis.
                                        Alte-

Quæ hic ob-
seruanda.
1.

p 1.Tim.1.θ
4.
q Ibid.6.ς.
4.
r Hieron.in
Psal 98.
s Idem in E-
pist.ad Tit.1.
Notatur.

t 1.Cor. 6. v.
5.

u Col.2. ς.8.

Nota.

2. Alterum hic obſeruandum eſt, vt in omnibus Quæſtionibus ac Controuerſiis ſecernamus ſcitu neceſſaria à non neceſſariis ad ſalutem: ex quibus illa retineamus diligenter ac ſequamur: iſta vero reiiciemus, vel inter adiaphora ponamus. Vt quid enim promiſcue cuncta abſque delectu & diſtinctione recipiant illi, quibus dictum eſt: x *Omnia explorate, quod bonum fuerit retinete!* y *Probate ſpiritus an ex DEO ſint.* Bonum autem, atque ex DEO eſſe, quippiam non poteſt, niſi quod, teſte D. Ambroſio, z *dictis APOSTOLORVM & ipſius DOMINI congruit,* vtrunque magnos habeat Authores! a *Sed etiamſi NOS,* aiebat Apoſtolus, *aut ANGELVS è cœlo euangelizet vobis PRAETER id quod vobis euangelizauimus, anathema eſto!* b *Etiam ANGELIS,* inquit D. Chryſoſtomus ad hæc verba, *è cœlo deſcendentibus præponit SCRIPTVRAS, idque valde congruenter. Siquidem Angeli, quamlibet MAGNI, tamen Serui ſunt ac MINISTRI. Caterum omnes ſcripturæ non à ſeruis, ſed ab vniuerſorum DOMINO DEO venerunt ad nos. Hanc ob cauſam dicit: Si quis vobis euangelizauerit PRAETER ID quod Euangelizauimus vobis, Non dixit ILLE aut ILLE!* (nunc vero Lutherus Caluinus, & ſimiles) *idque prudenter admodum CITRA odium & inuidiam.* Appellemus autem ſcitu neceſſaria, articulos fidei, ſine quorum cogni-

x 1.Theſſ.5.
v.21.
y 1.Ioh.4.
v.1.

z Ambr.
Comm. in
1.Theſſ.5.
a Gal.1.v.8.

b Chryſoſt.
Com. in E
piſt. ad
Gal. 1.
Nota.

Scitu neceſ-
ſaria.

cognitionę & fide, nemo seruari poteſt,
Reperiuntur enim multæ *Quæſtiones & con-*
cluſiones Theologicæ, quorum nec ignora-
tio damnat (quod ſuo loco oſtenſum eſt)
nec ſcientia ad ſalutem per ſe prodeſt: ſed *Notatur.*
quæ tantum ad ſcientiam Theologicam
pertinent, & inter Theologos in Scholis
diſceptantur, vel veræ, vel probabiles, vel
dubiæ vel falſæ. Circa has plurimum peccatum eſt in Papatu, quum (vt noſtis) o-
mnes omnium Sophiſmatum opiniones,
de quæſtionibus motis, mox fuerunt acce-
ptæ, vel defenſæ, quaſi de fide, hoc eſt ad
ſalutem creditu neceſſariæ : qui vero his
contradicerent, mox damnati fuerunt,
quaſi *Hæretici.* Id quod omnibus, qui ante-
acta ſecula diligenter euoluunt, facile li- *Nota.*
quet. Similiter peccatum eſt in renouato
exortu Euangelii, *Lutheri* & *Zuinglii* temporibus. Tunc enim doctrina quidem,
quæ ſola eſt ſalutaris, ab *vtroque* tenebatur,
ſed præterea agitabantur *Concluſiones* de
Corporali *præſentia,* orali *manducatione* etiam *impiorum :* deinceps etiam de *reali com-*
municatione idiomatum, de *vbiquitate* & *Ma-*
ieſtate Corporis C H R I S T I, populo
ex Cathedris (quod etiam ſupra monui-
mus) tanquam *articuli fidei,* inculcatæ ſunt.
Quum tamen hæ (concluſiones) ab *ar-*
ticulis fidei, veluti Scoria à metallis, hoc
eſt, non neceſſaria à neceſſariis ſcitu
ad

ad falutem, diftinguendæ ac feparandæ,
quam vrgendæ,fuiſſent potius. Atque hæc
materia ſchiſmatis fuit, hoc repagulum
Concordiæ præcipuum. Quod vt tollatur,
haud ab re in Synodis prouincialibus *Con-*
cilioque illo generali, talia cenſemus diſcer-
nenda. Has quoque regulas in concilian-
dis iſtis Controuerſiis obſeruare, quantum
Nos DEVS iuuerit, conabimur.

Quod igitur ad dogma de *perſona* CHRI-
STI attinet : Scimus eſſe non paucos ex
ſimplicioribus, qui cum audiant de iſthoc
eſſe diſſidium, mox putant Aduerſariam
partem, aut nihil, aut omnino diuerſum
quid à Scripturis ſanctis, *de CHRISTO*
DOMINO NOSTRO ſentire ac docere.
Vnde enim illorum animi magis incrude-
ſcunt, atque in præceps feruntur, quàm ex
hac opinione? At Nos pios ac Doctos (nō
populares illos Declamatores) Theologos
requirimus iudices, qui vtriusque partis
ſententiam probe tenentes, norunt ab v-
traque parte neutiquam negari perſonam
Chriſti eſſe verum *DEVM* verumque *ho-*
minem. Anathema enim dicunt vtrinque
Marcioni cum aſſeclis, qui Chriſtum verum
hominem, & vere natum, vere creuiſſe, vere man-
ducaſſe, & bibiſſe, vere crucifixum, & mortuum
eſſe, & reſurrexiſſe negarunt: Contra quos,
inter alios, pugnauit olim Tertullianus, in
ſuis contra *Marcionem* libris, quibus vtraq;

pars

Nota.

I.
De perſona
Chriſti.

Nota.

Hæreſium
damnatio.
è Ignat. epiſt.
ad Philip.
Conſeſſ. Aug.
artic. 3.

pars nullo negotio fubfcribit. Anathema
quoque dicunt vtrinque *Ario*, *Photino*, *Sa-*
mofatheno, *Seruete*, *Socino* cum complicibus,
qui *CHRISTVM* verum *DEVM* eſſe negarunt. Contra quos &quales, omnes Antiqui Patres poſt Concilium Nicænum
primum multa reliquerunt egregia Scripta: quorum pios ſanctoſque labores, vt
pars vtraque cum gratiarum actione recipit & approbat, ita eiſdem contra recentiores Antichriſtos libenter vtitur &
pugnat. Anathema quoque dicunt *Ne-*
ſtorio, qui duas in *CHRISTO* naturas in
duas diuidebat perſonas: Contra quem
vt alij in Concilio Epheſino, ita præcipue
pugnauit *Cyrillus Alexandrinus*, in Concilio
Chalcedonenſi, cuius præclara ac piiſſima
ſcripta & *Anathematiſmos* vtraque pars ma-
gno recipit ſtudio, iiſdemque vltro ſubſcribit. Anathema etiam dicunt *Euticheti*,
qui vtranque in perſona *CHRISTI natu-*
ram confundebat, conuerſionemque mi-
ram humanæ naturæ in Diuinam, ſiue ex-
æquationem quandam finxerat: Contra
quem inter alios ſcripſerunt *Leo* & *Gelaſius*
Romani, *Fulgentius* Ruſpenſis, *Vigiliuſque*
Tridentinus Epiſcopi, quorum pia & Orthodoxa ſcripta, vtraque pars lubens a-
gnoſcit, amplectitur, veneratur, vehe-
menterque laudat. Videatur hiſce de rebus omnibus D. Selneccerus in ſua *e Sym-*
boli

I

d Vide Ana-
thematiſmos
Conſtantino-
polit. Conci-
lii quinti.

e Nic. Selnec.

pag.271.&
273. Lipf.
Ann. M. D.
LXXV.

boli *Apoſtolici & Niceni Exegeſi*, & alii. Inſuper vtraque pars ſanɗe recipit quatuor illa *Oecumenica Concilia Symbolaque* in eiſdem compoſita ; id quod ex confeſſionibus, Scriptis ab vtraq; parte non ſemel editis, ipſaque rerum experientia, luculéter probatur, adeo vt his immorari diutiûs omnino ſit ſuperuacaneum. Videtis igitur, quâ

Notetur.

temere (parcite diɗis.) quamque nullam ob cauſam , tot fulmina, tot anathemata, totque damnationis ſenrentiæ, contra vos inuicem haɗenus prolatæ ſint , atque etiamnum proferantür ? Sic nimirum *dato vno inconuenienti ſequûtur inſinita*. Vtriuſque partis ſane hæc eſt ſententia, quam D. Pe-

f Pelarg. in
Admonit. de
Arian.p.86.

largus breuiter ita eſt cóplexus: f *In* Chriſto inquit, *due ſunt* naturæ:*vna ex Patre* Deo, *altera ex Matre* virgine:*vna coæterna & æqualis* Patri, *altera conſubſtantialis* Matri. *Vincentius Lirinenſis* c.19. *Vna qua* Regnat, *altera qua*

Nota.

Miniſtrat :*prima* Creatrix, *poſterior* Creata: *& ideo qua aſſumpſit* impaſſibilis ,*qua vero eſt aſſumpta* paſſibilis:*illa* immortalis, *hac* mortalis. *Caſſiodorus ad Pſalm.* 11. *Nos enim , vt Marii Victorini verbis vtamur* , impaſſibilem *filium dicimus , iuxta quod* λόγ℈ *eſt: iuxta autem quod* caro *eſt*, paſſibilem. Et rurſus ex Nazianzeno: *Si ergo Diuinitas* paſſa *eſt, dixiſti quod eſt blaſphemum : Si autem , vt habet* veritas : *quare homini non aſcribis* paſſio*nem ?* Et paulo inferius vtiliſſimam ex

Chry-

Chryſoſtomo *tradit* regulam : *g Quic-* *pag.*89.
quid b MAGNVM *eſt , refer ad* FILIVM   *Chryſ. in*
DEI ; *quicquid* PARVVM *eſt , refer ad* FI-   *Mar.hom.*11
LIVM HOMINIS *, & tamen* VNVS Fi-
lius DEI *eſt.* His ſane vtraque pars vltro ſubſcribit. Nulla ergo hic, inter vos,
controuerſia eſt. Sed quid in re omnibus
nota moras trahimus ? videatur *Harmonia*
confeſſionum , inde Sole clarius conſtabit,   *Nota*
quod nunc ſaltem vno atque altero attigi-
mus verbo. Vnum ergo etiam Hic eſtis, fra-
tres optimi, vnum! Vt quid iam *i vnitatem*   *i Epheſ.* 4.3.
ſpiritus ſeruare pervinculum PACIS *non ſtude-*
tis ?

Atqui, inquiet aliquis , *de omnipraſen-*   *De omnipra-*
tia CHRISTI hic maxima lis eſt! Eſt   *ſentia Chri-*
ſane. Sed quamobrem ſit, eauſam vide-   *ſti.*
mus nullam. Parcite Nobis , viri doctiſſimi, quod vtramq; partem hic neceſ-
ſario incuſemus ! *k Collationem fraternam*   *k Vide præfa*
ſaltem , quam olim *inter ſeruos* CHRI-   *tio in Harm.*
STI requirebat etiam D. Ambroſius, Nos   *Confeſſ.*
quoque requirimus : no , quod olim (vt
hoc obiter, joci cauſa, adiiciamus.) duo-   *Andabatiſ-*
bus accidiſſe fertur Ruſticis, qui cum ſat   *mus Euange-*
diu inter ſe manus cóſeruiſſent, propterea   *lic. vum.*
quod alter dixerit ſe religionis eſſe *Marti-*
ni alter vero *Lutheri*, poſt aliquod inter-
uallum ad ſe inuicem reuerſi , ex mutua
Collatione, intelligunt ſe eiuſdem eſſe relligionis, fruſtraq; pugnaſſe, ſiquidē *Martinus*

           I 2   illo

Nota.

ille fuerit *Lutherus.* Ita quoque plerisque
nunc *Andabatarum* more accidit, dum multi
acriter inter se dimicant, nec tamen adhuc, quis sit *Controuersiae status,* & τὸ κρινό-
μενον, ipsimet satis intelligunt, *Impedit enim*

l *Caton.dist.* IRA *animum, ne possit cernere* VERVM.l Hoc,
hoc considerate Fratres, ne inscij alij contra

m *Iac.4,v.11* alios peccetis : m qui enim *loquitur contra*
fratrem, quique damnat fratrem suum, loquitur

n *Idem 5. v.* *contra legem, & damnat legem.* n Ne ingemisci-
9. te ALIVS *aduersus* ALIVM, *fratres;* vt
NON CONDEMNEMINI! *Ecce* IVDEX
ante ianuam ADSTAT ! Scribit D. Sel-

o *Exeg. Sym.* neccerus in Libello saepius citato o CHRI-
pag.307. STVS VBIQVE *est,* inquit, *per communi-*
cationem idiomatum; secundum DIVINAM
naturam. NON EST VBIQVE, *secundum*
SVBSTANTIAM *Corporis sui.* Breuis &
luculenta satis confessio. Quid is, obsecto,
aliud dicit, quam quod Aduersaria pars,
rotunde, plane & aperte fatetur! Inter alias

p *Apol. Angl.* *Confessio Anglicana* sic ait: p *Et quamuis Maie-*
Artic 2. *stas, & Diuinitas* CHRISTI VBIQVE *dif-*
fusa sit: tamen CORPVS *eius, vt Augustinus*
ait, IN VNO LOCO *esse oportere:* CHRI-

Nota. STVM *suo corpori* MAIESTATEM *dedisse,*
NATVRAM *tamen non ademisse: Neque ita*
asserendum DEVM, *vt eum negemus* HOMI-
NEM. *Vtque ait Martyr Vigilius:* CHRI-
STVM HVMANA *sua natura nos* RELI-
QVISSE, DIVINITATE *autem* NON re-
liquisse:

fequiffe : eumque quum A b s i t à *nobis per*
F o r m a m s e r v i , *tamen semper* e s s e
nobiscum per F o r m a m D e i. Quæ
Auguftini & Vigilij verba videbimus
infra fuo loco. Concordia igitur hic erit
facilis , dummodo , iuxta fuperius præ-
fcriptas *regulas, neceffaria* fcitu ad falutem , à
non neceffariis diligenter feparauerimus. Neceffaria autem arbitramur ifthæc : *Quifquis*
negauerit I e s v m C h r i s t v m *Filium* D e i
effe Omnipotentem , Omnipræfentem , Omnifci-
um, Dominum O m n i v m, *ac proinde* A d-
o r a n d v m , *Anathema efto* ! Quis veftrum, obfecro, hic non refponderit Amen:
quandoquidem vniuerfi ac finguli, ab v-
traque parte, ita fentiant, & conftanter i-
dem profiteantur ? Aduertitis ista vtrinque ? Ergo nulla hic iusta, nulla omnino,
de *perfona* C h r i s t i , nedum de eius O-
mnipræfentia, eft controuerfia q *Illuftret* faltem *Dominus oculos* V e s t r o s, *ne obdormi-*
atis in M o r t e. r *Qui enim non* D i l i g i t,
manet in M o r t e. Iam vero non neceffaria cenfemus, fubtiliter & argute difputa-
re, *de loquutionibus abftractis in tertio genere*
communicationis idiomatum , aliifque infini-
tis Labyrinthis, è quibus ne Sorbonici quidem Doctores, aut Sophiftæ maximi, fefe
vnquá fatis extricare queant, nedum fimplices ac recti Chriftiani, quorum attenn-
dere eft , non quid hic vel ille Doctor

Qua hic fint
fcitu neceffa-
ria.

Pf. 13. v. 5.

r 1. Ioh. 3. v.
11.
Non neceffa-
ria.

I 3   Scho-

Nota. Scholasticus de eiusmodi tradiderit subti-
litatibus; sed, quomodo Diuina Scriptura
nos de rebus ad salutem necessariis, sim-
t 1. Cor. 2.8. pliciter instruat. Atq; hæc testatur: *s* DO-
t Act. 20.28 MINVM *gloria crucifixum: & t* DEVM *sangui-*
ne SVO *acquisiuisse Ecclesiam:* Eundemq; esse
v Matt. 28. n *Omnipotentem,* x *Omnipræsentem,* y *Omni-*
18.
x Matt.18. *scium,* z *Omniumque Dominum.* Quid hic
20. nodum in Scyrpo quærimus? *a Verbum*
y Ioh. 21.17. DEI, ait quidam, *docet,* IESVM CHRI-
z Act. 1.36. STVM *Filium* DEI *&* HOMINIS, VNAM
a M. Con- *& non* DVAS, *aut plures esse* PERSONAM,
rad.Schlus- *inenarrabili, inseparabili, & imperuestigabili*
selburg. pag.
18.b. MODO, DVABVS *diuersis naturis arctissi-*
Nota. *me* VNITIS, *& tamen* NON CONFV-
SIS. Nam Apostoli *docent* Filium DEI *ita*
HOMINEM *esse factum, vt non desierit*
ESSE, *quod antea* ERAT, *nempe verus*
DEVS, *& æterni Patris coæternus Filius: &*
ITA *Filium* DEI *mansisse,vt verus* HOMO
corpore & anima, porque OMNIA NOBIS
b D. Pelar- SIMILIS, *excepto peccato,esset.* Non diffi-
gus adm.de militer alius: *b* Filius DEI, inquit, NON
Aria.pag. 88 *est natus ex virgine secundum* DIVINITA-
TEM, *neque mortuus est secundum* DEITA-
TEM: *& VERE tamen natus* IDEM *&*
mortuus est secundum HVMANITATEM.
Notetur. Quis plane simili modo de Filii Dei o-
mnipræsentia pronunciare vetat, quando
de similibus idem sit iudicium? illum, videlicet, esse *Omnipræsentem* secundum Diui-
nita-

nitatem: Vere tamen esse in loco, & non
vbique secundum humanitatem? Siquidem
vt in CHRISTO duplex est natura, ita
duplex etiam scientia, potentia, præsentia, voluntas, sapientia. Et recte admo-
net Vigilius Martyr, *c ne quis, dum Nestorii* *Vigil. lib. 1.*
cont. Eutich.
perfidiam damnat, Eutichetis putetur errori
succumbere: rursum, dum Eutichiana hære- *Nota.*
sis impietatem destruit, Nestorij arguatur do-
gma erigere. Ad eum plane modum D.
Selneccerus, post eundem Vigilium, *d Selnec:*
Exeg symb.
p. 329.
pronuntiat: *d Vigilius libro secundo, capite*
quarto, inquit: Multi Orthodoxorum in duas
se partes, non diuersitate sententia, sed vo-
cis professione, diuiserunt, vt id quod E O-
D E M M O D O *sentiunt, nolint* E O D E M
M O D O *pronunciare, inutili profecto ac su-*
perfluo acti timore, vt iure illud Propheticum
eis possit aptari: e Illic trepidauerunt V B I *e Psal. 53. 6.*
non erat timor.

Hinc multi E V T I C H I A N I S T AE re- *Nota:*
putantur, quum non sint: multi N E S T O-
R I A N I putantur, esse, quum N O N S I N T.
Et tamen vides E O S luctuosis quibusdam, *Rem certo:*
acu tetigit.
& O M N I L A M E N T A T I O N E dignis
insultationibus H AE R E T I C O R V M nomine se inuicem accusare! Tu, inquit, E V T I C H I-
A N I S T A es: & tu N E S T O R I A N V S es!
Apostolica sententia in totum obliti, dicentis,
f Videte, ne quum inuicem A C C V S A T I S, *f Gal. 5. 15.*

I 4 *ab in-*

ab inuicem CONSVMAMINI ? *Rogo vos, quum*
SENSV *incolumes sitis, cur* VOCIBVS *in-*
sanitis ? ET TALE *quoque hodie Noſtrum eſt*
ſeculum, & TALES *mores. O tempora! & mo-*
res! Hæc ille poſt Vigilium. Quæ quidem ſimplicioribus abunde ſufficere poſſint : Horum tamen vberiorem Declarationem Concilio generali, pro neceſſita-

g.Prou.30.v. tatis ratione, committimus. Nam *g qui ni-*
33.   *mium emungit, elicit ſanguinem, qui autem pro-*
       uocat IRAS, *producit* DISCORDIAS.

De adoratio- Agitatur hodie quæſtio de Chriſti *ad-*
ne Chriſti.   *oratione :* Vtrum, videlicet, Humana Chriſti natura ſeorſim adoranda ſit, necne ? In
qua, Noſtro quidem iudicio, fruſtra ſeſe
quidam vtrinque fatigant velitanda, niſi
ſcitu neceſſaria diſtinxerint à non neceſſariis ad ſalutem, prout ſupra fuit præſcri-
ptum. Quæ enim hic ſunt neceſſaria ? Ni-

Neceſſaria. mirum, credere & ſcire, Chriſtum *Filium*
Dei eſſe adorandum. Hinc talis extruatur Canon : *Si quis negauerit Dei & Hominis Fi-*
lium, ſeu Deum & Hominem Chriſtum Ie-
ſum eſſe adorandum, Anathema ſit. Quis hic
rurſum detrectet dicere, *Amen?* Siquidem
vniuerſi ac ſinguli veſtrum in hoc pul-

h Pſ.95.v.8. cherrime conſentiunt, freti *h teſtimoniis,* &
Heb. .v.6. *i* exemplis fide dignis: adeo vt ne inter Arianos
i Matt.8.v.2 quidem huius ſeculi, vlli reperiantur, præ-
Luc.14.v.   ter paucos Franciſci Dauidis aſſeclas, ſic-
52.Act 7. v. ubi adhuc reperiantur, qui CHRISTVM
59.1.Cor 1.
v.2.   religio-

religiose adorandum negent. *k* Si autem CHRISTVS, inquit Cyrillus Alexandrinus, est Idem Deus *simul & Homo*, adoratur *potius tanquā* Vnus, Adoratione vna. Stat igitur sententia firma. Quæ vero hic iterum sunt non necessaria? Nimirum, curiose inquirere: Vtrum natura humana in CHRISTO seorsim sit adoranda, nec ne? Quia enim in *persona* CHRIST *inq · tura à se* inuicem nunquam diuelluntur, vtquid etiam *adoratio* diuelletetur? Cointelligentia saltem Fraterna vobis hic fuit opus, ne antequam inuicem intelligeretis, temere iudicaretis. *l Ira enim vi ri* inquit Apostolus, *iustitiam* DEI *non exequitur.* At Lambertus Danæus manifeste scribit: *Humanam in* CHRISTO *naturam non esse adorandam.* Quid tum postea? Num quæcumque Danæus, aliusue Doctor Euangelicus, scribit, mox cuiuis sunt præstanda, ac mordicus tenenda? Absit hoc à piis mentibus, quod supra iam sufficienter est declaratum, demonstratumque. Sed tamen videamus, quomodo is scribat, ne & hunc, indicta causa, damnemus: *m Totum quidem*, inquit, ille, CHRISTVM *à* NOBIS ADORARI *& inuocari*, NE PERSONAM CHRISTI (quæ VNICA *est*, ex VTRAQVE NATVRA *constans*.) *diuidamus, seu separemus. Non autem ad* TOTVM CHRISTI *ado-*

I *i* *ratio-*

k Cyril. cont. Theodoret. Anathemat. 8.

Non necessaria.

Nota.

l Iac. 1. v. 20.

Notetur.

m Lamb. Dan. Exem. Kemn. ad cap. 9.

rationem & inuocationem proprie dirigi, *ne*
NATVRAS (*quæ in ea* VNIONE IN-
CONFVSÆ *manent*) CONFVNDA-
MVS, *aut Humanam Diuinæ* EXÆQVE-
MVS. Hæcille. Quid is, obsecro, contra
fidei regulam dicit? Certe Lutherus ex eo
quod CHRISTVS *adoratur*, CHRISTVM
verum DEVM esse confirmat, inquiens:

n *Luth. in Po* n *Quisque* MAIOREM SE *adorare solet, etiam*
ftil Eccl. de *in Terra.* Iam *Angelis nihil maius est*, NISI
Nat. Chr. *vnus* DEVS. *Quare necesse est hunc Regem,*
sup. Epist. ad *quem Angeli* ADORANT, DEVM *esse,*
Heb. 1. *quem Apostoli prædicauerunt, atque Orbi inue-*
Nota. *xerunt.* Ad eundem plane modum Cy-

o *Cyril. Alex.* rillus Alexandrinus: o *Si* GLORIA, in-
lib. 12. Thes. quit, CHRISTO *debetur, vt veritatis ipsius*
cap. 1. *testis affirmat*: *Quomodo* CHRISTVS
p *Athan. o-* DEVS NON EST? Sic Athanasius: p
rat. 2. cont. *Sancti*, inquit, *siue fideles* NVLLAM
Ari. CREATVRAM INVOCANT, *vt sibi*
sit AVXILIO: CHRISTVS *ergo, cuius*
AVXILIVM *sancti implorant, est* DEVS.
Nota. Neque fallit consequens: Cui enim *ado-*
ratio competit, ille verus est DEVS, testante ipsomet Domino: q *Scriptum est,*
q *Matt. 4. v.* DOMINVM DEVM *tuum* ADORABIS.
10. *&* ei SOLI SERVIES. Atqui CHRISTO
Domino *adoratio* competit, teste Aposto-
Heb. 1. 10. lo: r *Rursum autem quum inducit primogeni-*
tum in orbem terrarum, dicit: Et ADORENT
eum omnes Angeli DEI: Ergo CHRISTVS
Domi-

Dominus eſt verus D E V S. Vnde recte D.
Iohannes infert: s *Hic eſt* V E R V S *ille* D E V S, ᷓ *s Ioh. 5. 20.*
& vita æterna. Merito igitur adorandus.
Aſt etiam verus *homo* eſt? Eſt ſane. Sed il- ᷓ *Notetur.*
le *verus* D E V S & verus *homo*, eſt vna eademque *perſona*, vt modo oſtenſum eſt. Ergo, quemadmodum *Regia purpura* (quod
ſimile communiter ex *t* Auguſtino, *u* E- ᷓ *t Aug. de*
piphanio, & aliis hic ſolet vſurpari.) *& Dia-* ᷓ *verb. Dom.*
dema , vna cum Rege illis induto & ornata, ado- ᷓ *ſerm. 58.*
rantur, quæ alioquin ſepoſita non adora- ᷓ *u Epiphan.*
rentur: Sic in C H R I S T O I E S V na- ᷓ *in Ancorat.*
tura humana cum Diuina coniunctim
adoratur , quæ alioquin (ſi poſſibile foret.) ſeparata non adoraretur: prout idem
Cyrillus diſerte ait: x N*umquid tanquam* H o- ᷓ *x Cyrill. A-*
M I N E M *adorabimus Emmanuelem? Abſit. De-* ᷓ *lexan. lib. ad*
liramentum enim hoc eſſet , & deceptio ac E R- ᷓ *Theodoſ. de*
R O R. *In hoc enim nihil differremus ab his qui* ᷓ *recta fide.*
C R E A T V R A M *colunt, ultra* C O N D I T O- ᷓ *Notetur.*
R E M *& Factorem.* Et rurſum : y *Qualem ad-* ᷓ *y Ibid. p. 271*
huc D E V M *nouerunt fideles , niſi* N A T V-
R A D E V S *eſt* C H R I S T V S , *in quem* ᷓ *Nota.*
crediderunt. Et ſi C O L V E R V N T H o-
M I N E M, *priſtini* E R R O R I S *impliciti ſunt*
laqueis. Sed quid plura ? D. Selneccerus ita breuiter totum hoc complexus eſt
negotium : z *Non adoramus humanitatem* ᷓ *z Seln. in*
S E O R S I M, *aut* P E R S E *ſubſiſtentem, nec* ᷓ *Exeg. ſymb.*
ſumus ΑΝΘΡΩΠΟΛΑΤΡΑΙ, *ſed adoramus* ᷓ *pag. 338.*
T O T V M C H R I S T V M ΛΟΓΟΝ, D E V M *per-* ᷓ *Notetur.*
fectum.

factum: non secundum S E, *in diuisa tantum natura; Verum humana natura assumpta* CAR-
NEM FACTVM, *vt Cyrilli verbis ad Theo-
dosium , vtamur. Adoremus enim* CHRI-
STVM *Redemptorem* , *Propitiatorem* , *Media-
torem* , *Iustificatorem* , *Saluatorem* , *Regem,
Pontificem , caput. Talis autem est* CHRI-
STVS *non secundum Diuinam tantum naturam , sed & secundum* assumptam *humanam
naturam,qua non* Simpliciter est *intuenda hominis & carnalibus oculis, vt* creatura *,sed etiam consideranda est, vt* Vnita *diuinitati* λό-
γῳ, *superque omnem creaturam* euecta , *ac*
Domina *omnium Creaturarum , ad dexteram*
DEI *in gloria Patris , in consessu & throno S.
Trinitatis.* Hactenus ille. Quæ quidem
neutra pars facile negatura est. Tametsi
ista, & similia magis curiosa, quam fru-
ctuosa videantur: in commune tamen
aliquid , quod ad faciliorem, in Concilio illo faceret decisionem , afferendum
operæprecium existimauimus. Viderint
ista, Viri pii Prudentesq,siquidem opus esse iudicauerint. Atque hæc de persona ad-
orationeque CHRISTI breuiter dicta
sunto.

2.
De præsentia   Quod idem de *præsentia & manducatione*
& manduca- *corporis* CHRISTI in sacra Cœna , statuen-
tione Corpo- dum esse censemus. Argutia humana hic
ris Christi. multa peperit , pro & contra, argumenta.
Sed *Concordia,* Nostro iudicio, est facilis,
dummo-

dúmodo iuxta præſcriptã regulam, necel-
ſaria à non neceſſariis creditu ad ſalutem,
accuratius ſeparauerimus. Quæ enim hic
rurſus ſunt neceſſaria? Nimirum, vt credamus, *corpus* Chriſti *in ſancta Cœná ab omni-*
bus fidelibus verè manducari, & ſanguinem eius
verè bibi. Ita enim Dominus pronunciat,
dicens: a *Accipite, comedite, Hoc eſt corpus me-*
um. Bibite ex eo omnes. Hoc eſt enim ſanguis Me-
us. b *Quiſquis autem hæc non crediderit, aut*
confeſſus fuerit, Anathema ſit. Quis rurſum
hic non dixerit, *Amen?* quando vel ipſemet, Zuinglius (cui plerunque hæc af-
fingitur opinio, quaſi *nuda ſigna, Chriſtum-*
que abſentem, in Cœna Domini, docuerit.)
palam & expreſſe ita ſcriptum reliquerit: è
Chriſtum, inquit, *credimus Verè eſſe in Cœ-*
na, imo non credimus eſſe Domini Cœnam, niſi Chriſtus adſit. *Confirmatur:* d *Vbi duo*
vel tres fuerint in nomine Meo congregati, iſt-
hic ſum in medio illorum: Quanto magis ad-
eſt, vbi tota Eccleſia eſt congregata? Quid iam
de cæteris exiſtimamus, qui multo clarius
dè iſtoc loquuti ſunt negotio? Hoc neutiquam tallere poteſt: Si corpus C H R I -
S T I verè in Cœna comeditur, & ſanguis
eius verè bibitur: Corpus & ſanguinem
C H R I S T I verè præſentia in S. Cœna
adeſſe oportet. At verum prius, neutra
id parte negante: Verum ergo & poſterius. Hæc ſimplici cuique & modera-
to in-

Neceſſaria

a Matt. 26.
v. 26. & 27.

b Canon.

c Huld. Zuing.
libel. ad
Chriſt.
Rogauu.

d Matt. 18.
verſ. 20.

Nota.

to ingenio arbitramur sufficere posse.
Iam quæ hic quoque sint *non necessaria*,
consequenter videamus: nimirum anxie
modum præsentiæ & manducationis illius exquirere. Id quod etiam pridem a-
gnouit Oecolampadius, quum ita scriberet : *e Dissidium est magis*, inquit, *de MO-
DO Præsentia vel Absentia, quam de IPSA
absentia vel præsentia. Nemo enim tam obtu-
sus est, qui asserat OMNIBVS MODIS adesse, vel abesse CORPVS CHRISTI.* Neutrum hic verum esse arbitramur. Lauda-
mus vero magis, hac quidem in parte,
modestiam D. Chemnicij, qui alicubi ad
hunc scribit modum : *f Non definimus*, inquit, *certum MODVM illius præsentia : sed
eum humiliter commendamus sapientia & O-
mnipotentia DEI. Non statuimus Physicam seu
Geometricam, crassam seu carnalem rationem
PRÆSENTIAE. Non disputamus de LO-
CALI INCLVSIONE, nec de DESCEN-
SIONE vel ADSCENSIONE Corporis
CHRISTI. Et breuiter, non sentimus Corpus CHRISTI ADESSE in Cæna MO-
DO seu ratione NATVRALI huius seculi.
Fundamentum etiam præsentia Corporis CHRI-
STI in Cæna Lutherus monuit non esse collo-
candum in disputatione de VBIQVITATE,
sed in veritate verborum in INSTITVTIO-
NE.*

Quibus non dissimilia habet Lutherus

*Non necessa-
ria.*

*e Oecolamp.
de Euchar.
dial.*

*f Chemn. in
2.part. Exa-
min.Trid.
Concil. de
reali præs.
corp.Christ.*

Nota.

g Luth. Epi.

rûs ipse , quum alicubi sic scribit : *g Ne-* *ad Heluet.*
que N O S vnquam docuimus , inquit , *nec et-* *Tom. 6. Ien.*
iam nunc docemus , quod C H R I S T V S cœ- *pag. 542.*
litus à dextra D E I visibiliter aut inuisibiliter
D E S C E N D A T vel A S C E N D A T. Fidei
articulo constanter insistimus , qui talis est : A-
scendit A D C OE L O S , sedet ad dexteram
D E I , vnde venturus est. Qua vero ratione
& M O D O Domini corpus & sanguis in Cœ-
na nobis offeratur , cum videlicet , iuxta ipsi-
us verbum C O N V E N I T V R , & ipsius ce- *Notetur.*
lebratur I N S T I T V T I O , Diuina Omni-
potentia commendamus, & relinquimus. Nul-
lius hic vel ascensus vel descensus , mentionem
facimus , sed verbis Domini simpliciter inhære-
mus , quæ sunt : H O C E S T C O R P V S
M E V M , H I C E S T S A N G V I S
M E V S.

Qualia etiam verba D. Lutheri citat,
confirmátque D. Selneccerus in sæpius *h Exeg pag.*
commemorata *b Exegesi symboli Apostoli-* 309.
ci & Niceni , quo studiosum ablegamus
Lectorem. Auctoritates vero eiusmodi
producimus, non quod per se existime- *Notetur.*
mus necessarias : Vtraque enim pars nouit non audiendum esse, quid hic vel ille dicat (siue Zwinglius, siue Oecolampadius, siue Chemnitius, siue Lutherus,
siue Selneccerus, & similes ab vtraq; parte.) sed quid communis omnium dicat
Dominus , quod supra patuit : Verum,
V t

vt partium finiftras de fe inuicem fufpi-
tiones facilius tollere queamus. Videt e-
nim quilibet non obefæ naris iudex, hic
perexiguum effe diffidium , indignum-
que, cuius caufa tantæ moueantur in Ecclefia turbæ. Quod fi autem nihil eorum,
quæ ex DD. Chemnitio & Luthero commemorata funt, fingendum definiendum-
que cenfeatur , fed intra illas metas fe-
dulo vtrinque fit permanendum ; age,
refecentur quoque *termini* illi , quibus
certi *modi* fingi definirique manifefte fo-
leant : quales funt, verbi gratia : i *Sacra-*
mentaliter , *fpiritualiter* , *Circumfcriptiue* , *de-*
finitiue , *repletiue* , *fignificatiue* , *figurate* , *tro-*
picôs , *metaphoricôs* , *fynecdochicôs* , *metony-*
timôs , *fecundum fe* , *realiter* , *fubiectiue* , *fub-*
ftantialiter , *effentialiter* , *corporaliter* , *oraliter*,
localiter; in, fub, cum, iuxta, per, & fi qui funt
alii, de quibus in Scripturis altiffimum eft
filentium. & tamen redditiui funt ad quæ-
ftionem *quomodo* ? quam plerique hic de-
fugere velle videntur. Animaduertitis ift-
üd? Notate, quæfumus, diligenter ? Quid
igitur? dicet aliquis veftrum. Nihilne omnino, præter externum literalem Chrifti
verborum fonum, hic ftatuendum eft? Abfit. k Non enim, inquit Bafilius, *in fono aeris,*
fed in Vi *feu* Virtute *rerum fignificatarum, pie-*
tas eft. l Scripturæ ait Hilarius, *non in legendo*
funt, fed in intelligendo. Sic Hieronymus:
m Non

Nota.

i Termini hu-
mani redditi
ui ad quaſt.
quomodo?

Notetur.

Obiectio.

Reſp. nſ.
k Baſil. lib. 1.
cont. Eunom.
l Hilar. lib.
ad enſt.
Aug.

in Non in LEGENDO, inquit, *Sed in* INTEL- *m Hieron.*
LIGENDO, *Scriptura consistunt.* Et alibi: *n lib. cont. Lu-*
Ne putemus in VERBIS *scripturarum esse Eu-* *cifer.*
angelium, sed in SENSV; *non in superficie, sed* *n Idem in*
in MEDVLLA, *non in sermonum foliis, sed in* *cap. 1. ad*
RADICE *rationis.* Dicamus ergo, fratres, *Galat.*
simpliciter : *Panem* ESSE *Corpus* CHRI- *Verborum*
STI, & Calicem ESSE *sanguinem* CHRISTI. *Christi ge-*
Sic enim Dominus Noster loquutus est, de *nuinus sen-*
pane : *o* HOC est *Corpus meum*; de poculo: *sus.*
HOC EST *sanguis meus Noui Testamenti.* Sic *o Matth. 26.*
multis facilime potest occurri contentio- *v. 26. & 27.*
nibus. Id quod etiam Lutherus agnouit,
quum ita scriberet : *p Accepit Panem*, inquit, *p Luth. de c.*
gratias agens, fregit, & dixit: Accipite, Comedite, *Babyl. de*
HOC, *id est,* HIC PANIS *quem acceperat* *Sacr. Aliàs*
& fregerat, EST *Corpus meum. Et Paulus, Non-*
ne Panis quem frangimus *est participatio Cor-*
poris CHRISTI? *Non dicit in* pane est ; *sed* *Nota.*
ipse Panis *est participatio Corporis* CHRISTI.
Quidsi Philosophia hæc non capit? Maior est spiri-
tus sanctus quam Aristoteles. Agnouit & D.
Chemnicius ita scribens : *q Et de illo quod* *q D. Chem-*
accepit, quod benedixit, quod fregit, quod discipu- *nit. Exam.*
lis dedit, de illo, inquàm, dixit: Accipite, comedite, *Conc. Trid.*
Hoc est *Corpus meum : Et ne dubium sit, An par-* *Part. 2.*
ticula demonstratiua (nimirum HOC *) deno-*
tet illud, quod Iesus acceperat, Panem *scilicet,*
& Poculum, Lucas & Paulus in descriptione *Nota.*
alterius partis manifesta adiectione diserte hoc
expresserunt: Accepit Poculum, *benedixit, dedit*

K *illis,*

illiu, & addidit: τϖτο το ποτήριον, Hoc poculum. Et Paulus 1.Cor.10.Sicut de altera parte inquit:poculum cui benedicimus, est cõmmu-
nicatio sanguinis CHRISTI:ita etiam de priori
parte inquit: Panis quem frangimus, est cõmu-
nicatio Corporis CHRISTI. Diserte igitur decla-
rat & exprimit, quid particula hoc in vtraque
parte denotet, panem scilicet, & poculum. A-
gnouit idem vniuersa Antiquitas, cuius, vt
in te omnibus nota, verbi gratia, hæc pau-
cula adduxissesufficiet Testimonia:D.Hie-

b Hieron. ad
Hedibiam.
ronymus: r Nos audiamus,inquit, PANEM,
quem fregit Dominus, deditq̃, discipulis,esse corpus Saluatoris,ipso dicente ad eos: Accipite,come-
dite, hoc est corpus meum, Augustinus quoq;

f Aug. Serm.
ad Infant.
Quod videtis panis est, & Calix, quod etiam o-
culi renunciant; Quod autem fides postulat in-
struenda, panis est corpus Christi, & Calix

t Chrys.hom.
24.in 1.Cor.
10.
sanguis. Sic quoq; Chrysostomus : t Quidnam est panis? inquit, CORPVS CHRI-
STI. Quid autem fiunt, qui accipiunt Corpus
CHRISTI? Non multa, sed VNVM COR-

G Theodoret.
dial. 1.
PVS. Sic Theodoretus. v In Mysteriorum
traditione, inquit, CORPVS PANEM ap-

x Gelas.adu.
Eut. &
Nest.
pellauit, & sanguinem id quod in Calicem in-
fusum & commixtum est. Sic Gelasius: x Certe
Sacramenta, inquit, qua sumimus corporis &
sanguinis Christi, diuina res est : propter quod
& per eadem Diuina efficiemur consortes natura,
& tamen esse non desinit substantia vel natu-

Conciliatio
doctrina de
prasentia
rà panis & vini.His ita præsuppositis, facile iam,nostro iudicio, cõciliari potest controuersia de prasentia & manducatione cor-

poris *Christi*, dummodo ex vtraq; parte cũ
Philippo Melanthone, olim in hoc negotio plurimũ laboráte, statuerimus: *y* CHRI-
STVM *adesse* hominis *causa, non propter pané:*
Verba enim non recitantur propter panem,
sed propter auditorem. Quæ profecto neutra pars negatura est. Et ratio manifesta est:
Quia *Christus*, teste Apostolo, *habitat per fi-*
dem in cordibus nostris, non autē in *pane* &
Calice: prout promisit: *Ego vobiscum sum*, inquit, non cũ pane & calice. Adest ergo etiã
per fidem, cui omnia sunt præsentia, atq; vt
Chrysostomus ait: *b Dum in hac vita sumus, vt*
terra nobis Cœlũ sit facit hoc Mysterium. Adest
autē non propter *pané & Calicē*, sed propter
homines in eũ *credentes*, verbo eius obedien-
tes, institutumq; ipsius exequentes, vt diserte promittit: *c Vbi duo vel tres in medio eorũ.*
d Quomodo vero Christ9 habitet *in cordibus no-*
stris, ait Chrysostomus, *audi* Christũ ipsum:
Veniemus inquit, ego & Pater, ac Mansionem
apud eum faciemus. In cordibus fidelibus, in di-
lectione ipsius radicatis, nõ *circumfluctuantibus.*
De hoc toto negotio clariss. D. Buerus in
suo *aureo libello*, tale scriptũ reliquit: CHRI-
STI *verba sunt: Vbi duo vel tres in nomine meo*
congregati fuerint, ibi ego ero in medio eorum.
In Eucharistia rite celebrata coitur in nomine
Christi. *In mundo nos sumus, & alicubi, & vbi*
vbi sumus, Christus est in medio nostri, qui
tamen in mundo non est, & habitat in cor-
dibus nostris, sed FIDEI, *nulla sensuum,*

vel

corporũ Christi.
y Oper. Phil. Mel. p. 209.

2. *Eph.* 3.
v. 17.
a *Matth* 28.
v. 20.

b *Chrys.* hom. 24. in 1. Cor. 15.

c *Matth.* 18.
v. 20.
d *Chrys. Comm. in Eph.* 3. f. 7.

e *Bucer. li-bell. aur. de vi & effic. Minist.*

Nota.

vel rationis comprehensione, aut contactu. Et quo-
modo absit caput corpori suo? Ista sane moderatis ac minimè contentiosis sufficere
possent ingeniis, multisque præcideretur
ansa friuolis inutilibusq; ociosorum quæstionibus, de CHRISTI *Corporis extensione,*
infinitate, incircumscribilitate, illocalitate, vbi-
quitate, inexistentia, ac repletione omnium re-
rum, locorum, ac materiarū, transsubstantiatio-
ne, consubstantiatione, conglutinatione, impana-
tione, locali inclusione, descensione & ascensio-
ne, affixione, mixturâ, durabili vnione extra v-
sum ab ipso institutum, & si quæ præterea sunt
hac de re, *à Logomachia,* ab ipsomet Apostolo prohibitæ, neque omnino scitu ad salutem necessariæ. Simplex ergo omnium
nostrūm sententia est: Nos manducare verum corpus; & bibere verum sanguinem
Domini nostri IESV CHRISTI, *non*
absentis, sed iuxta promissionem eius, in
Cœna sacra. *præsentis:* prout etiam nostri in
è Consensu expressè & clare loquuntur: *Credi-*
mus & confitemur substantialem præsentiam
CHRISTI, *non significari duntaxat, sed ve-*
rè in Cœna Eo vescentibus, repræsentari, *distri-*
bui, & exhiberi Corpus *& sanguinem* Domini, *Symbolis adiectis* minimè nudis, *secundum*
Sacramentorum NATVRAM. Quod to-
tum Concilio illi iudicandum, discutien-
dumque relinquimus.

Veruntamen, vt hæc quoque finis im-
pona-

Quæstiones
resecandæ.

à Tim. 6.
v. 4.
Simplex o-
mnium sen-
tentia.

è Consen.
Sendom. An.
1570.
Nota.

Indagatio

ponatur quæstioni, præsentiaque & manducationis Corporis CHRISTI, certus,
propter inquietos, declaretur *modus*: Censemus etiam, in illo Concilio, aliquid ex verbo DEI, analogiaque fidei, de isthoc statuendum ac definiendum esse, *modo.*
Quod si nos in eo perfectum non attingi-
mus scopum, ignosci nobis à sapientiori-
bus Theologis, imo instrui potius ab iisdem, obnixe rogamus. Exponendum e-
nim est, quod candide sentimus, illis interea, vt perfectiora adferant, nosque in
his emendent ac erudiant, sedulo com-
mittentes, perquam DEVM orantes. Ergo de hoc *modo* ita simplicissime statuimus:
Quoniam *f Carni* in scriptura diserte op-
ponitur *Spiritus*, dicente Domino: *g SPI-*
RITVS est, qui viuificat, Caro non prodest
quicquam: Verba quæ ego loquor vobis Spiritus
& vita sunt. Proculdubio etiam *carnali* seu
corporali manducationi opponenda est *Spi-*
ritualis, mystica, seu sacramentalis manducatio & bibitio. Vnde Chrysostomus, Bucerus, & alii, post Apostolum, mentionem
h Fidei, per quam CHRISTVS habitat in cor-
d.bus nostris, faciunt. Vtrinque autem post
D. Augustinum agnoscitis: *Corpus & san-*
guinem CHRISTI, *cibum & potum non esse*
ventris, sed mentis, hoc est, non corpora-
lem sed spiritualem. Quidni etiam *modum*
hunc determinemus esse *spiritualem* ? De

modus cer-
tus præsentiæ
Christi.

Notetur.
f Matth. 16.
v. 18.
l. Pet. 3. v. 18.
g Ioh. 6. v. 63.

h Vide su-
prà.

i Grat. de
Cons. dist. 2.
C. vt quid.
Nota.

K 3   quo

quo olim, teſte Sleidano, optime inter
Theologos Euangelicos conuenit : *k Vna*
eſt,inquit ille, horum omnium opinio, corpus
& ſanguinem Chriſti ſpiritualiter,non cor-
poraliter,nec ore,ſed cordi ſumi. Ita quoque
Melanthon,inter alias Patrum ſententias,
hanc etiam ex Gratiano D.Auguſtini pro-
fert ſententiam:*l Intellexiſti,* inquit, *SPIRI-*
TVALITER, Spiritus & vita ſunt.Intellexiſti
Carnaliter, *etiam ſic illa Spiritus & vita ſunt,*
ſed tibi non ſunt Spiritus & vita,qui ſpirituali-
ter non intelligis. Spiritualiter *intelligite, qua*
loquutus ſum. Non hoc *corpus quod videtis man-*
ducaturi eſtis (carnaliter) *& bibituri illum*
ſanguinem , quem effuſuri ſunt , qui me cruciſi-
gent : Sacramentum *aliquod vobis commenda-*
ui , ſpiritualiter intellectum *viuificabit vos,*
Caro *autem non prodeſt quicquam.* Sed quomodo illi *intellexerunt , ſic reſponderunt, car-*
nem *quippe ſic intellexerunt* , ſicut *in* Macello
venditur,aut in cadauere *dilaniatur.*Hęc ille.
Iam qualis verborum Domini eſt intellectus,talis quoq; procul dubio eſt *manduca-*
tio Corporis, & *bibitio* Sanguinis CHRISTI.
Sed intellectus verború Domini, vt modo
patuit , eſt *ſpiritualis.* Ergo *manducatio* Corporis,*& bibitio* ſanguinis CHRISTI eſt *ſpi-*
*ritualis.*Porro,qualis eſt manducatio *& Cō-*
munio,talis quoque,noſtro iudicio,eſt prę-
ſentia Corporis & ſanguinis Chriſti. Manducatio autem illa & *Cōmunio* eſt ſpiritualis,

lis, vt modo fuit demonſtratum. Ergo & præſentia Corporis & ſanguinis Chriſti eſt ſpiritualis. Simplex igitur, nec plane incō- ueniens, idq;iuxta *m fidei analogiam*, omniū noſtrum ſententia, hæc eſt : (Saluo tamen aliorū, preſertim *Concilii*, meliori iudicio.) Quoniam *panis & vinum* ſunt nobis *Corpus & ſanguis* Domini noſtri : Vt igitur panis & Vinū ſumuntur *ore* corporeo, iuxta dictū; n *Accipite, comedite, Bibite, o Quotieſcunꝗ ederi- tis & biberitis*, (quæ manducatio & *Commu- nio* à Theologis vocatur *Corporalis & Oralis*) ita Corp⁹ & ſanguis Domini noſtri ſumū- tur *puro corde*, hoc eſt *p fide*, per quam *puri- ficantur* corda *noſtra*, & *q per quam* Chriſtus *habitat in* cordibus noſttis, iuxta dictum: H O C *eſt Corpus meum*, *& hoc eſt ſanguis me- us* (quę manducatio & *Communio* ab iiſdem vocatur *ſpiritualis*. Vtraq; autem ſimul con- iuncta, conſtituit manducationem & *Com- munionem* illam, quæ ab iiſdem Theologis appellatur, *Sacramentalis*.) r Definio igitur præſentiamChriſti, ait D. Bucerus, *quęcunꝗ à nobis percipitur vel ſacramentis*, *vel ex verbo Euangelii tantum*, *eſſe apprehenſionem & fruitio- nem* Chriſti *Dei & hominis, vt noſtri capitis regnantis in cælis & manentis atꝗ viuentis in no- bis, quā nulla ratione huius ſeculi, ſed fide perci- pimus & fruimur, oblatam verbo & ſacramentis: Vim autē eius percipimus cunctis noſtri partibus & viribus, cum* Chriſti ſpiritu *illa ſanctifican- tur & ad obedientiam vitamꝗ Dei renouantur*

Simplex Po- lonorum ſententia.
m Rom 12. ꝟ. 6.

*n Matth. 26. v. 26.
o 1. Cor. 11. ꝟ. 26.
Manduca- tio corpora- lis ſpiritualis & ſacra- mentalis.
p Act. 15. ꝟ. 9.
q Eph. 3. ꝟ. 16.
Nota.*

r But. aur. lib de Vi & vſu ſac. Mi- niſt.

Nota.

Præfens enim dicitur. fecundum aliquam eius,
cui quis præfens dicitur, perceptionem. Ita adeffe
& præfentes effe dicimus, quos auditu tantum vel
vifu adeffe percipimus. Cum iam perceptio fidei
fit multo certior, omni comprehenfione fenfuum
vel rationis: quare non dicamus CHRISTVM
caput noftrum, præfentem nobis fuis membris,
apprehenfum fide, & viuentem, inhabitan-
temque in nobis? Sed clarius hoc Myfterium
quondam expreffit D. Brentius, quum ita

f Brent. fup.
Euang. Ioh.
cap. 6.

fcriptum fuæ pofteritati relinqueret: f Eft,
inquit, duplex homo, internus & externus,
fpiritualis & Carnalis. Proinde in Sacramento
offertur per verbum interno & fpirituali homini fuum bonum, hoc eft, fpirituale, externo
autem fuum, hoc eft Externum. Iam fpiritualis
non exatiatur fignis, fed rebus, non impletur
vmbris, fed veritate: Ita in Sacramento exhi-
betur non folum Externo homini Externum
fignum: Sed etiam Interno homini res & veritas ipfa: pulchra, fcilicet, difpenfatione, vt Externus homo habeat fua Externa cognata, &
fpiritualis interna fua conuenientia. Et paulo
inferius: Ad eundem modum de Cœna Domini
differere licebit: Edit quis Panem Cœna, & bibit
vinum Quare? Vt corpus cibet? Non hoc quæri-

En? vt cibus
hic non fit
Ventris &
dentis, fed
mentis.

tur, fed aliud. Si enim folum Corporis cibum &
potum quis quærat, ad piftores & vinitores eat, a-
pud quos hæc multo fapidiora reperiat quam apud
Miniftrum Ecclefia. Itaque in Sacramento non
quæritur cibus duntaxat Corporis, fed & fpiri-
tua-

rualis. *At* Caro *&* sanguis *sunt vere cibus & potus* spiritualis. *Proinde vt per verbum, ita per* Sacramentum *fidei offeruntur & dantur* Corpus *&* sanguis *: Vt habeat* Externus *homo sua externa* panem *&* vinum *: Internus vero sua interna & spiritualia* corpus *&* sanguinem *in* Mysterio *donata.* Hæc il'e nostro iudicio, non minus perspicue quam orthodoxe. Nec dissimiliter loquitur ipsamet *Confessio & Apologia Augustana* quum ita inquit: *t* De vsu sacramentorum docent. Sacramenta instituta esse, non modo vt sint notæ professionis inter homines, sed multo magis, vt sint *signa & Testimonia voluntatis* Dei *erga nos. proposita ad excitandam & confirmandam* fidem *in his, qui vtuntur eis. Itaque vtendum est Sacramentis ita, vt accedat* fides, quæ *credat promissionibus, quæ per Sacramenta exhibentur & ostenduntur. Hac* fide accipimus promissam *gratiam, quam* Sacramenta *significant, & Spiritum sanctum.* Et iterum : *v* Sacramenta *sunt* signa voluntatis Dei *erga nos, non tantum* Signa *sunt hominum inter sese. Et rectè definiunt Sacramenta in nouo Testamento esse* signa gratiæ. *Et quia in* Sacramento *duo sunt,* lignum *& verbum,* verbum *in nouo Testamento est promissio* Gratiæ additæ *figno.* Promissio noui Testamenti *est* promissio *remissionis peccatorum, sicut* Textus *hic dicit:* Hoc est Corpus meum *quod pro* vobis datur: Hic est Calix noui Testamenti in *sanguine meo qui pro multis effundetur in remissionem peccatorum.*

t Confes.
Aug. Art. 13.

Nota.

v Apol. Augu. de Vsu sacr. & de sacrif.
Nota.

K 5

torum. Verbum *igitur offert remißionem peccatorum, & Cæremonia eſt quaſi* pictura *verbi, ſeu* ſigillum *oſtendens promißionē.* Hinc quoq; ſunt variæ Patrum hyperbolæ, quibus illi Fidelium animos abſtrahere ſunt conati à terrenis hiſce elementis, ſiue *Signis* quæ videntur oculis, accipiuntur manu, manducanturq; & bibuntur ore corporis, ad cæleſtia illa bona, quæ creduntur, hoc eſt, videntur, tanguntur, accipiuntur, manducaturq; & bibuntur *fide,* ſeu corde (ex quibus Pontificii ſuam *Transſubſtantiationē* inepte colligere ſolent) quandoquidem, vt ait Auguſtinus, x *in Sacramentis non quid ſint, ſed quid oſtendant, attendendū eſt.* Vnde ſolennis illa veterum adhortatio y *Surſum corda!* *Habemus* ad Dominum z *O quot modo* dicunt aiebat Chryſoſtomus, *Vellem formam & ſpeciem eius, vellem veſtimenta ipſa, vellem calceamenta videre!* Ipſum *igitur* vides: Ipſum *tangis,* Ipſum *comedis.* Et iterum : a *Qua igitur re mundiorem eſſe non oportet eum, qui hoc ſacrificio participaturus eſt? quos radios ſolares non deberet excedere* manus illa, *qua hanc coronam pertractat? Os, quod igne impletur ſpirituali?* Lingua, *quæ* cruentatur *hoc admirabili ſanguine? Veniat tibi in mentem, qua ſis* honore honoratus? *qua* Menſa fruaris? *Et alibi:*b *Quid facis homo?* inquit, *Non promiſiſti ſacerdoti, qui dixit :* ſurſum *mētem* corda? *& dixiſti:* Habemus ad Dominum! *Non reuereris & erubeſcis? Et illa ipſa* *hora*

hora mendax inueniris? Pape, menfa *Myfterio*
inftructa eft, & Agnus Dei pro te immolatur,
*facerdos pro te angitur,*sāguis fpiritualis *ex fa-*
cra menfa *refluit, Seraphim adftant, fex alis fa-*
ciem fuam tegentia,omnes incorporeæ virtutes pro
te,cũm facerdote,intercedunt, Ignis fpiritualis
è cælo defcendit, fanguis *in cratere in tuam puri-*
ficationem ex immaculato latere hauftus eft. Et
non erubefcis,reuereris, & confunderis? Ita quoque D.Cyprianus, vel quifquis Author eft
fermonis de Cœna Domini: *c Cruci hæremus* *c Cypr.Serm.*
inquit, *fanguinem* fugimus, *& intra ipfa Re-* *de Cœna D.*
demptoris noftri vulnera figimus linguam,
quo interius & exterius rubricati, *à fapientibus*
huius feculi iudicamur amentes.d Ad altæ eum o- *d Chryf.*
portet contendere, ait D.Chryfoftomus, *qui* *hom. 24. in*
ad hoc Corpus accedit, & nihil cum terra debere *1.Cor.10.*
ei effe commune, neque ad inferiora *trahi & re-*
pere: Sed ad fuperiora *femper volare, & in* fo-
lem *Iuftitiæ intueri, mentisque oculum acutiffi-*
mum habere. Aquilarum *enim, non* Graculu-
lorum *hæc* menfa *eft.* Sed de his iam plus fa- *Nota.*
tis dictũ fit. Viderit fuper hoc toto negotio
Concilium illud, quod fupra flagitauimus.
Nos interea temporis, cum piis & Orthodoxis credamus & confiteamur, *CHRISTI*
Domini corpus & fanguinem vt in Cœna
fpiritualiter eft præfens, ita quoq; fpiritualiter per fidé à nobis manducari & bibi, tã
certe,quam Sacramenta ifta, panem & vinum,ò menfa Domini, manuque minifti
cor-

corporaliter accipimus, edimus, & bibimus. Neque arbitramur (nisi; nos opinio fallit.)*Concilium* aliter super hac re, quam vt ostendimus, decreturum. Nihil tamen hic præiudicatum volumus.

Iam quod nonnulli quærunt: Quidnam accipiant *indigne edentes & bibentes*? hoc est, infideles ac impii, dum Cœnæ Dominicæ participant? Eam sane Quæstionem, hominibus Christianis, non necessariam, imo indignissimam, qua multorum conscientiæ torqueantur, censemus esse. Horum enim est, non quærere, quidnam *mali* homines accipiant? Sed præparare se potius, vt accipiant illud, quod Dominus eis in Cœna sua porrigit. Quid enim id nostra? quid illi accipiant, aut non accipiant? Videamus nos vt accipiamus, quicquid nobis Dominus in Ministerio verbi & sacramentorum suorum, dat donatque, nempe Corpus & sanguinem suum, vna cum omnibus cælestibus æternisque suis bonis. Id inprimis arbitramur esse necessarium. Impij vero & infideles sint etiam pro se ipsis solliciti, ni cum *e Iuda* proditore Domini æternum perire velint. *Sicut enim promissio inutilis est* (inquit Apologia Augustana) NISI FIDE *accipiatur, ita inutilis est* Cæremonia, *nisi* fides *accedat, quæ vere statuit hic offerri remissionem peccatorum.* Videte autem; dum multi *g indigne manducantium & bibentium*
caussa

De indigne manducantibus & bibentibus.

Nota.

Necessarium hac in controuersia.

e Ioh. 13. v. 27.
f Apol. Aug. de vsu sacr. & sacrif.
Nota?
g 1. Cor. 11. v. 17.

caufa nimis folliciti funt, iudicant, damnant, ac deteftantur fe inuicem : Suam interim falutem negligunt, imo fic peffun-
dandam proftituunt; quidnam boni in eo
agant? Et num, iuxta præceptum Apoftolicum opream dent *b* *vt quieti fint, & proprium agant negotium?* & num *i cum timore ac tremore fuam ipforum falutem operentur?* Sane
hęc quæftio inter curiofas, otiofas & noxi-
as magis, quam neceffarias, deputanda, ac
proinde vel intotum repudianda eft. Atq;
eo magis, quum fit vna ex infidiofis quæ-
ftionibus, quas quidàm, explorandi ac
perfequendi caufa, proponere fufpectis de
religione, iampridem docuerunt: *k An*, videlicet, *credat indignos, fide carentes, corporaliter feu ore corporeo accipere Corpus & fanguinem CHRISTI?* Quæ enim fcriptura
hifce tot terminis vtitur vfquam? Quæ ne-
ceffitas vrget, prætextu huius Quæftionis,
fratrem, quomodocunq; ad eam refponderit, rejicere, damnare, loco mouere, aut
interficere. *l Pharifaicum* eft, imo *m Hifpani-
tum*, infidiofis Quæftiunculis iugulum alterius petere. *Chriftianum* vero eft: *n Si præ-
occupatus fuerit homo in aliquo lapfu, vos Spi-
rituales inftaurate huiufmodi in ſpiritu MAN-
SVETVDINIS*, vt docet Apoftolus. Certum quidem, noftro iudicio, eft impios ac
infideles illud confequi haudquaquam
poffe, quod confequuntur pii & fideles:
                Horum

*b 1 Theff. 4.
v. 11.
i Phil. 2:
v. 12.*

*k Simon
Paul. Me-
thod. part. 3.
de Cœna
Dom. p. 144.*

*l Matth. 12.
v. 16.
m inquifitio
hæretica pra-
uitatis.
n Gal. 6. v. 1.
Notetur.*

Legatur
Præf.Luth.
ad Fratr.
Conf. Boem.
o *Ifa. 1. v. 11.*
p *Ioh. 6. v. 56.*
q *Ibid. ᴪ. 57.*
r *Ibid. v. 54.*

f *1. Ioh. 3.*
ᴪ. 36.
t *Ioh. ᴪ. 36.*

ᵛ *Aug. lib.*
21. de Ciuit.
D. cap. 25.

x *1. Cor. 11.*
v. 27.

y *Ibid. ᴪ. 29.*

Nota!

Horum enim, cultum D E V S approbat, à
illorum vero manifeste improbat. Certum
quoq; est quod Christus asseuerat inquiens: p *Qui edit* meam *Carnem, & bibit meum*
sanguinem, in me manet, & E G O m E O. Item:
q *Qui ederit me, viuet ipse quoque per* M E. Item:
r *Qui edit* carnem meam *& bibit* M E V M
sanguinem, habet vitam æternam, *& ego susci-*
tabo ipsum in nouissimo die. Iam vero inside-
les ac impij, non manent in C H R I S T O,
nec viuent per E V M, neque f *habent vi-*
tam æternam in se manentem, t *sed* Ira Dei manet *super eos.* Quomodo ergo tantundem
accipiunt atque fideles ac pij homines? hoc
est, quomodo manducant carnem & bi-
bunt sanguinem Domini? Nam ex effectu
causa cognoscitur. ᵛ *Non dicendum*, inquit
Augustinus, E V M manducare *corpus* C H R I-
S T I, *qui in corpore non est* C H R I S T I. Sed
siquidem adeo censetur graue negotium
cur non super hoc consulimus ipsummet
Apostolum? *Quisquis ederit* panem *hunc, vel*
biberit hoc poculum Domini *indigne*, reus te-
netur *Corporis &* S A N G V I N I S D O M I-
N I, Et rursus: y *Nam, qui* E D I T *&* B I B I T
indigne, *damnationem sibi ipsi edit & bibit, non*
discernens Corpus D O M I N I. En! manifeste
indicat, *indigne* edentes vel bibentes, *edere*
panem *hunc & bibere* poculum Domini, *reosq;*
fieri *Corporis & sanguinis* D O M I N I, ac proinde, *Iudicium siue damnationem sibi edere &*
                                                bibere,

bibere, nòn difcernendo *Corpus* DOMINI!
Quid hic requirimus vltra? Hoc ergo fimpliciter teneamus finguli, nec quæftioni-
bus variis nos inuicem diuexemus. Nam
quod ad dicta SS. Patrum attinet, Etfi per
omnia præftare non teneamur, quicquid
hic vel ille, vel alius, hac in parte, fenferit,
fcripferit, tradideritue, quod fuo loço pla-
num fecimus: Nihil tamen hic ineft difficultatis, propter quod vllo modo tergi-
uerfandum cenfeamus: dummodo cum
iifdem *Corpus* DOMINI, & PANEM DO-
MINI pro eodem accipiamus, id eft, pro
pane illo, qui nobis eft *Corpus*, & pro *poculo*
illo, quod nobis fimiliter eft *fanguis* DO-
MINI, in Cœna. Quod præclare oftendit
D. Auguftinus, quum de Difcipulis CHRI-
STI & Iuda proditore eius, fic fcriberet:
x ILLI, inquit, *manducabant* PANEM DO-
MINVM: ILLE *vero panem Domini con-*
tra Dominum. *a* PANIS DOMINI, ait
D. Selneccerus, *eft facramentalis Euchari-*
ftia, in qua PANIS DOMINI *eft* Corpus
DOMINI. Nam Dominus vocat PANEM
Corpus fuum, vt Auguftinus alibi inquit. Et no-
tum eft illud Irenæi lib. IV. CAP. XLIV. *Panis*
DOMINI *Corpus eft Domini. Et Ambrof. lib.*
IV. *de facram cap.* IV. *Panis eft* Corpus *CHRI-*
STI *& Domini. Et Hieron. Panis quem fregit*
Dominus, *& dedit Difcipulis, eft Corpus Domi-*
ni Saluatoris. PANIS DOMINVS *eft* fpi-
ritualis *Euchariftia, de qua Ioan* VI. *dicitur:*
Ego

De dictis SS.
Patrum.

x Auguft.
Tract. 19. in
Ioh.
a Selnect.
Exeg. in
Symb. fub
fin.
Panis Domi-
ni.
Nota.

Panis Do-
minus.

Ego sum panis *viuus* , *qui de cælo descendi* , *vt si*
quis manducauerit ex hoc pane *non moriatur,*
sed viuat in æternum. Hunc panem non manducant mali. Hactenus ille: qui ibidem
hanc vtiliffimam , de dictis SS. Patrum

b *Soln. vbi*
supra.

tradit regulam : *b Vbicunque Patres negant*
malos tarnem seu Corpus C H R I S T I *mandu-*
care ,& fanguinem eius bibere , ibi *diftincte lo-*
quuntur de manducatione bonis *propria,&* fpirituali,*quæ eft Iob. 6. Cuius non funt participes*
mali *& indigni. qui* panem Domihum *non*
comedunt , & rem Sacramenti non habent.
Hinc facile colligere eft , *malos* , tametfi fa-
ctamentum, hoc eft, *panem Domini* in Cœna manducent, non tamen *Rem Sacramen-*
ti, hoc eft panem D O M I N V M (quod *Cor-*
pus Chrifti eft) manducare. Sed de quæftio-
ne nihili plura , quam voluimus diximus,

3.
De *prædefti-*
natione Di-
uina.

Quoad *prædeftinationis* Diuinæ articulum;
hunc quoque nulla difficultate conciliari
poffe confidimus ; fi modo hic fcriptæ re-
gulæ fuerint obferuatæ ; videlicet vt nos
intra S. fcripturæ metas & fines contineamus, ac neceffaria fcitu ad falutem à non
neceffatiis, diligenter feparauerimus. Quæ
enim hic iterum funt neceffaria ? Nimi-

c *Eph.*1.*v.* 4.
Signa ele-
ctionis.

tum, vt credamus *c* N O S *à* D E O E L E-
C T O S *in* C H R I S T O *ante mundi iacta fun-*
damenta: vtque electionis noftræ figna certa diligentius in nobis confideremus; quæ

1.

funt: Primum *Spiritus fanctus*, teftante Apo-
ftolo:

ſtolo: d Non enim accepiſtis Spiritum ſeruitutis
rurſus ad metum, ſed accepiſtis Spiritum adoptio-
nis, per quem clamamus Abba, Pater! Qui ipſe
Spiritus teſtatur vna cum Spiritu noſtro, nos eſſe Filios DEI. e Per hoc nouimus CHRISTVM
habitare in nobis, inquit alter, nempe ex Spiritu quem nobis dedit. Alterum eſt vocatio efficax per Euangelium, de quo Apoſtolus: f
Quos praedeſtinauit, eos etiam vocauit, & quos
vocauit, eos etiam iuſtificauit, quos autem iuſtificauit eos etiam glorificauit. Eſt enim g EVAN-
GELIVM potentia DEI ad ſalutem cuiuis cre-
denti, Iudaeo primum, tum etiam Graeco. Pro-
ponitur autem Euangelium dupliciter:
Verbis & ſignis. Verba ſunt omnes pro-
miſſiones ſalutis; qualis inter caeteras, illa
eſt: b Vt OMNIS qui credit in eum, non pereat,
ſed habeat vitam aeternam. Signa autem ſunt
Sacramenta, quaſi promiſſionum ſigilla,
vt; i Qui crediderit verbis promiſſionis, &
BAPTIZATVS fuerit, ſeruabitur, qui vero
non crediderit, condemnabitur. Et k vnus eſt panis; vnum Corpus nos illi multi ſumus: nam O-
MNES ex vno pane (& Calice) participamus.
Tertium eſt fides illa, per quam l CHRISTVS
habitat in cordibus noſtris. m Qui enim credit
in filium, habet vitam aeternam, qui vero non ob-
temperat Filio, non videbit vitam, ſed Ira Dei
manet ſuper eum. n Et crediderunt quotquot
erant ordinati ad vitam aeternam. o Vos non creditis, non enim eſtis ex ouibus illis meis. p Vos

L   ipſos

Marginal references:
Rom.8.⸖.15
1.Ioh 3: v.24.
f Rom. 8. v. 30.
g Rom.1. v.16.
Euangelium vt propona-tur.
b Ioh.3. v.16.
i Marc. 16. v. 16.
k 1. Cor.10. v.17.
l Eph 3 v.17.
m Ioh. 3. v 36.
n AB. 13. v 48.
o Ioh. 10. v.26.
p 2. Cor. 13. v. 5.

ipfos tentate, an fitis in fide, *vos ipfos probate: an non agnofcitis vofmetipfos videlicet* IESVM CHRISTVM *in* VOBIS ESSE? *nifi reiectanei eſſis.* Quartum fignum, funt *bona opera,* de quibus Apoftolus ait: *q Quos prænouit, etiam prædeſtinauit,* CONFORMAN- DOS *imagini Filii ſui, vt* IPSE *fit primogenitus inter multos Fratres. r* Elegit nos, VT SI- MVS *Sancti & inculpati coram* EO *in* CHA- RITATE. *ſ Quapropter,* inquit alter, *fratres potius ſtudete* VOCATIONEM *&* ELE- CTIONEM *veſtram firmam efficere,* per bona opera *hac enim fi feceritis, nunquam impingetis.* Quifquis ergo aliquid horum, in fe ipfo, fignorum fenferit, quidni certo ftatuat, fe quoque ad vitam æternam eſſe electum? Hoc de articulo tametfi diuerfimode ab vtraque doceatur parte, *Concordia* ramen, iudicio noftro, eft facilis. Quippe cum v- traque pars eundem, in docendo, fequatur ac teneat fcopum: Galli enim *Heluetii,* & qui eos fequuntur, procedere hic folent, quod dicitur *à priori,* hoc eft, ab æterna prædeftinatione & electione DEI, defcenduntq; ad *poſterius,* hoc eft, ad effecta illius prædeftinationis, fiue electionis Diuinæ, nimirum, ad vocationem, iuxta t Apoftoli- cam gradationem, ab hac ad iuftificatio- nem, ab hac rurfus ad glorificatioñe, prout in altero figno oftenfum fuit. *Saxonici* autē cum aliis Theologis, procedunt modo in- uerſo,

4.
q Rom 8.
v. 29.

r Eph. I.
v. 4.
ſ 2. Pet. I.
v. 10.

Conciliatio partium.

Heluetii.

t Rom. 8.
v. 30.

Saxonici.

ljerſo, Nimirum, *à poſteriori* ſiue effectu electionis Diuinæ, qui inter alios eſt *fides* Euangelio, ſiue audito, ſiue lecto, habita: iu-
bentque in hac, veluti in anchora ſacra,
conquieſcere. Aſcendentes autem in Gra-
datione Apoſtolica, incipiunt à fide ad vocationem, ab hac deinde ad prædeſtina-
tionem, ſeu electionem Diuinam, ab illa
demum ad prænotionem. Quorum vtrunque ſane probamus docendi modum. Si
quis enim quærat: Qui nam homines æternum ſaluabuntur? Reſpondet vtraq; pars:
Pœnitentes & credentes Euangelio; Et recte. Sic enim Dominus ait: *v Reſipiſcite, &*
tredite Euangelio. Si porrò quæratur: Quinã
ſint illi reſipiſcentes & credentes Euangelio? Reſpondent illi; Soli Electi Dei vocati, qui ſunt vera Eccleſia Dei. Nec abs re.
Hoc enim innumeris S. ſcripturæ teſtimoniis confirmatur. Qua de re videatur Gui-
lielmus x Withakerus inter alios, qui multis argumentis probat *veram Dei Eccleſiam*
ex ſolis Electis conſtare, quæ hic repetere nihil
attinet. Quod ſi prætereà quæratur: Quinam ſint illi Electi vocati *& Eccleſia Dei?*
Reſpondent iſti: Soli pœnitentes & credentes Euangelio. Nec iniuria: Extra e-
nim pœnitentes & Credentes Euangelio difficile eſt inuenire Electos DEI vocatos, & Eccleſiam. Quod rurſus innumeris probari poteſt ſcripturæ Sanctæ

Conciliatio:
Not b.

v Mar. 1
c. 15.

x With. de
Eccl. cont.
Bell. quæſt.
1.

b 2   teſti-

Teſtimoniis. Nec eſt, quod ſciamus, qui
vtrinque contradicere velit. Ex his ergo

Canon. iam talem extruamus Canonem: *Quiſquis
negauerit eoſdem eſſe electos* D E I *, quos credentes, utque ad eos ſolus promiſsiones vniuerſales eſſe reſtringendas, Anathema ſit.* Quis hic
iuxta præcedentem declarationem, non
dixerit Amen ? quandoquidem vtraque
pars idem plane, etſi diuerſimode, ſentiat
profiteaturque. Quod enim promiſsiones

*Vniuerſales
promiſsiones
ad omnes
credentes
ſunt reſtrin-
genda.*
*y Mar. 16.
v. 16.
z. Ioh. 3.
v. 36.
a 2 Teſſ. 3.
v. 2.
b Tit. 1. v. 1.
c. Act. 13.
v. 48.
d Rom. 3.
v. 22.
e Ioh. 8.
v. 47.
f Ioh. 10.
v. 26.
Notetur.*

vniuerſales ſint ad *omnes credentes*, qui ijdem
ſunt *electi Dei*, reſtringendæ, id quidem, ni
fallimur, neutra pars negabit. *y Qui enim
non credit, condemnabitur: & z* IRA DEI
manet ſuper EVM. Vnde Apoſtolus: *a Non*
OMNIVM, inquit, *eſt* FIDES: eſt autem
Electorum D E I : *c quotquot* ordinati *ſunt ad
vitam æternam. d Iuſtitia Dei per* fidem IESV
CHRISTI *in omnes, & ſuper omnes, qui*
CREDVNT. *Et Chriſtus: e Qui ex Deo eſt,*
verba Dei audit, *Propterea vos* non *auditis,
quia ex Deo non eſtis. f Vos* non creditis, *quia
non eſtis ex ouibus meis. Oues illa mea vocem
meam audiunt, & ego eas agnoſco; & ſequuntur me, & ego vitam æternam do eis, nec per-
ibunt in æternum, neque rapiet eas quiſquam è
manu* MEA. Videtis igitur, quam nulla hic
ſit difficultas, modo altera pars alteram in
Fraterna Charitate audiat, toleret, intelligat, ſuſtineatque? Atque hactenus neceſſaria ſcitu ſunt prolata, idque noſtro iuditio,
præ-

praeiudicantium nemini. Quae vero iterum Non neceſſa-
ſunt non neceſſaria? Sane multa, & qui- ria.
dem ſpinoſiſſima, quae multas poſt ſe tra-
hunt difficultates & incommoda. Verbi
gratia: Quaerere ſcrupuloſe de numero Ele- Quaſtiones
ctorum & reproborum, an poſſit augeri, minui? curioſa.
Item: Vtrum determinatio Diuina neceſſita-   1.
tem inferat? Item: Vtrum Deus abſoluto &   2.
occulto decreto ſuo, quosdam homines, mero   3.
voluntatis ſuae beneplacito citra reſpectum omnem
peccati ad aeternam damnationem deſtinarit?
Item, Vtrum Deus quosdam ad aeternam da-   4.
mnationem deſtinatos, ſimpliciter nolit conuerti &
ſaluari; etiamſi eos vocet? Item: Vtrum pri-   5.
mos Parentes ſimpliciter oportuerit labi, Deo id
volente, decernente, ac ordinante? Item: Vtrum   6.
decretum Euangelii de ſalute Electorum ſit Ab-
ſolutum, an vero RELATIVVM? Item: V-
trum Filius Dei abſoluto & arcano Decreto Dei   7.
non pro totius mundi peccatis, ſed pro Electorum
tantum, ſit paſſus & mortuus? Item: Vtrum λύ-
τρον Chriſti non pertineat ad omnes homines,   8.
ſed ad Electos tantum, quos Deus peculiariter be-
neficiorum Filij ſui participes fieri voluit? Item:
Vtrum Deus reprobos per Euangelium non vo-   9.
cet, aut ſi vocet, in eis non ſit efficax, vt neceſſario
in incredulitate maneant, & damnentur? Item:
Vtrum reprobi neque velint, neque poſſint conuer-   10.
ti, quod occulto Dei iudicio, in impœnitentia ſua
iuſte ſunt relicti? Item: Vtrum Electi ruentes in   11.
peccata contra conſcientiam, retineant, an amit-

L 3   tant

tant gratiam, Spiritum sanctum, & fidem ? I-
tem: *Vtrum aliquis Libro vitæ inscriptus, possit*
inde rursum deleri & non scriptus inscribi? Item:
Vtrum alii ad pie viuendum sint prædestinati, vt
non possint non nisi bene agere, alii vero ad male
agendum, vt non possint non nisi peccare ? Item:
Vtrum inter Electos & Reprobos sint aliqui Me-
dii, de quibus certo pronunciari nequeat, ad
quem ordinem pertineant ? Item: *Vtrum alia*
sit voluntas D E I *abscondita, qua alios ab æter-*
no elegit, alios reprobauit: alia vero reuelata,
qua vniuersis ac singulis, absque respectu persona-
rum, salutem per Euangelium offert ? Et quis
tandem omnes eiusmodi Labyrinthos e-
numerare posset ? de quibus, quia scripturæ SS. nó ita clare aperteque loquuntur, vt
de fidei articulis, pleraq; auté per cósequentias &
Coniecturas fere inde colligi solét, reseca-
das poti⁹ vel ad minimú Scholis & Academiis, propter multos scripturæ S. locos ex-
plicandos intelligendosque, relinquen-
das censemus. *g Sicut enim,* inquit Salomon, *qui mel multum comedit, non est ei bo-*
num, sic qui S C R V T A T O R *est Maiestatis, op-*
primetur à gloria. h A L T I O R A *te, ait* Sapiens, *ne quæsieris, & fortiora te ne scrutatus sue-*
ris, Sed Q V Æ *præcepit* T I B I D E V S I L L A *co-*
gita semper: & in pluribus operibus eius ne fueris
C V R I O S V S. *Non est enim tibi* N E C E S-
S A R I V M *ea quæ* A B S C O N D I T A *sunt, vi-*
dere,

12.
13.
14.
15.

Videantur
Labyrinthi
Bernar. Ochi-
ni, hac in
materia.

g *Prou.* 25.
ꝟ. 27.

h *Eccl.* 3. 22.

ante oculis tuis. In SVPERVACVIS *rebus*
noli scrutari multipliciter, & in pluribus OPE-
RIBVS *eius non eris* CVRIOSVS. Con-
tenditur hodie de phrasi : *i* DEVS *indura-*
uit cor Pharaonis, & similibus. Vbi alii id factum esse dicunt DEO id simpliciter volente ac operante : alii vero saltem permit-
tente. Vtcunque sit, constat hinc controuersiam esse non de re, sed de verbis duntaxat, quandoquidem vtrinque idem dicant, licet non eodem modo. Tametsi, vt
ingenue dicamus, voluntate à permissione
Diuina multum differe existimemus:
Quicquid enim vult DEVS, illud etiam
permittit, at non contra. Permittit enim
saepe malum, vt malum, non tamen vult illud malum, vt malum. Caeterum ista quum
sint multis implicata difficultatibus, iudicio nostro, ad minus necessaria quoque
sunt referenda. *k Abscondita* enim *Domino*
DEO *nostro,* ait D. Moyses, *quae vero* MANI-
FESTA *sunt,* NOBIS *& Filiis nostris, vsque*
in sempiternum. Consultissimum ergo arbitramur propriae salutis nostrae magis hic
rationem habere, quam circa reprobos, vt
& supra circa *l indigne manducantes & biben-*
tes, multis occupari, *m supraq; quam scriptum*
est sapere velle.

    Vt autem nos intra metas istas & fi-
nes scripturae Sacrae continere valeamus,

De phrasi,
Ego indura-
bo cor Pha-
raonis.
i Exo.7. v.3.

Notatur,

k Deut. 29,
v. 29.

Notatur.

l 1. Cor.11:
v. 27.
m 1.Cor.4.
v. 6.

Qua hic sint
cauenda,

censemus Doctrinam hanc istis circum-
scribendam cancellis: Primo, ne quenquã
hic temere iudicemus. Qui enim hodie in
Ecclesia Dei non est, cras vel perendie vocari Diuinitus potest. Neque enim *n vna*
HORA vocat *Dominus Operarios in vineam*
SVAM; neque vno tempore, sed diuersis
plane, omnes Electi vocantur à Deo in
consortium Ecclesiæ eius. *o Quando vero*
placuit DEO, inquit Apostolus de se ipso,
qui separauit ME ab vtero Matris meæ, & VO-
CAVIT per gratiam suam, *retegere Filium su-*
am in ME. En! *n vnde DEO PLACVIT,*
non autem quando mihi, aut alij cuipiam,
dicit! Sic *p latro* ille vocatur demum in ipso
mortis articulo ad CHRISTI *Regnum.* Sic
Apostolus inquit: *q Nempe igitur* electio &
vocatio *non est eius qui VELIT, neque eius qui*
CVRRAT, sed eius qui MISERETVR, nempe
DEI. Vnde bene de omnibus Christianis
vocatis sperás, idem Apostolus, nec quenquam damnans, ait: *r Persuasum habens hoc*
ipsum fore, vt QVI COEPIT in vobis opus bo-
num, perficiat *vsque ad diem IESV CHRI-*
STI. Et alibi: *s Tu quis es, qui condemnas A-*
LIENVM famulum, proprio DOMINO *stat*
aut cadit: stabilitur autem: potest enim Deus
eum stabilire. Deinde, ne impiorum, qui &
t reprobi, seu reiectanei sunt, defensionem
contra DEVM suscipiamus, *v O homo!* inquit Apostolus, *tu quis es, qui ex aduerso re-*
spon sae

1.

n *Matth.*20.
*v.*6.

o *Gal.*1.ς.1ς.

p *Luc.*23.
*v.*42.
q *Rom.*9.
*v.*16.

r *Phil.*1.*v.*6.

s *Rom.*14.
*v*4.

2.
t 2.*Cor.*13.
*v.*ς.
v *Rom.*9.
20.

scusas D E O? *Num dicet figmentum fictori suo*
cur me tale fecisti? Annon habet potestatem figu-
lus in L V T V M *vt ex eadem* M A S S A *faciat*
aliud quidem vas ad D E C V S, *aliud vero ad de-*
decus? x Annon licet M I H I, ait Dominus,   x *Matth.*1ọ
quod V O L O *facere in* M E I S *rebus?* Perinde   ᵹ.1ᵹ.
eft, ac quod Petro dixerat olim: y *Si* V E L I M y *Iob.* 11.
eum manere donec veniam quid ad te? *Tu me*   v.12.
sequere, Ergo noftrum eft, non de aliis cu-
riofe inquirere, fed in proprio officio nos
continere: Prædeftinati enim & vocati fu-
mus, z *vt fimus* S A N C T I *&* inculpati *coram*   z *Eph.* 1
D E O *cum* C H A R I T A T E, *ad laudem gloriosa*   ᵹ.4.6.
suæ gratiæ, qua nos gratis sibi gratos effecit in I L-
L O D I L E C T O. Hoc ergo faciamus. *a Ecce*   a *Apoc.* ᵹ
venio cito, ait Dominus, T E N E *quod habes,*   ᵹ.11.
vt nemo accipiat coronam T V A M. Sufficiat
nobis quod D ᴇ v s palam per Oſeam pro-
teftatur: b *Perditio tua Ifrael, sed in me auxili-*   b *Ose.* 1ᵹ.
um T V V M. Vehementer autem probamus   v. 9.
illam Theologorum Neoftadianorũ, hac
quidem in parte fententiam, quam vt hic
adjiceremus, digniffimam exiftimauimus:
c *Nos cum Apostolo docemus,* inquiunt, D E V M   c *Admonit.*
in damnatione Reproborum velle suam Iuftiti-   *Neostad. p.*
am declarare: non igitur quemquam damnatio-   113. *prim.*
ni addixisse, nifi *propter* peccatum. *In electis*   *adit. in* 4.
autem voluit declarare mifericordiam, *quia,*
cum propter peccatum, in quod sponte erat la-
psum, iustissime potuisset totum genus humanum
abiicere (si quidem d *omnes eramus* natura *filii* d *Eph.* 1 ᵹ.ᵹ.

Itæ.*Sicut & reliqui)ex* SOLA *gratia,itae* M I=

*Rom.*9.19. SERICORDIA *statuit* ALIQVOS *ex*
f 1. *Cor.* 1, *d* *cõmuni interitu* eripere,*vt obturetur omne* OS,
v. 31. *f & omnis* GLORIA *tribuatur* DEO.In hac
doctrina nullum censemus , in Ecclesia
DEI,non ferendum errorem,nedum blas-
phemiam. Præterea,ne in arcana DEI temere inuolemus. Multa enim hic facilé
occurrunt, quæ nos ratione comprehen-
g Rom. 11. dere & assequi non possumus. *g O altitudo!*
v. 33. exclamauit olim Apostolus , rerum tanta-
rum admiratione abreptus, *diuitiarum,tum*
sapientiæ, tum cognitionis DEI! quam inscrutabilia *sunt eius* Iudicia! *& eius viæ* imperuesti-
Nota! gabiles! *Quis enim cognouit* mentem Domini ? *aut quis ei fuit à* consilio ? *Aut quis* Prior
dedit illi, & reddetur ei ? Nam ex eo & per eum
& in ipso sunt omnia. *Ipsi sit gloria in secula.*
Amen! Itaque cuius vult miseretur, *quem au-*
*h Rom.*9. *tem vult* indurat. *i Nemo potest venire ad* ME,
v. 18. inquit Dominus, NISI Pater, *qui misit me,*
i Ioh. 6. 44. TRAXERIT EVM. Cur hoc faciat, alium trahat,alium non trahat, nostrum cu-
riosius inquirere non est, *Iudicia* enim DO-
k Psal. 36. MINI, *abyssus magna!* Præclare super hoc
v. 6. negotio scribit D.Augustinus: *Tu* HOMO,
l Aug. de inquit, *expectas à me responsum , & ego sum*
Verb. Ap. HOMO. Itaque ambo *audiamus dicentem:* O
serm 10. HOMO *tu quis es* ? melior *est* fidelis Ignorantia, quàm temeraria scientia. *Quære me-*
rita ; non inuenies nisi pœnam; O ALTITV-
DO!

DO! Petrus negat, latro credit, ò altitudo! Qua- *Nota.*
ris tu rationem ? ego expauescam altitudinem!
Tu ratiocinare, ego mirabor! tu disputa, ego cre-
dam! *ALTITVDINEM VIDEO, AT*
PROFVNDVM NON VIDEO. Requie-
uit Paulus, quia admirationem inuenit; vocat ille
inscrutabilia DEI Iudicia, & tu scrutari ve-
nisti ? ille dicit ininuestigabiles esse eius vias,
& tu vestigas? vlterius procedendo nihil profici-
mus. Postremo caueamus, ne propter mul-   *t,*
tiplicem huius doctrinæ abusum, ipsam
penitus tollendam censeamus, quin poti-
ùs ex hac doctrina, Consolationes firmas,
quas alii fuse enumerant, colligamus. Etenim *propter abusum rei non tollitur eius essen-*
tia, ita quoque, vt multi hac doctrina abu-
tantur, doctrina tamen ipsa est retinenda,
non reiicienda. Qua de re multus est D.
Augustinus, inter cætera alicubi scribens: *m Aug. lib.*
m Si Apostoli, inquit, *& qui eos sequuti sunt Ec-* *de bon. per-*
clesia Doctores, VTRVNQVE fecerunt, vt de *seu. cap. 19.*
æterna DEI ELECTIONE, pie differerent, &
sub pia vitæ disciplina continerent fideles: quid *Nota.*
est, quod inuicta conclusi violentia veritatis, illi
nostri se recte docere existimant: Non esse po-
pulo prædicandum, etsi verum sit, *quod de*
prædestinatione dicitur ? Imo prædicandum est
prorsus, vt qui habet aures audiendi, audiat. Quis
autem habet, si non acceperit ab eo, qui se datu- *Notatur.*
rum promittit ? Certè qui non accipit, reiiciat:
ast tamē qui capit, sumat & bibat, bibat & viuat.
                                     n Nota

p Pet. Mart.
Comm. in
Ep. ad Rom.
c.9. & Conf.
Heluet. ar
tis. de prad.
Nota.

o Hemm.
Exch.Theol.
claf. 3 cap. 3.

Notetur.

n Non tamen, inquit Theologus quidam, ita debet prædestinatio proponi populo D E I, vt dicamus: Siue hoc feceris, siue non feceris, non potes mutare definitionem D E I: Et, si sis electus quicquid feceris, non potes à salute remoueri. Hæc enim homines infirmos & rudes facile possunt lædere. Imperiti Medici est, vel potius malitiosi, pharmacum alioquin bonum, ita inepte & indecenter applicare, vt obsit valetudini. Ad eundem quoque modum scribit Hemmingius: o Doctrina prædestinationis, longe vtilissima est, modo rite ac sobrie tractetur. Nam æterna D E I prædestinatio est fundamentum & prima causa bonorum omnium, quæ à D E O percipimus: Nullibi tamen periculosius erratur quàm hic, vbi à verbo tradito ad humanas cogitationes deflectimus. Quare consilium Pauli in hac doctrina sequamur, qui immensam D E I B O N I T A T E M in ea considerandam proponit: ad gratiarum actionem incitat: inde petit Salutis credentium certitudinem, per eamq; omnia merita humana destruit. Hic enim verus fons est, vnde haurienda est Diuinæ misericordiæ cognitio: Hic os obstruitur omnibus hominibus, ne quid sibi arrogare ausint vel queant. Idcirco meminisse oportet finium huius doctrinæ, quos Paulus tradidit, & quærendi non sunt alii fines, præter & contra verbum D E I, in nostri perniciem. Hæc ille. Quæ omnia pio ac prudenti Concilio discutienda ac determinanda melius & accuratius, vltro permittimus, imo etiam maiorem in modum

modum petimus. Ista autem hic recensen-
da duximus, vt Synodis Prouincialibus
materiam cogitandi deliberandique, his
de rebus, faciliorem suppeditaremus, quibuscum id, quod pro nostra tenuitate sentimus, hac ratione communicandum censuimus. Atque hactenus de dogmatibus
Controuersis, quæ quidem placidis, vt arbitramur, sufficient ingeniis, inquietis licet nunquam.

Quoad Cæremonias vel Ritus Eccle-
siasticos: Nih lattinet hic recensere eos,
de quibus vtrinque conuenit: quod facile
ex *p Harmonia Confessionum* animaduertere
est. Controuersos duntaxat ponemus. Tametsi vero iniquissimum sit, propter di-
uersitatem rituum quorundam non magni sane momenti; ab hac vel illa discede-
re Ecclesia, aut ob hanc vel aliam Cære-
moniolam siue reiectam, siue retentam,
alterutrum damnare. *q Similitudo* enim rituum, ait Melanchton, *qui sunt ab hominibus
instituti, nequaquàm NECESSARIA EST.
r Et* Confessio Augustana, post lienæum;
s Dissonantia ieiunii, non *dissoluit CONSO-
NANTIAM FIDEI.* Id quod in multis
impetitis ac leuibus Christianis videre licet; qui alicubi Verbum DEI audire nolint, ni Ministrum Ecclesiæ illius linea su-
periradutum Veste, viderint: alii vero con-
trarium faciunt: alicubi nolunt Commu-
nioni

II.
Ceremonia
controuer-
sa.
p Harm.
Conf. sect. 17.
Notatur.

q Ph. Melan.
in Exam
ord. de Ecclef.
r Conf Au-
gust. de di-
scr. lib
s Euseb. lib.
5. hist. Ec-
clef. cap. 23.
Notatur.

nioni sacræ interesse propter genu flexio-
nem, alicubi propter stationem; alii propter communem panem; alii propter sub-
tilem illum inter ferreas pistum laminas;
alii alias afferunt contemptus sui causas,
perse profecto leuissimas. Omnes autem
Orthodoxi liberam semper cuique Ecclesiæ permiserunt potestatem illas siue au-
gendi, siue abrogandi, siue denique im-
mutandi, citra aliarum præiudicium Ecclesiarum. Querebatur olim de sui temporis hominibus Christianis D. Augustinus, qui etiam tunc leuissimam quamque
ob causam alicubi solebant offendi: *Sen-*
si, inquit, *sæpe dolens & gemens, multas infir-*
morum perturbationes fieri, per quorundam Fra-
trum CONTENTIOSAM *obstinationem,*
& SVPERSTITIOSAM *timiditatem, quæ*
in rebus huiusmodi, quæ neque Scriptura sanctæ
auctoritate, neque vniuersalis Ecclesiæ traditio-
ne, neque vita corrigenda vtilitate, ad certum
possunt terminum peruenire, tantum quia subest
QVALISCVNQVE *ratiocinatio cogitantis,*
aut quid in sua PATRIA *sic ipse consueuit, aut*
quia ibi vidit, vbi peregrinationem suam, QVO
REMOTIOREM A SVIS, Eo DOCTIO-
REM *factam putat; tam litigiosas excitant*
Quæstiones, *vt nisi quod ipsi faciunt, nihil re-*
ctum existiment. Idem plane morbus nunc
tenet multos, cui conuenientem adhibens
medelam idem Augustinus, ad hunc scribit

t Aug Ep.
118. ad Ia-
nuar.

Notetur.

Audiant hæc
nostri tem
poris Chri-
stiani!

bit modum: *v Quæ non sunt*, inquit, *contra & Aug. Ep.*
bonos mores, & habent aliquid ad exhortatio- 119 *ad la-*
nem vitæ melioris, vbicunque instituti videmus *nuar.*
vel instituta cognoscimus, non solum non impro-
bemus; sed etiam laudando & imitando sectemur
si aliquorum infirmitas non impedit, aut amplius
detrimentum sit. Ita quoque Socrates Eccle-
siasticus: *x Cuiusque religionis*, inquit, *& secta* x *Socr. lib. j.*
varii sunt ritus, licet eadem de ipsis habeatur o- *hist. Ecclef.*
pinio. Etenim qui in eadem fide consenti- *cap. 20.*
unt iidem in ritibus & *Cæremoniis inter* ipsos
discrepant. Sic quoque iudicauit Gratianus:
Scit, inquiens, *sancta Rom. Ecclesia, quod* nihil *Grat. dist.*
obsunt *Saluti credentium* diuersæ pro loco & 1 *Can. Scit.*
tempore constitutiones, *vel consuetudines, si il-*
lis Canonica non obsistat AVCTORITAS.
Inter Quæstiones Augustini Ganthuarien-
sis, ad Gregorium Romanum, extat etiam
hæc ordine tertia: *z Cur cum vna sit fides,* z *Oper. Greg.*
sunt Ecclesiarum CONSVETVDINES *tam* *Mag. Tom.*
DIVERSÆ ? Respondet inter cætera 1. *p. 252. F.*
Gregorius: *Mihi placet, vt siue in Romana, siue*
in Gallicanarum siue in qualibet Ecclesia, aliquid
inuenisti, quod plus Omnipotenti DEO *possit* *Nota.*
placere, sollicite ELIGAS: & *in Anglorum Ec-*
clesia, qua de MVLTIS *Ecclesiis colligere po-*
tuisti, infundas. Non enim PRO LOCIS RES,
sed pro bonis REBVS LOCA *amanda sunt.*
Ex singulis ergo quibusque Ecclesiis, quæ pia,
quæ religiosa, quæ recta sunt, ELIGE: & *hæc*
quæ in fasciculum collecta, apud Anglorum
men-

mentes in consuetudinem depone. Consilium̃

a Consens. Send. artic. de ritib.
hoc nemo sanus improbat. *a* Non enim multum REFERT, inquit Synodus nostra Sen-
domirienfis, *qui RITV s obseruentur, modò
sarta tecta & incorrupta exiftat ipsa* Doctrina,
& fundamentum fidei ac salutis nostræ:

b Conf. Aug. de difcr. cibo. c Conf. Sax. de Traditio nib. Nota.
*Quemadmodum & ipsã Confeßio Auguftana &
c Saxonica de ea re docent.* Vtinam verò o-
mnes in id essemus intenti, vt optima quæque in Ecclesiam D e i vndiquaque (tot
diuersos *Rituales* libros, quos alii *Formã*, a-
lii *Agendas*, alii *Ordinationes Ecclefifticas* appellant) afferremus! Vtque ex Omnibus
vnam singularem Cæremoniarum *formam*,
præsertim in *Concilio* generali, conftituere

d In Confen su, Côr. fign. Pofna. Syn. Cracou. & Vladisl. e Aug. Epift. 118 ad Ia nuar.
possemus! d Nostrates Quidem (Poloni) *ri-
tus & Ceremonias* adhuc reliquere intactas:
tenentes, Consilium B. Ambrosii, qui o-
lim, e *Ad quam fortè*, inquit. *Ecclesiam veneri,
etã* morem *serua, si cuiquam non vis esse* scandalo, *nec quenquam* TIBI: idque tantisper,
dum adhuc vnam. Synodum Generalem in
Polonia, per D e i gratiam, cogere possint:

f Synod. To run. Can. 18.
f *De Ceremoniis*, ait Synodus Toruniensis,
interea temporis Conclusiones præteritarum Sy-
nodorum *non immutamus, sed cuilibet cætus*
consuetas, *pro* LIBERTATE CHRISTIA
NA, *relinquimus: & an ea in* vnam eandemque
FORMAM *redigi queant, ad futurã* Generalis *Synodi deliberationem* reiicimus. Vt vt quidam rideant, idque ad Calendas Græcas,
futu-

futurum autument. Tribuat modo *pacem*
Dominus Patriæ Noftræ, nunc plus fatis
adflictæ, fub Sereniſſimo Rege Noftro: &
in hoc alijs *DEO* iuuante, prælucebimus
Eccleſiis, ni à *Concilio*, quod adhuc multis
de cauſis optamus, præuenti fuerimus. Interea vero temporis, quod tam vobis, quã
Nobisipſis vtrinque commodum, pacis æ-
dificationiſque mutuæ cauſa, obſeruandũ
cenſemus, hac eadem opera, vobis etiam
impertiemur: Obnixe orantes, ne id rurſus
in peiorem, à quopiam veſtrum, rapiatur
partem! Meliora enim hic, vt & alibi, affe-
rentibus vltro cedere, proque Fraterna in-
ſtructione, gratias agere, ſemper parati ſumus. g *Libenter enim TOLERATIS deſipientes,*
aiebat Apoſtolus, *quod ſitis ſapientes.* h *In Tẽ-*
plo DEI, inquit Hieronymus, *offert vnuſquiſq;*
quod POTEST, alii aurum, argentum, & lapides
precioſos, alii byſſum, & purpuram, & coccum
offerunt & hyacinthum. NOBISCVM bene aga-
tur, ſi obtulerimus PELLES & CAPRARVM
PILOS. Et tamen Apoſtolus i CONTEMPTIBI-
LIORA magis neceſſaria indicat. Quod ſi vos
deinceps aliquid eiuſmodi in Concilio generali, quod requirimus, conſtitueritis, recipere id, imitariq; non detrectamus. Vtinam ſaltem cito, quod poſtulamus, impetrare valeamus!

Ergo quod *Exorciſmum* attinet: Cenſemus in vniuerſum abrogandum, atque ex
M Euan-

Publica fœ-
ditio Polon.
Anno 1607.
quo hæc ſcri-
pta ſunt.

Conciliatio
cæremonia-
rum controa
uerſarum.

Notæur.

g 2 Cor. xi.
v. 19.
h Hier. in
prol. Galat.
10.

Nota.

i 1. Corint. 12
v. 18.

l.
Exorciſmu.

Euangelicorum Ecclesiis exterminādum,
cum, quia nulla Scripturæ Sanctæ, quod
quidem maxime foret necessarium, sed
Veterum saltem quorūdam Patrum, (hoc
est, non Diuina sed Humana duntaxat)ni-
titur auctoritate ac institutione:tum,quia
manifeste impiam fouet opinionem,quasi
Notetur. Fidelium infantes nascantur obsessi à Diabolo, qui proinde his pellendus sit Exor-
cismis, veluti Magicis quibusdam execra-
tionibus characteribusque. Hunc Nostræ
in vniuersum, vt & alias superstitiones su-
k Confignat stulere Ecclesiæ,idque de communi *k Con-*
Posn.cap.18. *sensu.* Hunc etiam, optime quæque in Germania constitutæ abrogarunt Ecclesiæ.
Hunc Generalis *Concilii* auctoritate, vt
mere humanum &noxium inuentum,vna
cum omnibus inutilibus institutis, anti-
Notetur. quandum minime dubitamus. Nam si,
quicquid Augustinus aliique Veteres Patres circa Baptismum, aliosq; Christiano-
rum ritus approbant, simpliciter est reti-
l Constit.siue nendum (prout Fratres in *l Anglia*, hanc
Canon. Eccl. potissimum ob causam Cæremoniá *C R V-*
Anno 1604. *C I S* in Baptismo retinendam statuerūt)
Can. 3. Lōdi eadem sane ratione (Notetur*l*)retineretur
m Cypr.de etiam *m Vnctio Chrysmatis* in Baptismo, &
vnct. Chry- *m mixtura aquæ vino in Cœna* DOMINI, ab-
smat. omnibus, forsan, Veteribus adhibita, lon-
n Idem lib.2. gaque iam cōsuetudine recepta & appro-
Epist. 3.ad bata. *Dato enim sic vno inconuenienti, sequun-*
Cæcil. *tur*

tur infinita. Atque vbi semel à recta via
deflexum, ibi errare perpetuo necesse est.
Hoc enim nemo vestrum ignorat. Nolumus autem quicquam in CHRISTI Sa-
cramentis humana institui auctoritate? Et *Notetur.*
quicquid eiusmodi fuit hactenus institutum, volumus abrogari? vt proculdubio
volumus omnes! Tum profecto etiam Ex-
orcismum isthunc, vná cum crucibus, vn-
ctionibus, dilutionibusque istis, humanitus inuentis; atque ad substantiam Sacramentorum Domini, haudquaquam pertinentibus; abrogati, ab Ecclesiæque limi-
nibus procul arceri, necesse est. *o Nobis.* o Tert. de
Inquit Tertullianus, *nihil ex Nostro Arbitrio* prascr.adu:
indulgere licet, sed nec eligere, quod aliquis de ar- hares.
bitrio SVO induxerit. APOSTOLOS Domini Nota.
habemus Authores, qui nec ipsi quicquam ex
suo arbitrio, quod inducerent, elegerunt, sed ac-
ceptam à Christo disciplinam fideliter Natio-
nibus assignauerunt. Itaque etiamsi Angelus è
cælis euangelizaret, diceretur à Nobis Anathema! p Vndè est ista Traditio? ait Cyprianus, p Cypr. Epist.
Vtrumne de Dominica & Euangelica Authori- ad Pompei.
tate descendens, an de Apostolorum mandatis at-
que Epistolis veniens? Ea enim facienda esse Nota.
Quæ scripta sunt, Deus testatur, & proponit
ad Iesum Naue dicens: q Non recedet Liber Le- q Iosu.1. v.8.
gis huius exore tuo, sed meditaberis in Eo die ac
nocte, vt observes facere Domini a quæ scripta sunt.
Item: s DOMINVS Apostolos suos mittens, Matth.28.
M 2　　man- v.20.

mandat baptizari Gentes & doceri, vt obſeruent

‡ Aug. Epiſt.
112. ad Pau-
lin.
Omnia quæcunque ille præcepit. s Si Diuinarum Scripturarum, inquit Auguſtinus, earum ſcilicet, quæ Canonicæ appellantur in Eccleſia, perſpicua firmatur auctoritate, ſine

Nota.
vlla dubitatione credendum eſt. ALIIS vero Te-
ſtibus ac Teſtimoniis, quibus aliquid credendum
eſſe ſuadetur, tibi credere, vel non credere liceat,
quantum ea momenti ad faciendam fidem vel

t Baſil. ſerm.
de fid. conf.
habere, vel non habere perpenderis. t Manifeſta
eſt ELAPSIO A FIDE, ait Baſilius, & SV-
PERBIAE crimen, aut reprobare quid ex hü

Notatur!
quæ ſcripta ſunt, aut SVPERINDVCERE quid
ex non ſcriptis, quum Dominus noſter IESVS

u Ioh. 10.
v. 27. & 5.
CHRISTVS dixerit: u Oues meæ vocem meam
audiunt: Et ante hoc retulerit: Alienum autem
non ſequuntur, ſed fugiunt ab ipſo, quia non no-

Nota.
uerunt vocem eius. Et Apoſtolus in exemplo humano vehementius interdixerit apponere aut detrahere aliquid in Diuinis Scripturis, dum ait:

x Gal. 3. v. 18
x Tamen hominis confirmatum Teſtamentum
nemo reprobat, aut aliquid ADDIT. Sed
quid in re omnium notiſſima, pluribus o-
pus eſt Teſtimoniis? Conſtat igitur mani-

Notetur.
feſtiſſima ratio noſtra : Quicquid nulla
Scripturæ Canonicæ auctoritate nititur
(vtcunque diu vſitatum fuerit) illud penitus abrogandum eſt. Hic Baptizando-
rum Exorciſmus nulla Scripturæ Canonicæ auctoritate nititur. Ergo hic Baptizan-
dorum Exorciſmus penitus abrogandus
eſt.

eſt. Neutram, ſat ſcimus, propoſitionem negaturi eſtis. *x* Audiuimus autem, quantas ſuperioribus annis *Exorciſmus* hic in *Miſnia* dederit turbas, dum alii hunc auctoritate ſcripturæ ſacræ vſque ad exilia & mortem expugnare, alii vero eundem auctoritate Exemploq; D.Lutheri, aliorumque Magnorum virorum, cum veterum, tum recentium, ad vltimum vſque diſcrimen propugnare, conarentur. Cæterum quando auctoritate generalis *Concilii* ſublatus abrogatuſque fuerit, nulla amplius infirmioribus relinquetur ſcandalizandi occaſio. Quippe, quum tanti Concilii maior futura eſſet auctoritas, quam vel ipſius D. Lutheri, Pomerani, aliorumque Exorciſmum hunc, non neceſſario, retinentium & approbantium, Doctorum. Nam quod plerique ab effectu ad cauſam efficientem, hoc eſt à peccato Originali ad ipſum Diabolum, eius authorem, effectoremque, arguunt, arbitramur eos falli in *Conſequenti,* vel in *Cauſa non cauſa vt cauſa.* Ita enim Diabolus quotidie ex omnibus hominibus hiſce Exorciſmis pellendus eiicienduſque eſſet, *y Omnes enim peccarunt,* ait Apoſtolus, *ac deficiuntur gloria Dei.* Quod conſequens, vt abſurdum, ne ipſi quidem Pontificii, nedum vlli facile admiſerint homines Euangelici. Aut igitur ſcripturæ S. demonſtretur auctoritatibus, aut ſi

x Tragœdia Miſnica.

Nota.

Notetur.

Rom.3.v 23.

M 3 non

Nota!

non possit (vt proculdubio neutiquam potest) de communi concordique consilio & sententia abrogetur. Vt quid enim Pontificios reiicere monemus, quæ scripturæ S. auctoritate defendi nequeunt, si quidem ipsimet pleraque eiusmodi in religione Nostra mordicus adhuc retinere cupiamus, quæ eadem auctoritate nulla-

2. Caton. disp.

tenus probari defendique possunt? 2 *Turpe profecto est Doctori, quum culpa redarguit ipsum.* Viderit super hac re, vt etiam super aliis, *Concilium* illud, quod hactenus flagitauimus, proponatque sibi in diiudicandis Controuersiis istis & similibus *Verbum Domini*, quod diserte Regius Propheta *Lucernam pedibus suis, & lumen semitis suis* appel-

a Psal.119. v.105.

lauit. Atque hæc est Omnium Nostrum, nemini tamen præiudicantium, plana & constans sententia.

II. Fractio panis in Cœna Domini.

Ita quod ad *panis fractionem* in Cœna Domini, attinet; Censemus vtrinque tenendam, citra tamen vllum *Concilio* Generali præiudicium. Nititur enim non *solum* scripturæ S. verumetiam vniuersæ Orthodoxæ Antiquitatis auctoritate & exemplo.

b 1.Cor.11. v.24.

Christus enim in illa sacra Cœna, b *accepit panem, gratias egit, fregit, & dedit discipulis suis,* de qua exprofesso tres Euangelistæ, & quartus Apostolus, testantur. Et hic quidem

c 1.Cor.10. v.16.

perspicue dicit : t *Panis quem* frangimus, *nonne communio corporis* CHRISTI *est?*

qui

qua Cæremonia fracti panis, hæc quoque
actio sacra proculdubio nomen d *fractionis* d *Act. 2. &*
panis sortita est. Sic D. Ignatius: e *Vna est,* 46. *& 20.*
inquit, *caro Domini IESV, & vnus eius sanguis* v. 7.
qui pro nobis effusus est. Vnus etiam panis, pro e Ignat. E-
omnibus confractus, *& vnus Calix totius Ec-* pist. ad Phi-
clesia. Sic Irenæus: f *Quando,* inquit, *mixtus* f Iren. lib. 5.
calix, & fractus *panis percipit verbum DEI, fit* adu. Hæres.
EVCHARISTIA *sanguinis & Corporis*
CHRISTI. Sic Cyprianus: g *Hæc queties* g Cypr. de
agimus, non dentes ad mordendum acuimus, sed Cœna Do-
panem Sanctum sincera fide frangimus *& par-* mini.
timur. Augustinus: h *Cùm* frangitur *hostia,* h Aug. in
dum sanguis de Calice in orà fidelium funditur, sent. Prospe-
quid aliud, quam Dominici Corporis in cruce ob- ri.
latio, eiusque sanguinis de latere effusio, designa-
tur? Et idem: *Orationes accipimus dictas, cum* i Idem Epist.
illud, quod in mensa DOMINI benedicitur, & 59 ad Pau-
sanctificatur, & ad DISTRIBVENDVM lin.
COMMINVITVR. Sic Chrysostomus:
k *Quod in Cruce passus non est, id in oblatione pa-* k Chrys. hom
titur, & propter te frangi permittit. Idem: *Et* 24 in 1. Cor.
enim pro omnibus pariter fractum est, & æqua 10.
portione DISTRIBVTVM. Theophila- l Idem hom.
ctus: m *Dominus in commune & generatim o-* 27. in 1. Cor.
mnibus dixit: Accipite, edite, idque Corpus suum 11.
quod pro omnibus ex æquo fregit *in mortem tra-* m Theoph.
dens. Tu vero præsumis edere, neque communem cap.
panem in medium ponis, neque frangis ipsum vti
detur multis, verum tibi ipsi contines? Et quid
in rem am euidenti pluribus opus est Testi-

M 4 mo-

moniis ? Argutum autem nimis videtur
fractionem pro distributione hic simpliciter accipere: quum tamen hæc ab illa manifeste,
cum in Inſtitutione Chriſti (*fregit & dedit*)
tum in Patrum teſtimoniis diſtinguatur.

Oblata. Vtrum vero *panis* ille *azymus* in ferrea pi-
ſtus forcipe (qui vulgo *oblata* appellatur) ſit
retinendus ; an vero *communis fermentatus*
frangendus ac diſtribuendus ſit? *Concilium*
quod optamus & poſtulamus, illud conſi-

In Polonia derabit. Noſtræ quidem Eccleſiæ in Polo-
oblatæ reten- nia hactenus, azymos illos panes retinent,
ta. duas potiſſimum ob caufas : Primo vt ra-
I. tio habeatur infirmiorum, quorum ſemper numerus, præſertim hic, eſt maior,
quam firmiorum, inprimis autem qui re-
cens ad nos è Papatu venire ſolent. Neque
autem iſti ſolum : Verum & inter Euangelicos natos plurimi reperiuntur, qui com-

Notetur. muni iſto pane è piſtrino offenſi, à Communione ſacra abſtinere, quam cum con-
temptu aliquo indigne accedere, malunt.
Quod autem quondam Apoſtolus de ci-
bis legalibus edixit, hoc idem nunc de pane iſto ſimilagineo dici merito poteſt: *n*

a Rom.14. *Si propter ESCAM* (nunc vero propter pa-
v.15. nem è piſtrino allatum) *frater tuus* contri-
ſtatur, *iam non ſecundum* charitatem *ambu-
las. Ne eſca tua* (nunc autem pane ſimilagineo) *illum perdito, pro quo* CHRISTVS *mortuus eſt, Ne veſtrum igitur* bonum *blaſphema-
tor.*

tor, Non *est enim Regnum* D E I *esca & potus* (& nunc, panis siue communis, siue peculiaris Eucharisticus, quippe qui ad Sacramenti essentiam nihil conferat) *sed iustitia, & pax, & gaudium in spiritu sancto.* Non vestra hic *Notetur?* quærimus, Fratres, sed vos. Si enim Apostolus, vitandi scandali causa, vbi opus esse videbat, *o Timotheum circuncidit*, vbi autem necessitas eiusmodi non vrgebat, *p Titum non circuncidit*: Quid vos, hac in re, facere conuenit? Secundo, vt habeatur ratio decori. Si enim decori causa habemus templa, vbi sacra hæc celebretur actio, in Templis Mensam linteamine mundo instratam, Vasa quoque peculiaria ad sacrum destinata vsum, quidni etiam panem habeamus peculiariter ad hunc confectum finem vsumque? *q Omnia* DECENTER, inquit Apostolus, *& ORDINE fiant r* Retinemus, ait Apologia Anglicana *& colimus* (citra tamé opinioné iustitiæ, meriti, necessitatis, & cultus D e o gratioris, sed ordinis causa *non tantum EA, quæ scimus tradita fuisse ab Apostolis, sed etiam alia* quædam, *quæ nobis videbantur si ne Ecclesiæ incommodo ferri posse*, *Notetur? Quod omnia cupiamus in sacro cætu, vt Paulus iubet, decenter atq; ordine adminiftrari.* Quod vero quidá pro *rotundis hoftiolis*, siue numulariis panibus, easdem fere causas afferunt, *Rotun læ* illud parum firmú esse, in *Concilio*, forte o- *hoftiolæ.* stendetur. Cui etiam hæc, & alia omnia di-

M 5 ligen-

Marginal notes:
* *Actor. 16.* v. 1.
* *p Gal. 2.* v. 3.
* 2.
* *Nota.*
* *q 1. Cor. 14.* v. 40.
* *r Apol. Anglic. artic. 15.*

ligenter difcutienda definiendaque committimus: nihil interea præiudicantes, aut
in Vtramuis partem decidentes, fed verbis

s Rom. 14.
6. 19.

Apoftolicis attendentes, *s qua ad* pacem *faciunt, fectada, & qua ad mutuam ædificationem,*
feruiunt, cuftodienda, fuademus & horta-
tores fumus.

Acceptio Eu-
chariſtia in
manus.

Sic etiam cenfemus poftliminio redu-
cendam effe in CHRISTI Ecclefiam *acce-
ptionem Euchariſtiæ in manus*: quæ non folum præcepto DOMINI expreffo (ACCI-
PITE!) quod proprie manuum eft, nititur: Verumetiam vniuerfæ purioris Anti-

t Eufeb. lib.
6. hiſt. Ec-
clef. cap. 8.

quitatis exemplo. t *Cum enim*, inquit Eu-
febius de quodam ab hæreticis baptizato,
& ab Orthodoxis rebaptizari cupiente, *&
gratiarum actionem in Ecclefia audiffet, & ad illam, vnaçum illis Amen fuccinuiffet*, MENSÆ

Nota.

ADSTITISSET, MANVS *ad fufcipiendum
fanctum cibum* extendiffet, *illum etiam acce-
piffet, & prolixo iam tempore corporis & fanguinis Domini noſtri* IESV CHRISTI *particeps
fuiffet, non fum aufus eum denuo baptifmate ini-
tiare.* Sic quum D. Ambrofius Theodo-
fium Imperatorem prohiberet ab ingreffu

u Theodoret.
lib. 5. hiſt.
Eccl. cap. 17.

templi, dixiffe ei fcribitur: u *Quibus oculis intueberis communem Domini adem? aut
quibus facrum pauimentum calcabis* pedibus?
Iſtacne adhuc ſtillantes iniuſta cade cruore ma-

Notatur.

nus extendes? *& iis fanctiſſimum Domini
corpus* prehendes? *Vel tum preciofum illum
fangui-*

fanguinem admouebis ori tuo ? *qui tantum*
effuderis fanguinis dictato furentis animi? Sed
quid multis hic opus eft ? quum id diferte
fateatur D. Chemnitius, poft Ruardum
Tapperum Decanum Louanienfem ? *x*   *x Mart.*
Atque ita, inquit ille, *in Ecclefia* Calix Domini   *Chemn. E-*
offerebatur, ex quo communicantes bibebant: *xam. Conc.*
Panis *vero Dominicus* in manus *communican-*   *Trid part. 2.*
tium dabatur, *vel vt ftatim fumerent, vel fecum*   *de afferuat.*
portarent domum, ibique fumerent. Hanc ac-   *Eucharift.*
ceptionem & nos in noftris retinemus Ec-
clefiis: hanc etiam in veftris vnanimiter re-   *Notatur.*
tinendam libenter fuaderemus. Donate,
quæfumus, etiam hic aliquid inuicem, *y*   *y* 1.*Theffal.5.*
adhortamini alii alios, & ædificate finguli fin-   *v.11.*
gulos, ficut & facere tenemini. Accipiatur
fane in manus Euchariftia: Seruetur etiam
vniformis in fumendo vbique geftus: fiue
ftatio, quæ in quibufdam: fiue *genuflexio,* *Statio.*
quæ in omnibus fere Auguftanis, & Fra-
trum Bohemorum Ecclefiis, eft vfitata. Et
quidem *ftationem,* vt inter feffionem & ge-
nuflexionem, mediã, cenfemus optimam
& conuenientiffimam: Nititur enim non
folum conformitate, Veteris Ecclefiæ,
quæ, vt modo ex Eufebio audiuimus, *z*   *z Eufeb li.6.*
menfa adftare, *atque* extenfa manu *fanctum*   *bift. Ecclef.*
cibum AGCIPERE, folebat: Verumetiam   *cap. 8.*
Orientalium Ecclefiarum exemplo, quæ
etiamnum hodie *ftantes* communicare fo-
lent. Quod fi *Concilio* magis placuerit ge- *Genuflexio*
nufle-

nuflexio, idque citra omnem superstitionis,
& idololatriæ suspitionem, retineatur sa-

1.
ne.idque duas potissimum ob causas: Prima, ob maiorem vulgi deuotionem ac re-
uerentiam, qui maiorem in flectendo genu (præsertim hic) religionem inesse iudi-

*a Rom. 15.
v. 1.*
cat, quam in stando, aut sedendo. *a Debemus autem*, inquit Apostolus, *Nos qui firmi
sumus, imbecillitates infirmorum portare, ac non
indulgere nobisipsis. Itaque vnusquisque nostrûm
proximo placeat in bonum, id est, ad eius ædi-*

Notetur!
ficationem. Agnoscimus hoc nihil ad substantiam huius sacramenti facere, quocunque tandem gestu corporis sumatur,
dandum tamen aliquid hic infirmioribus
censemus, si ita visum fuerit, per quod in
vera detineantur religione & communio-

b Ro. 14. v. 1.
ne. *b Eum qui fide est* INFIRMVS, ait idem
Apostolus, ASSVMITE, *non ad* CERTAMI-
NA *disceptationum.* Altera, ob mutuam æ-

2.
dificationem, arctioremque inter nos inuicem, quasi colligationem & nexum, quo
lubentius vna communicemus, nec alter
alterius communionem propterea hor-
reat ac detestetur, vnde Ecclesia DEI ob
exiguam saltem ceremoniolam contriste-

Nota.
tur, aut dissipetur. Tametsi enim hoc nus-
quam fuit determinatum, siue genibus
flexis, siue stando, siue etiam sedendo, aut
iacendo CHRISTI sacramentis communicare: Et quidem nostræ Ecclesiæ, aliæ

stan-

ſtantes, aliæ *poſitis in terra genibus* cœnam
Domini manducare ſolent : *c Seſſionem vero*
ad arianabaptiſtas, velut ipſius proprios Authoret
introductoresque, relegant : Vnam tamen,
quæ maxime Concilio placuerit, vt admi-
niſtrandi, ita etiam accipiendi formam e
re Chriſtiana cenſemus definiendam ac
conſtituendam: ne perpetuo nobis aduerſarii ogganiant, ſe in omnibus locis, regionibus, nationibuſque vnam eandemque
ſequi formam : apud nos vero in ſingulis
Eccleſiis ſingula ſecus agi? His ac ſimilibus Antagoniſtarum clamoribus per concilium facillime occurri poterit, dummodo zelus conueniens, ad Dei promouendam gloriam, hominibus illis, in eo congregatis, acceſſerit. INTEREA vero temporis, ita communicandum eſſe, vt hactenus alicubi conſuetum fuit, vſque ad definitionem illam *concilii* generalis, cenſemus. Neque enim intendere nos decet
ad illa, quæ, vt Apoſtolus ait : *d quæſtiones*
potius præbent, quam ÆDIFICATIONEM DEI
quæ eſt per FIDEM : ſed potius reſpectus vbique habendus eſt CHARITATIS, *quæ* FI-
NIS *mandati eſt, ex puro corde, & conſcientia*
bona, & fide non ficta, à quibus nonnulli, vt à ſco-
po, aberrantes diuerterunt in Matæologiam. Abſit vero à filiis DEI, vt qui in toto alioquin
relligionis negotio idem ſentiunt, pro fratribus & commembris in CHRISTO ſe
mutuo

c *Synod.Cra-*
con.cap.6.&
VVlod. cap.
6.
Nota.

Aduerſario-
rum voces.

Notetur.

d *1.Tim.1.*
v.4.

Nota.

mutuo agnoscunt, communiq; sacrameñ-
torum vsu id testari ac confirmare inter sese parati sunt, vilissimo saltem gestu offen-
si, id totum in actum producere iam de-
e Rom.14. trectent? Hoc certe *e non iam esset in CHA-*
v.15. *RITATE incedere:* vt ait Apostolus, sed charitate vacuos esse, quæ vt idem testatur,
f 1. Cor. 13. *f non exacerbatur, non cogitat malum; omnia*
Vers 5. *suffert, omnia credit, omnia sperat, omnia tolerat.*
Sed hac de re satis sit dictum:

Antequam vero hinc progrediamur, o-
peræ precium esse existimauimus, aliquid
De priuatá de priuatá ægrotorum communione adiicere:
Communio- Et quidem vehementer probamus *visita-*
ne. *tionem illam,* quæ vtrinque fieri solet, pro-
Visitatio in- pter *consolandos,* aut etiam ad mortem *præ-*
firmorum. *parandos* ægrotantes. Vbi etiam interdum
varii solent conscientiis inici casus & scru-
pi, qui per verbum Dei illis sunt eximen-
Notetur! di. Et quia ægrotorum alii nunquam antea communicarunt, cum Ecclesiis Refor-
matis: alii rarius ob multa legalia impedimenta: alii tum demum in agone mortis
conuersi, sese veræ Dei Ecclesiæ incorpo-
rari, atq; ad eius communionem admitti,
impense cupiunt: idque priuatim domi,
aut in diuersorio, dum per morbum publi-
g Rom.15.v.1 ce nequeant. Talibus autem *g in fide infir-*
h 1.Cor. 13. *mis* quippiam denegare, eosque in despe-
v.4. rationem vltro propellere; *h benigna cha-*
ritas dissuadet, imo crudele & inhumanum
facinus

facinus in eos cōmitteretur, orbatos eiufmodi folatio Chriftiano. Noftro igitur
iudicio, dandum eft aliquid imbecillitati
infirmorum, neque, quo minus vel in vitæ
fuæ termine fui fiant compotes voti, à fidelium communione arcendi, dummodo
& (quod in *Agendis Palatinatus* diligenter
cauetur) i *Communicaturis adimatur omnis*
opinio operis operati: &, (quod noftri in Synodo *Petricouienfi*, conftituere,) k *fi aliqui*
vna communicent: vt ita *fynaxis* feu *cōmunio*
facta inter eos celebretur. *Vbi enim due*
vel tres congregati funt in nomine MEO, ait Dominus, ILLIC SVM *in* MEDIO *eorum*. Viderit fuper his *Concilium*, cum Generale,
tum Synodi particulares: Nobis fufficit
occafionem faltem de iis cogitandi fa-
pientioribus præbuiffe.

Quod etiam *Confeffionem auricularem*
concernit, cenfemus quoque ex reliquis
Euangelicorum Ecclefiis, vt hactenus à
multis factum, exterminandam: Vtpote,
quæ nullum, in fcriptura facra, mandatum
nullumque exemplum, Orthodoxæ vetu-
ftatis, habeat: fed in Concilio demum *Late-*
ranenfi circa Annum CHRISTI MCCXV.
inftituta & confirmata effe legitur. Hanc
prolixe poft alios doctiffimos Theologos
refutauit D. Chemnicius in fuo Concilii
Tridentini *in Examine*, quo vnumquenq;
ftudiofum remittimus Lectorem. Hanc &
noftræ

i *Agend. Pa-*
lat. de Vifit.
ægrot.
k *Syn. Petri-*
cou. Concl.q;

3.
Confeffio
auricularis.

l *Conc. La-*
teran. ca. 21.
omn. vtriuf-
que.

m *Mart.*
Chemn. E-
xam. Trid.

Conc.part.2.
de Confeff. noftræ in vniuerfum abrogauit Ecclefiæ,
cum, propter multiplicem, qua fcatet fu-
perftitionem, hypocrifin, quæftum, facri-
legium, defperationem, tum inprimis propter illam, quam in confcientias humanas
exercet Tyrannidem. Videte enim, quam
Notetur! multi fratres hic à Communione facra ar-
ceantur; dum nemo, ni prius genibus Miniftri aduolutus, peccataque fua eidem in
aurem confeffus, ad facram Synaxin ad-
mittitur:fed omnes eiufmodi, quafi ex debito & neceffitate quadam omnino ex-
duntur; perinde ac fi homines Chriftiani
non effent, indigníque prorfum, qui cum
cæteris corpore & fanguine C H R I S T I
n Actor. 15.
v. 10. participent! O præiudicium noxium! n Vtquid & vos, fratres cariffimi. tentatis DEVM,
ad imponendum IVGVM ceruici Difcipulorum,
quod neque Patres noftri, neque nos portare valu-
o Matth. 23.
v. 4. imus ? Pharifæûm eft o Ligare onera grauia
difficiliaque portatu, & imponere in humeros hominum, digito autem fuo nolle ea mouere. Iugum
p Matth. 11.
v. 30.
q Matth. 23.
v. 4. fane iftud non C H R I S T I (quod p fuaue eft)
fed Antichrifti (quod q graue eft) qui fic o-
mnium hominû arcana explorare, omnibus prædominari, omnesque fuis fubiice-
r Apoc. 13.
v. 17.
Confeffionis
Auri idaris
truculentia. re pedibus, voluit, r ne quis poffit emere aut
vendere, nifi qui habeat Characterem aut no-
men Beftiæ. Id quod in omnibus Pontificio-
rum regnis, ditionibus, ac Ciuitatibus feuere obferuari folet, quando ad ius muni-
cipale,

cipale, publica munia, ſodalitates, & com-
mercia nemo admittitur, ni prius à Con-
feſſore ſuo Teſtimonium Conſeſſionis huius Magiſtratui, obtulerit. Atque hi duo *Notatur.*
nunc maximi ſunt muri, quibus Pontificii
ſuam cingere ſolent Ciuitatem; *Miſſa* videlicet, & *auricularis Confeſſio.* Vtramuis
quiſpiam tranſcenderit, furcas, flammas,
ferrum, flumina, foſſas, mox ſibi paratas
reperiet miſer! Hæc autem, fratres, ſi o-
mnes vnanimiter deteſtamur? vt proculdubio deteſtamur omnes; cur quæſumus,
idem iugum multis Fratribus, qui alicubi
vel ob hanc ſolam cauſam, à Communione ſacramentali, abſtinere malunt, impo-
nimus? cur opinionem iuſtitiæ, cultus, meriti, aut neceſſitatis etiam in hôc opere o- *Notatur!*
perato ſtatuimus? Abſit hoc, abſit, à piis
Euangelicorum mentibus! Quòd ſi vero
hic quædam eiuſmodi neceſſitas ſtatuen-
da eſt: *Vnde, quæſumus, eſt ita Traditio,* vt *Cypr. Epiſt.*
D. Cypriani verbis vtamur, *Vtrumne de Do- ad Pompei.*
minica & Euangelica authoritate deſcendens? Nota.
an de Apoſtolorum mandatu atque Epiſtolis veni-
ens? Sat ſcimus, neutrum hic demonſtrari
poſſe: Vt vt quidam multa Scripturæ S. teſtimonia corrogare, atque huc flexibiliter
detorquere conentur. Vſquid ergo adhuc
alii aliis graues ac moleſti, hac etiam in *Mos conſ-*
parte, eſtis? Probamus autem præ cæteris *ſueti poteram*
illorum morem, quem paſſim in Vngaria

N & ſu-

& Superiori Silesia, & hic quoque multis
in locis,obseruari vidimus: Nimirum, vt
communicaturi pridie ante Communionem sacram ad Templum cobueniant;at-
que ibidem peractis publicis precibus, ad
eos in medio constitutos,peculiaris habetur ab Ecclesiæ Ministro ad pœnitentiam
Exhortatio , qua eorum animos ad *digne*
*manducandum & bibendum,*præparat : & sic-
ubi necesse est, super inobedientes verbò
D E I, flagitioseque viuentes, Ecclesiastica
extenditur disciplina : atque ita demum,
præeunte illis Ministro, fit communis &
publica Confessio peccatorū coram D E O
vna cum Absolutione, seu certificatione
de peccatorum remissione,quę illis CHRI
STI nomine, per eundem Ecclesiæ Ministrum,annunciatur. Haud plane dissimilis
est † *Præparatio* Ecclesiarum Palatinatus,
item Fratrum in Bohemia & hic,confiten-
di peccata,confirmandique in fiducia meriti CHRISTI trepidantes conscientias,
consuetudo.Ista,fratres, magis probamus,
nihil interim aliarum derogantes consue-
tudini & institutis Ecclesiarum , donec
certa eius rei per *Concilium* generale fuerit
determinatio ac Constitutio facta. Probamus quoque certis temporibus solennia
indici *ieiunia*, quod in quibusdam & nostris,obseruatur Ecclesiis; siue singulis me-
sibus, siue singulis trimestribus,prout Concilio

tilio visum fuerit; Nimirum, vt biduo ante
Communionem sacramentalem Ecclesia
bis aut ter per diem conueniat; ibique de
necessitate & causa illius jeiunij ex verbo
DEI admoneatur, simulque preces ac sup-
plicationes ad DEVM publice, pro temporis ac necessitatis ingruentia, fundat.
Quo peracto, communicandorum animi,
ad futuram communionem sacram, deinceps præparentur, vt moris est. Cæterum
istud obseruari nequit, præterquam in illis
Ecclesiis, quæ statis temporibus vna communicare solent. Qualem etiam Communionem in omnibus Ecclesiis seruandam,
per *Concilium* illud generale, indicendam
& confirmandam, melioris ordinis causa,
optamus & petimus.

Offertoria Papistica, vna cum *Altaribus* | Nundinati-
suis, *introductiones* Sponsarū puerperarum- | *ones Eccle-*
que in Templa, vniuersam denique illam | *siastica.*
Nundinationem Ecclesiasticam, qua Christia-
num fieri gratis, in fide proficere gratis,
DEO gratias agere gratis, passim non licet;
v nec vllum est, inquit Westhemerus, *in* | n *Barth.*
Christiana Ecclesia tam vile Ministerium, quod | *VVesth. Cō-*
non nummo redimere cogaris; Hæc omnia & | *cil. script. &*
similia, in totum censemus abroganda: id- | *Patr. Orth.*
que primo, quia contraria sunt CHRISTI | 1.
verbis: x *Gratis accepistis, gratis DATE!* præ- | x *Matth.io.*
sertim vbi ista simpliciter, & quasi ex debi- | v 8.
to, nec sine opinione cultus DEO grati, aut

meriti ac neceſſitatis, à Chriſtianis exigun-
tur hominibus: At quis *DEV S*? quis *CHRI-
STV S*? qui Prophetæ, aut Apoſtoli, iſta &
ſimilia inſtituerunt vnquam? *y Vnde eſt iſta
Traditio?* vt rurſum verba Cypriani repeta-
mus? Sat ſcimus neminem poſſe vllum horum Authorem, tanti quæſtus, nominare!
Quin igitur faceſſat è D ɛ ı Chriſtique populo. Deinde, quia nil niſi *z turpe lucrum,*
ab Apoſtolis ſeuere inhibitum per hæc ex-
ercetur: Vbi non ſolum à viuis, ſed etiam
à mortuis hominibus vectigaliâ exigi ſolent, proditque in medium Iudas Iſchario-
tes interrogans : *a Quid vultis mihi dare?*
Quam turpitudinem ſuâ ætate deplorans
Mantuanus, inter cætera dixit:

b Venalia nobis
Templa, ſacerdotes, Altaria, Sacra, Corona,
Ignis, thura preces, cælum eſt venale Deusq;

Tertio, quia omnes vere pii Chriſtiani
hanc mercaturam quouis tempore ſunt deteſtati : *c Latro eſt,* aiebat Hieronymus, *&
Templum DEI in SPECV M Latronum conuertit, qui LV CRV M de religione ſectatur, cul-
tuſque eius non tam cultus D EI, quàm* negotia-
tioriis occaſio eſt. Ambroſius: *d Admonet Dominici ſorma Baptiſmatis, quando deſcendit Spiritus ſanctus in columbæ typo , eiectorum de Templo huiuſmodi* mercatorum, *in Eccleſia D EI
conſortium eos non poſſe habere , qui Spiritus ſan-
Ri gratiam nundinentur. Gratis, inquit, acce-*
piſtis

Notatur.

y Cypr. E-
piſt. ad Pom-
pei:

2.
Tit.1.v.7.
1.Pet.5.v.2.

Nota.
a Matth.26.
v.15.

b Bapt. Mā-
tuan:

3.

e Hieron.
Comm. ſup.
Matth.c.21.

d Ambr.l.9.
in Lucam.

piſtis, GRATIS DATE. Chryſoſtomus: *e Chryſ.hom*
Quotidie ingreditur IESVS in Templum ſuum, 38. in Matt.
id eſt, in ſanctam Eccleſiam, & eiicit omnes Ven- *op.imperf.*
dentes gratiam DEI, de Eccleſia, Epiſcopos, Pres-
byteros, Diaconos, omnesque Eccleſiaſticos, nec
non & Laicos: quia vnius criminis habentur, pa- *Notetur.*
riter DEI dona VENDENTES & EMEN-
TES, quia ſcriptum eſt: Gratis accepiſtis, gratis
date. Quid alios memoremus ? quum vel
optimi quique apud Gratianum, Canones, totam hanc improbent mercaturam.
Videantur Canones : *f Baptizandis , Nullus* *f Cauſ. 1.*
Epiſcopus, Quicquid inuiſibilis, Placuit, Emenda- *qu.1.*
ri, Dictum eſt, Statuimus. Item Canones: *g* *g Cauſ. 33.*
Queſta eſt nobis, Poſtquam precio, In Eccleſiaſtico, *qu.2.*
Præcipiendum. Delineauit hos quoque gra-
phice Palingenius, inter cætera, ſic canens:

 Luxuria atque gula ſamuli, cœleſtia VEN- *h Paling. lib.*
  DVNT, *5. Leo.*

 Heu! quæ non nugæ, quæ non miracula fin-
  gunt!

 Vt vulgus fallant, optataſque præmia carpant.

 Inde ſuperſtitio & ludibria plurima manant,

 Quæ DII, ſi ſapiunt, rident, renuuntque vi-
  dere.

 Non precio, ſed amore DEVM vir iuſtus *Notetur.*
  adorat.

 Deme autem LVCRVM, ſuperos & ſacra
  negabunt.

 Ergo SIBI, non cælicolis hæc turba mini-
  ſtrat.

   N 3 Hæc

Hæc Nos ſi alicubi culpamus, & quidem
merito: Vtquid ipſimet adhuc committere idem ſtatuamus? Noſtræ quidem Eccleſiæ negotiationem iſtam penitus ſuſtule-

Notatur. runt. Magiſtratus enim pii ac vigilantis
eſt: prouidere, vt quilibet Miniſtrorum Eccleſiæ, tantum habeat ſtipendii, quantum
ad ſe ſuoſque honeſte alendos ſuſtentan-
dosque ſufficere iudicetur, quo citra hunc
turpem quæſtum, ſe minime decétem, cum
ſuis commode viuat, populumque ſimplicem, ſub relligionis ſpecie, pecunia fa-

Didactra cultatibuſque non emungat. Interim
Miniſtris non prohibemus *didactra*, aut munuſcula
Ecclefia. honoraria, gratitudinis ergo Miniſtris Ec-
cleſiæ, ex bona voluntate, liberalitateque

i Gal. 6. v. 6. cuiuſuis, donari: Scriptum eſt enim: i *Com-*
municet is qui inſtituitur in ſermone cum eo, qui

k 1. Cor. 9. *ſe inſtituit, omnia* BONA. Et, k *Si Nos vobis*
v. 11. *ſpiritualia ſeminauimus, magnum eſt, ſi Nos ve-*
ſtra carnalia meſſuerimus? Landat Apoſtolus
Philippenſes, accepto ab eis munuſculo,
quod ipſi per *Epaphroditum* miſerant, ap-

l Phil. 4. pellatque illud l *odorem bona fragrantia, ho-*
v. 18. *ſtiam* DEO *acceptam, ac gratam.* Cæterum
licitari, negotiari, contractuſque certos,
de quæſtibus eiuſmodi, ad ſingula Mini-
ſteria, paciſci, neque prius, quam certum
conſtituatur præmium, illa tranſigere, id
demum eſt, quod hic vitio vertitur.

4. Ad cætera quod attinet, veluti vſum
ima-

imaginum hiſtoricum in templis, *veſſitum* quo ſuperindui quidam ſolent ad peragendum in Eccleſia Miniſterium, *Dies feſtos, Pſalmodias, Muſicam* vocalem & inſtrumentalem, qua multi in templis vtuntur, vniformem *lectionum* ſacrarum in Eccleſiis omnibus ordinem, *Liturgia*, Sacramentorum, Ceremoniarumque eandem *adminiſtrationis* formam, quæ vulgo *Agenda* appellatur, & ſi quæ præterea ad ſolidam iudicantur neceſſaria Concordiam: De iis omnibus viderit *Concilium* illud generale, quod poſtulamus. Quum enim in maioribus pia fuerit conſtituta Concordia, nihil periculi fore cenſemus, quin de minutulis hiſce facilior poſſit iniri *Conſenſus*. Et quidē *Imagines* Templarias prolixe ac dilucide ſatis confutauit ac euertit D. Chemnitius in ſuo Concilii Tridentini *Examine*, ab m *Ethnicorum exemplis*, *à Scriptura ſacra Veteris & Noui Teſtamenti teſtimoniis*, *ab exemplo primitiuæ Eccleſia*, *ab origine*, *vſu*, *progreſſu*, denique *ſuperſtitione imaginum* horribili; vt nihil melius, firmius ac lenius, Noſtro iudicio, dici adferrique poſſit. Tolerandas certe illas promiſcue in Chriſtianorum Templis neutiquam cenſemus, quum vel ipſemet D. Lutherus id n *mera deliria ac impoſturas longe nocentiſſimas*, appellet, *ſi quis ſe reddi meliorem exiſtimat, dum ſingula delubra plura habeant aurea & argentea* IDOLA: Sed

N 4   autho-

Reliqua quæ adiaphoris accenſeri ſolent.

Notetur.

Imagines.

m *Chemn. Exam. part. 4. de imaginib.*

n *Luth. Poſtill. Eccleſ. Dom. 1. Aduent. ſup. Euangel.*

authoritate *Concilii* aut omnino abolen-
das, aut maximum in illis delectum habendum, ne pro veris historiis, fabulosæ &
falsæ, populo D E I obtrudantur picturæ,
Cuiusmodi sunt, imagines S. Trinitatis,
Trium Regum, Barberæ, Catharinæ, Do-
rotheæ, Georgii, Christophori, Margare-
thæ, aliorumque, qui vel in rerum natura
nunquam extiterunt, vel ex Legendicis
fabulis saltem, magna ex parte prodierūt,
vel manifeste impiæ idololatricæque fuerunt. Templa tamen, simpliciorum causa, decenter ornanda existimamus, modum vero ornandi illa Concilio designan-
dum committemus. Id quod etiam de

Vestibus, sive *lineis*, vt passim, sive etiam
o *Superpelliceis*, *manicatis*, *Epomide*, *Caputiis*,
Liripipiisque, vt in Anglia moris est, quibus
ministri sacra peragentes superindui solent, statuendum linquimus: in votis ha-

bentes, vt, quoniam Aaronicum iampri-
dem expirauit ministerium, vestes quoq;
Aaronicæ non amplius vsurpentur! Orna-
tus tamen honest● Ecclesiæque *CHRI-
STI* Ministros non indecens, vniformis in
Concilio decerni constituiq; poterit. Idem

iudicium sit de *diebus Festis*, eorumque per
anni circulum, numero, celebrandique
modo: Item, de *Cantu* Ecclesiastico, *Orga-
nis* Musicis, & vtrum fuerit consultum mi-
scere *Latina* vernaculis, & quænam? aut v-
trum

rum promiſcuæ *Cantiones* & hymni variorum Authorum ; an vero *Pſalmi* duntaxat
Dauidici, in Eccleſia ſint canendi? Item.
Vtrum *Chorali* ſeu vniuoca, an vero Figu- *Muſica.*
rali ſeu multiuoca illa confragoſa, non ſolum humanarum vocum, verumetiam In-
ſtrumentorum variorum & *Organi* Muſici
in Templis vtendum ſit *Symphonia* ſeu con-
centu? Item: Vtrum iuxta *Poſtillaras* Euan- *Poſtilla.*
geliorum ſectiones, an vero ſecundum librorum ſacrorum ordinem , textus Scripturæ ſacræ ſit populo proponédus? Item, *Forma Mi-*
quænam *Liturgiæ Agendæque* formæ, inter a- *niſterij.*
lias, cenſenda ſit optima? Hæc & ſimilia, *Nota.*
vtcunque parui æſtimentur precii, deter-
minationem tamen eorum iudicamus eſſe
valde neceſſariam, ne aſſidue nobis obiici-
ant Aduerſarii: Apud ſe in omnibus Ec- *Aduerſario-*
cleſiis eaſdem vniformiter obſeruari Ce- *rum iactan-*
remonias & ritus, ſiue ſit in Italia, ſiue Hi- *tia.*
ſpania, ſiue Gallia, Germania, Polonia, aut
vbicunq; ſaltem Romanus auditur Pon-
tifex, etiam in Iaponia & nouo Orbe: A-
pud Nos autem quamlibet vrbem & Eccleſiam peculiares habere ritus & conſue-
tudines, adeo vt ipſa dogmata, ſic & Ceremonias Noſtras inter ſe male cohærentes
eſſe ac diſſonas, vt quotquot reperiantur
capita, tot ſentétiæ ſint & inſtituta , quodque in vno loco tanquam ipſummet D ᴉ I *Noteint.*
verbum recipitur, idipſum in alio , tan-

quam merum commentum reiiciatur:
Nec sibi multo opus esse in euertenda religione Nostra, labore, per nos ipsos plus
satis euerti. Quam vero plausibiliter id ab
eis dicatur, nemo vestrûm ignorat! Tametsi enim apud rerum peritos, quod suo
loco patuit, id leuiusculum sit, & plane
nullius momenti: apud imperitum tamen
vulgus, & infirmiores haud leue, sed maximi iudicatur pretii ac ponderis! quippe
qui rebus in externos sensus incurrenti-
bus magis quam internis, verbo D E i ni-
tentibus, hic moueri soleat. *p Tu autem*, ait

p *Terent.*

Comicus, *quod cauere possis, stultum admittere*
Nota.
est. Siquidem vt in dogmatibus, ita etiam
in ritibus facile concordare possimus, vt
certe possumus, cur, quæsumus, id non vltro faciamus? cur tantum, C H R I S T I
regno promouendo, obstaculum adeo
sponte obiicimus? Nolite, obsecro, vo-
luntariis dissensionibus istis, quas facile,
dummodo velitis, euitare potestis, *q perde-*

q *Rom.* 14.
ᵠ. 15.

re illos, pro quibus C H R I S T V S mortuus est:
Certe enim perdimus, quum mutare ali-
quid in melius, per quod quispiam ædifi-
cetur, possumus & nolumus. Iucundum
vero fuit Colossensibus audire ab Aposto-

r *Col.* 2. ᵠ. 5.

lo: *r Etsi enim corpore absum, Spiritu tamē sum*
vobiscum gaudens ac cernens vestrum Ordinem
& soliditatem vestra in C H R I S T V M FIDEI.

Notatur.

Quidni idipsum quoque multis sit auditu
iucun-

iucundiſſimum, ſiquidem vniformem, et-
am in ritibus inſtitutum per *Concilium* viderint ordinem ? Mediocritatis autem
regula, vt hic, ita in aliis omnibus rebus,
cenſetur optima. Experimur enim nimis
multas Ceremonias aggrauare ſaltem, nullas autem labefactare Eccleſiam veram.
Quæ omnia ſapienti *Concilio* diſcutienda,
iudicanda, diſponenda, conſtituendaque
linquimus. Faxit *DEVS*, vt hæc *Exhortatio noſtra* vobis omnibus anſam, de his a-
liiſque in Eccleſia neceſſariis, ſerio cògi-
tandi porrigat. Atque hactenus etiam dictum ſit (vtinam cum exoptato fructu,)
de ritibus ſeu Ceremoniis controuerſis.

Quod ad *diſciplinam* Eccleſiaſticam attinet, Nemo eſt, qui non fateatur illam
valde vtilem eſſe ac neceſſariam, ſ *Deteriores enim Omnes ſumus licentia* inquit Còmi-
cus. t *Diſciplina* ait D. Cyprianus, *eſt cuſtos
SPEI, retinaculum FIDEI, dux itineris ſalutaris,
fomes ac nutrimentum bonæ indolis, magiſtra
Virtutum, facit in Chriſto manere ſemper, ac iu-
giter in Deo viuere, & ad promiſſa cœleſtia & Diuina præmia peruenire.* HANC & ſectari bo-
num & ſalubre eſt, aduerſari ac negligere lethale.
u *Quid enim magis in pace tam aptum, aut in
bellis perſequutionis tam neceſſarium, quam dè-
bitam ſeueritatem Diuini rigoris tenere? quam
qui remiſerit, inſtabili rerum curſu erret neceſſe
eſt, & huc atque illuc varijs & incertis negotio-
rum*

III.
Diſciplina
Eccleſiaſtica
s *Terent.*
t *Cypr.*
Tract. 2. *de*
habit. virg.

u *Id. lib.* 3.
Epiſt. 7.
Nota.

rum tempeſtatibus diſsipetur, & quaſi extorto de
manibus conſiliorum gubernaculo nauem Eccleſiaſticæ ſalutis illidat in ſcopulos, vt appareat non
aliter ſaluti Eccleſiaſticæ conſuli poſſe, niſi ſi qui &
contra ipſam faciunt, quaſi quidam aduerſi flu-
ctus repellantur, & Diſciplinæ ipſius ſemper cuſto-
dita ratio, quaſi ſalutare aliquod Gubernacu-
lum in tempeſtate ſeruetur. x Nam vt doctrina ipſa, inquit Hemmingius, eſt veluti Anima Eccleſiæ: ita diſciplina inſtar Neruorum eſt,
quibus membra ſuo quoque loco aptantur, conne-
ctuntur, & continentur. Huius diſciplinæ magna Laus eſt: Prædicatur enim eſſe Sanitatis ſub-
ſidium, ordinis fundamentum, Vnitatis vinculum. Nam ſine diſciplina nulla domus, nulla Res-
publ. incolumis perſiſtere poteſt. Et quia quæque
Familia, quo honeſtior fuerit, eo iuſtiorem ſectatur diſciplinam, par eſt, vt Omnium honeſtiſſima
familia CHRISTI, hoc eſt, Eccleſia optima diſciplina regatur. Quæ autem & quanta inter
Chriſtianos paſſim regnent enormia vitia,
non eſt quod multis ea commemoremus
verbis: y Inimici noſtri ſunt iudices: qui quæ
per accidens aliquando fieri vident, ea
ſimpliciter Euangelio tribuunt, quaſi vero
omnis generis flagitia neceſſario ſequan-
tur Euangelii doctrinam : Conſtitutus
quidem eſt alicubi certus ordo, viuendi-
que modus, alicubi etiam Diſciplina ar-
ctior. Cæterum quia hoc vnius atque alterius Eccleſiæ priuatum & peculiare eſt
bonum :

x Homm.
Euch. Theol.
claſſ.3.ca. II.

Notatur.

Deut. 32.
ⱱ.31.

Nota.
Diſciplina

bonum: Optamus, imo hortamur, & ma- *modus in*
iorem in modum oramus, vt in eodem *Concilio*
Concilio generali vniuersalis vniformisque *sanciendus*
per omnes Ecclesias, quantum fieri possit,
Disciplina sanciatur: eiusque extendendi
modus, in inobedientes verbo Dei, certus
monstretur; quo sub pii Magistratus, tam
secularis, quam Ecclesiastici regimine,
z tranquillam ac quietam vitam degamus, cum z 1. Tim. 2.
omni Pietate & Honestate. Nam hoc bonum est v. 2.
& acceptum coram Seruatore nostro DEO.

Quo etiam pertinere arbitramur pu- *Cura paup*
blicam in *pauperes beneficentiam*; cui omnes *perun.*
omnium seculorum homines, non pii so-
lum ac fideles Dei cultores; verum etiam
infideles ac Idololatræ, semper studue-
runt; nobis autem singulariter omnibus
a a Christo & *b* Apostolis eius *deman-* *a Mar. 14.*
data est. Dolendum certe; quod in multis v. 7.
locis *mendici* vtriusq; sexus, cum validi tum *Luc. 14. v. 12.*
inualidi, absque vllo discrimine atque or- *b Actor. 4.*
dine; in summam Christianismi ignomi- *vers. 34.*
niam, passim vagentur: & sæpe ignoratur *Gal. 1. v. 10.*
vnde & cuiusnam religionis sint; quid a- *Hebr. 13.*
gant; quo tendant, atque anndn potius *Vers. 16.*
exploratores, quam vere mendici sint? *Matth. 25.*
Quum tamen incolæ, seu ciuitatum; siue v. 40.
Pagorum, quique suos possint alere pau- *Notetur*
peres, ne alibi stipem quærere; vagari,
mendicareque cogantur. Prout; olim in
multis *c Conciliis* fuit constitutum: Ex- *c Conc. Tu-*
tant *ron. Can. 4.*

Conc. Bra-
car.Can.25.
Conc. Ro-
man Can.4.
Greg. Ro-
man. ad i.
interrog.
Aug. Canth.

Pauperes a-
lii Validi, a-
lii inualidi.
f 1. Toff.4.
verf. 12.
2 1 eff.3.v.8.
g & ro.

Schola.

b Luc. 2.
Verf 52.
Scho astici
pauperes.

tant etiam *fundationes* ordinationesq; per-
multæ piorum Regum, Principum, Do-
minorum, aliorumque, quarum pars magna in *pauperum curam* conuerti deberet:
Hinc *Parochi* seu Præpositi Hospitalium,
Ptochodochiorum, atq; aliorum eiusmodi diuersoriorum, optimo zelo fuerunt instituti. Prouidendum igitur censemus, ne
pauperes extra suam Parochiam mendi-
catum, nisi magna adacti necessitate, nec
sine scitu ac testimonio Parochi sui, quopiam exeant: Sed si quidem ij sint *validi*,
cogantur ad f *laborem manibus propriis*, *vt*
nullius ope indigeant, nec cuiquam sint oneri:
imo, g qui LABORARE nolint, ne etiam MAN-
DVCENT. Si vero sint *inualidi*, constituan-
tur *Ptochodothia*, in quibus maneant, religionem exerceant, suumque dimensum
quotidie, ordinante Magistratu, accipiant:
Quod in multis locis, per Dei gratiam, ob-
seruati solet: Vtinam in omnibus id obser-
seruetur! *Scholas* etiam, tam *Vrbanas* & *Op-*
pidanas, quam *Vicanas*, virtutum & artium
officinas, Ecclesiæ & Reipub. Christianæ
seminaria, censemus in qualibet Parochia
erigendas, vt Christiana iuuentus in pietate simul & sapientia vera, statim ab ipsis
primordiis erudiatur, inque ea cum ætate
& statura b *proficiat & roboretur.* In his etiam *pauperes Scholastici* ingenio pollentes,
e quibus publica aliquando speratur vtilitas,

fas, fumptibus Magiftratus, alendi, atque
inde ad altiora ftudia promouendi funt.
·Inprimis autem Ecclefiæ Miniftrorum *Vi-* *Viduæ Mi-*
duæ & *Orphani* pauperculi, eadem munifi- *niftrorum.*
centia vtriufq; Magiftratus, fuftentari deberent. Item, *Exules* Euangelii caufa, Câ- *Exules, &*
ptiui in bello, aliique ad quos publica per- *captiui.*
tinet cura, fufcipiendi, fouendi, iuuandiq;
funt, pro rerum ac perfonarum neceffitate,
locorumq: ac hominum oportunitate ac
facultate. Dandaque opera, ne quid his &
fimilibus defit. Vnde neceffe eft, vt cre-
bræ *Synodi* in quolibet territorio à D D. *Synodi.*
Superattendentibus conuocentur, aut à
fummis Magiftratibus *vifitationes*, certis an- *Vifitationes.*
ni temporibus conftituantur. Ifta quum
multis in locis negligantur, quid mirum, fi
verbum D E I paffim non eo, qui optatur,
procedat curfu? Sed de his viderit *Conci-*
lium.

   Iftud quoque hic minime prætereun- *Ars typogra-*
dum fuit: Norunt omnes *nil prodeffe quod* *phica.*
non ladere poffit idem. Inter alia vero, quæ
tam Ecclefiæ quam Reipubl. Chriftiahæ
maxime *profunt*, numeratur & laudatur et- *Notá.*
iam (nec immerito) *ars Typographica.* Per
hanc enim reftituta funt, & conferuantur
multa veterum fcriptorum & S S. Patrum
monimenta, quæ alioquin vetuftate ab-
fumpta facile erant peritura. Per hanc Religio vera per multas nationes intra modi-
                              cum

cum temporis spacium adeo propagata
est, vt ab innumeris hominibus citra omnem vim aut coactionem vltrò, & cum
gaudio sit recepta. Per hanc etiamnum
valdè vtiliter promouentur studia Theo-
logica simul & Philosophica; cum Ecclesiæ tum Reipubl. cuius vtilissima, summe-
que necessaria. Sed quid sit? En, *quod
prodesse* debebat, hoc ipsum nunc valdè *lædit!*
Dum enim multi præclaro isthoc artificio
nimis abutuntur ad mutuas contentiones,
diras, contumeliasque propagandas, quarum ne millesima quidem nunc pars exta-
ret, ni eiusmodi Typographorum auaritia,
aut etiam fames, in culpa sæpenumero esset: sit; proh dolor! vt ars ista nunc plus *læ-
dat*, quam *prosit*. De qua etiam multi cor-
dati sæpius conquesti sunt viri. Censemus
Nota. igitur, & huic malo, per *Concilium* generale, piumque *Magistratum*, vbiq; occurren-
dum, atque vbicunque eiusmodi *Typogra-
phia* habentur, (habentur autem passim)
iisdem viros doctos, sapientes, *Concordiæque
Christianæ* studiosos, præfici curent; ne
quid omnino, præter id, quod publica authoritate receptum est, typis deinceps, sub
graui pœna, euulgetur. Id quod etiam in
generali nostra Wlodislauiensi Synodo,
i Syn. Wlo-
dis. Consti.5. cautum fuit. i *Ne quisquam audeat vllos LI-
BROS proprio arbitrio publicare. Sed illi LI-
BRI, qui GENERALEM Ecclesiæ doctrinam con-
tinent,*

tinent, cenſuraSuperattendentium omnium Con-
feßionum, & Seniorum præcipuorum, ſubiaceant.
Qui vero ſpecificum aliquid tractant, à Miniſtris
Senioribus Diſtrictuum examinentur.

Quod vero ad quæſtionem illam attinet, vtrum, videlicet, Chriſtiani flagitioſe
viuentes, & enormiter peccantes, ſint Eccleſiaſtica ſolummodo *excommunicatione,*
an vero etiam *gladio* Politici Magiſtratus,
plectendi? Etſi ea controuerſia paucorum
admodum fuerit, in ea tamen nihil arbi-
tramurineſſe difficultatis. Vbi enim Magiſtratus Politicus eſt pius ac Chriſtianus,
ibi quoque fratres flagitioſe viuentes ſiſti,
accuſari, iudicari, damnari, & puniri oportet.
k *Nam Magiſtratus,* ait Apoſtolus, NON
ſuntterrori BONIS operibus, ſed MALIS. Vis
autem non terreri poteſtate? quod BONVM eſt
facito, & laudem ab IPSA obtinebis. DEI enim
MINISTER eſt tuo BONO. Quod ſi feceris quod
MALVM eſt, metue, non enim fruſtra gladium
geſtat: nam DEI MINISTER eſt, vltor ad IRAM
ei, qui quod MALVM eſt, fecerit.

Hæc ſi olim de Poteſtate infideli ſunt dicta, quanto magis nunc de pio fidelique
Magiſtratu intelligenda ſunt? ni omnino,
quod abſit, cum Anabaptiſtarum ſectis,
abſque vllo ordine viuere, vagam, pecui-
namque vitam agere malimus. Vbi vero
Magiſtratus eſt impius, Fideique Chriſtianæ & Orthodoxæ aduerſarius, qualis tum

O   quum

Quæſtio de Excommunicatione.

k *Rom. 13.*
v. 3.

Nota.

quùm hæc fcriberet Apoftolus, fuit: ibi flagitioſi Fratres coram eiuſmodi Magiftratu nequaquam à Fratribus ſunt accuſandi, ſed *Excommunicatione*, quæ in Eccleſia omnium grauiſſima eft pœna, è gremio eius eiiciendi ac tollendi, Sathanæque tradendi ſunt: Illud enim Apoftolus manifefte prohibet,

1.Cor.6.v.
1.& 6.
inquiens: l *Suſtinet aliquis veſtrùm negotium habens aduerſus alterum, iudicio experiri ſub iniuſtis, ac non ſub* S A N C T I S ? *Et Frater cum Fratre iudicio experitur, idque ſub* I N F I D E L I-B V S ? En prohibitionem! Hoc vero diferte præcipit: *m* I S *qui hoc ità perpetrauit, vobis & meo Spiritu in nomine Domini noſtri* I E S V C H R I S T I *congregatis, cum poteſtate Domini noſtri* I E S V C H R I S T I, *eiuſmodi* inquam homo tradatur Sathanæ, *ad interitum carnis, vt Spiritus ſaluus ſit die illo Domini* I E S V. Id

in 1.Cór.5.
v.4.

n 1.Tim.1.
v.20.
quod alibi ſe quoque feciſſe ſcribit *n Hymenæo & Alexandro*, quos non Magiftratui puniendos detulit, ſed *tradidit eos Satanæ,* inquit, *vt caſtigati diſcerent non blaſphemare.*

Quæſtio.
Quæri poſſet: Quid ſi Magiftratus fuerit Chriftianus, & nemo tales flagitioſos ad eum deferat, quid tum faciet Paftor, ſiue Magiftratus Eccleſiaſticus? Num feret tales in cætu piorum citra omne diſcrimen? an potius ipſe eos ad Magiftratum Politicum deferet!

Reſponſ.
Reſpondemus: Neutrum faciendum eft. Quin idem prorſus, quod fieri ſolet ſub Poteſtate relligionis diuerſæ, faciet:

faciet: Nimirum, *o* ex præscripto verbi Diuini, Ecclesiastica censura, in eos animaduertet : nihil interim potestati Politicæ
præiudicans aut detrahens. *p Sic sæpe locum*
habet Ecclesiasticum iudicium, ait quidā Theologus, *VBI non est locus iudicio Politico.* *Vt*
cùm Ecclesia ex cœtu suo eijcit, nec agnoscit ampli-
us pro membris suis non agentes pœnitentiam,
quos tamen Magistratus Ciuilis tolerat: Et con-
trà: Sæpe Politia eijcit, quos Ecclesia recipit: Vt
cum Magistratus pœna capitali plectit adulteros,
latrones, fures: quos tamen Ecclesia, si agant pœni-
tentiam, non excommunicat, sed recipit. Intelli-
gendæ autem sunt Phrases Apostolicæ,
quid sit *q tradere Sathanæ ad interitum carnis?*
Non certe, vt quidam interpretati sunt, *r*
vltimo capitis supplicio afficere: Sed è consor-
tio Ecclesiæ eiicere eo, vbi Sathanas regnat
hoc est, extra Ecclesiam; vt caro per pœnitentiam domita & mortificata spiritui da-
ré locum, ac homo consistere in die Domini possit. Hoc tamen legitime ac ordine
debito vix fieri potest, nisi in illis locis, vbi
Presbyterium, vel iudicium Ecclesiasticum,
fuerit constitutum. Quod vt per *Concilium*
illud plurimis in locis decernatur, obnixe
rogamus.

Atque hæc quoque in præsentiarum dicenda fuerunt, de *modo* curandi morbi Ecclesiastici, ineundæque inter dissidentes,
Concordiæ Christianæ. Ex quibus iam no-

ten-

o Matth. 18.
v.17.

p Zach. Vr-
siu explic.
Catech. de
Excomm.
qu. 4.

Notâ.

q 1. Cor. 5.
v. 5.
r D. Erasti
Medicus de
Excomm.

Iudicium
Ecclesiasti-
cum.

Conclusio se-
cunda par-
tis; ex quà
obseruanda:

tentur hæc duo: Primum, non tantam hic
esse difficultatem, quanta primo intuitu
apparet, quantaque à plerisque existimatur, Concordiam vniuersalem in Refor-
Notetur.   matis constituere Ecclesiis. Ecce modus
facilis, expeditus, promptus, perspicuus,
apertus, vt nihil supra. Vtimini saltem *eo*
in timore Domini & Charitate Fraterna,
s I. Tim. I.   *Deum̄q̄ orate*, vt vobis det illam *s Charita-*
6.5.   *tem ex puro* corde, *& conscientia bona, & fi-*
t Psal. 133.   *de non ficta. t Ecce enim, ecce! quam* bonum, *&*
v. I.   *quam iucundum, habitare FRATRES in vnum!*
u Ecclesiast.   *v In tribus placitum est Spiritui meo*, ait Sapi-
25. v. I.   ens, *quæ sunt probata coram DEO & HOMI-*
NIBVS : CONCORDIA Fratrum, amor
Proximorum, & Vir & Mulier bene sibi CON-
x Eph. 4. *v.*   *SENTIENTES.* Quapropter, *x deponite*
22. & 31.   *quod ad pristinam conuersationem attinet* vete-
rem *illum* hominem, *qui deceptricibus cupidi-*
tatibus corrumpitur. Renouamini autem Spiritu
mentis vestra, & induite nouum *illum* homi-
nem, qui secundum DEV M conditus est, ad Iu-
stitiam & sanctimoniam veram. Omnis amari-
tudo, & Ira & indignatio, & clamor & male-
dicentia tollatur *ex vobis, cum omni malitia.*
Sed estote alii in alios benigni, misericordes, condonantes *vobis mutuo offensas*, sicut *& DEVS*
y Dist. Ca-   *in CHRISTO condonauit* vobis. *x IRA* odi-
non.   *um* generat, *CONCORDIA nutrit AMO-*
2.   *REM.* Alterum ex superioribus obseruandum est: Nullam subesse iustā legitimam-
que

que caufam, quo minus depofita omni fi-
multate, ira, odio, contentione, quantum
fieri poffit, de vniuerfali ac mutua folliciti
effe debeatis Concordia, quandoquidem
methodus illius ineundæ fit adeo facilis &
expedita. Eia ergo, agite! Sereniffimi, Po- *Exhortatio*
tentiffimi, Illuftriffimi, Illuftres, Magnifi- *ad Magi-*
ci, Generofi, Reuerendiffimi, Ampliffimi, *ftratus Eu-*
Reuerendi, Spectabiles, Amiciffimiq; vi- *angelicos.*
ri Fratres, nobis in Chrifto IESV obferuan-
di! Excitamini tandem ferio, è fopore ac
lethargo ifthoc tam diuturno ac noxio! *z* ζ *Rom.13.*
Hora eft, ait Apoftolus, *iam nos à fomno exper-* *v.11.*
gifci, Nunc enim propius hos eft Salus quam cum
credidimus. Nox proceffit, dies autem appropin-
quat. Abiiciamus igitur opera tenebrarum, *&*
induamur habitu, qui LVCI conueniat! Re-
cordamini exempli *Regis Niniue,* ad quem *a Ion.2.v.6.*
cum primum perueniffet verbum DEI per
Ionam Prophetam prædicatum, mox pu-
blicum omnibus indixit *ieiunium,* vt homi- *Notetur.*
nes *& iumenta* clamarent *ad* DOMINVM, &
conuerterentur ab iniquitate fua. Ecce e-
nim vobis plures Ionæ! *Confurgite* & vos de
Soliis veftris, date gloriam Domino DEO
veftro! Pœnitentiam agite de præteritis
ignorantiis ac negligentiis veftris! Ne de-
efte vobis Diuinitus impofito officio! Re-
ftituite tandem illam omnibus bonis ex-
optatam Ecclefiæ DEI pacem *& Concordi-*
am! Eftote ipfi exemplaria vobis commiffi

O 3 gre-

gregis; memores illius, hominis licet Ethnici, diftichi:

Notetur.

Tunc agitur cenfura, & tũc exempla parantur,
Quum Iudex alios quod monet, ipfe facit.
Inprimis autē vos DEI altiffimi Prophetæ & Miniftri! ponite omnem, fi qua inter vos eft, mutuam æmulationem, ambitionem, arrogantiam, contemptum, indigna-

b 1. Cor. 14. v. 1.

tionemque: *b Sectamini* CHARITATEM, *ambite Spiritualia, magis tamen vt prophetetis?* Confiderantes in vobifmetipfis, nõ quantum alter alterum eruditione, fcientia, cognitione, authoritate, gratia, & opibus fuperet; Sed quantum in Ecclefia CHRISTI

c 1. Cor. 8. v.

fructum, quifque veftrum adferat: *c Scimus enim,* ait Apoftolus, *Nos omnes* NOTITIA *effe praeditos,* SCIENTIA INFLAT: CHARITAS *vero* ÆDIFICAT. Quã turpe illud de Prophetis & facerdotibus DEI olim prolatum: *d*

d Hieron. 8. v. 10.

A Propheta vfq; ad facerdotem cuncti faciunt MENDACIVM! Et quod Apoftolus CHRISTI de fui temporis protulit Paftoribus: *e*

e Phil. 2. v. 11

Omnes quae SVA IPSORVM *funt, quaerunt, non quae* CHRISTI IESV! *f Si quis de Anteceforibus*

f Cypr. lib. 2. Epift. 3 ad Cacil.

noftris inquit D. Cypr. *vel ignoranter vel fimpliciter* NON HOC *obferuauit & tenuit, quod nos Dominus facere exemplo & magifterio fuo docuit: Poteft fimplicitati eius, de indulgentia Domini Venia concedi:* Nobis vero non poterit

g 1. Sam. 15. v. 31.

Ignofci, *qui nunc a Domino admoniti & inftructi fumus. g* O infatua DOMINE, quæfumus, *Concilium Achitophelis!* Quinetiam

Tu rege Confiliis *actus* Pater *optime noftros*|
Noftrum opus vt laudi feruiat omne Tua.
Ac de fecunda quidem parte hactenus
efto dictum,

PARS TERTIA,

Refponfio ad Obiectiones & Cauilla-
tiones quafdam præcipuas vtri-
ufq; partis contra Concordiam.

Argumentum

TAmetfi arbitremur iam moderatis, ac
minime *Contentiofis* fatcifactum effe
ingeniis,ad fupra propofitas Obiectiones,
adeo, vt *b de cætero nemo nobis moleftus* effe
debeat, Quam etiam ob caufam nec ve-
ftras cuiusque ab vtraque parte, ad hanc
Exhortationem expectamus *Apologias.* Ne
quifquam fit, qui in ea refutanda ftylum
fibi fruftra exercendum proponat: Nobis
enim,qui nos & noftra omnia *Concilio* generali fubiecimus, admonuiffe fuit fatis,
fiue aliquid effecerimus, fiue non, DEO
omnem commendamus euentum! qui o-
mnia videt & audit,& Noftræ perhibet te-
ftimonium confcientiæ. Pofteritas quoque ingenui candoris Noftri olim teftis e-
rit,Nos, videlicet, ifta nö fodiendi magis,
fed reftinguendi ignis caufa, fcripfiffe. Id
quod etiam à fingulis veftrum non in peiorem, fed in meliorem potius accipi partem

Refponfionis
ad obiectio-
nes.
b Gal. 6.
v. 17.

Notetur.

Q 4

tem decet. Repetimus iterum verba A-
1.Cor.11. postoli: i *Si quis videtur Contentiosus esse*, Nos
6.16. (Poloni) *eiusmodi Consuetudinem non habe-*
k Apoc.22. *mus, neque Ecclesia Dei.* k *Qui nocet, noceat ad-*
6.11. *huc,& qui sordidus est, sordescat adhuc: & qui*
iustus est,iustificetur adhuc: & Sanctus sanctifi-
cetur adhuc. Et quidem de viris bonis, v-
Nota. trobique pacis studiosis,non est quod dubitemus amplius, illos, nimirum, hunc a-
nimi-candorem , & propensionem æqui
bonique , vt decet, consulturos, atque ita
l Isa. 55.&.11. l *Verbum D mini non reuersurum ad se vacuum,*
m 1.Cor.15. m *nostr &que laborem non fore inanem in Do-*
v.58. *mino.* Veruntamen scientes multos vbiq;
reperiri maleuolos, falsos Fratres , & Zoi-
los,qui nil, nisi alienas carpere operas, fa-
n Hiero. cere norunt, n *Est enim*, vt D.Hieronymi
Com.in E- verbis vtamur,*multorum solatium B O N O S*
pist.ad Tit.1. *C A R P E R E:* quos sane iusto *DEI* relinquimus iudicio. Nihilominus vt in gratiam
simpliciorum, Cauillationes eiusmodi hominum præoccupemus,ad ea, quę hic forsan obiici videbuntur,breuiter, D E O pro-
pitio, respondebimus.
1. Etenim cauillabuntur quidâm, quod
Fraternitas. Fratrum nomine partes vtrinque controuertentes appellauerimus. Nolunt enim
pro fratribus agnosci, quos ipsi iam, suo
iudicio,existimant Hæreticos. Esto. Atqui
Notatur. hoc nos nulla nostra ferimus culpa. Quu
enim istud iam tot vndique euicerimus
argu-

argumentis, rationibus, & circumstantiis,
totque Contentionum istarum præcideri-
mus ansas: Sperantes neminem fore so-
brium, qui vel hiscere contra vellet!(quod
etiamnum Intrepide speramus) Quid tandem restitit, nisi vt proprio, quo ab vtraq;
parte dignos arbitrati sumus, nomine *o* *Matth.23.*
Fratrum videlicet *in Christo Iesu*, à Nobis *v.8.*
appellaremini? Donate nobis, quæsumus,
hanc iniuriam! *p Non enim quæsiuimus quæ* *p 2.Cor.12.*
vestra sunt, sed Vos! Frater est, qui Christum *& 14.*
Iesum eodem, quo nos, confitetur & inuo- *Notetur.*
cat modo:quicquid hic *q Zelus amarius* con- *q Iac.3.v.15.*
tra dictitet. Vos autem ex vtraque parte
Christum *Iesum* eodem, quo nos, confite-
mini & inuocatis modo: Conferte saltem
diligentius vestras, inter vos, sententias.
Quidni ergo *Fratres* inter vos sitis? Fratres
estis, carissimi, Fratres, fratres. *r Vt quid er-* *r Actor.7.*
go alii alios iniuria afficitis: Fratres estis, fra- *v.26.*
tres, *Vt quid ergo Charitatem non habetis alii* *s Iohan.13.*
in alios? t *Nam qui dicit se in luce esse,* inquit *& 36.*
Apostolus, *& Fratrem suum odit, in tenebris* *t 1.Iohan.2.*
est vsque adhuc. Qui diligit fratrem suum, in *vers.9.*
luce manet,& scandalum in eo non est. Qui au-
tem odit Fratrem suum, in tenebris est,& in tene-
bris incedit: & Nescit quo eat, quia tenebræ ocu- *Nota!*
los ipsius obcæcarunt. Notent hoc Aristarchi
Nostri, quid & quantum de illis hic sentiendum sit, vtcunque politiorem subli-
mioremque profiteantur scientiam: Ecce!

O 5 *in*

in tenebris sunt & ambulant , nec sciunt quo va-
dant! Quisquis autem eos sequi volet, quo-
nam , obsecro, abiturus est? quo se vertet?
q Luc.6.V. u *Num potest cæcus cæcum per viam ducere?* ait
18.   Dominus noster , *nonne ambo in foueam ca-*
dent? Terribile sane & tremendum hoc
iudicium est! Ergo potius eligite *lucem*
Charitatis, in qua ambuletis, præ *Odii tene-*
bris in quibus perpetuo errare , ac perire
tandem necesse erit.

11.   Cauillabuntur etiam nonnulli, quod
cum iis *Concordiam* suaserimus ineundam,
Damnati.   qui iam pridem ab Ecclesia *damnati* ac pro-
scripti esse censeantur. Atqui damnatos
& proscriptos illegitime , ne dicamus ini-
que satis, Nos quoque nouimus, & supra
ostendimus. Parcite verbis audaculis. Fratres obseruandi. Nunquam enim illi in legitimo *Concilio* (quale nos hic , post o-
mnes bonos flagitauimus) auditi, nedum
condemnati fuerunt. Id quod etiam , vt
x Conuentu   alias, ita præcipue in x *Conuentu Francofur-*
Francofurt. *tensi* ab Exterarum Ecclesiarum solenni *Le-*
Anno. 1577. *gatione* manifeste ostensum , deque eiusmodi *præiudiciis in non Auditas Ecclesias* à mul-
Notæ nr.   tis conquestum fuit. Dignissimum vero
esset , vt tandem tot DEI Ecclesiæ, in tot
diuersis Mundi partibus, tam intra, quam
extra fines Germaniæ, (quæ etiam cum lachrymis id multoties à vobis postularunt
& postulant) audiantur, instruantur, iudi-
cen-

centur, aut meliora, fi neceffe eft, edoce-
antur: Vnius enim atque alterius priuati
hominis iudiciariam, *in propria caufa* fen- •
tentiam, nullius plane arbitramur effe va-
loris. *Nemo in SVA Caufa poteft effe accufator,* ʒ *C.4. qu. 4.*
Teftis aut iudex. ʒ *Quæro*, aiebat Gelafius, *ab* *Can. Nullua*
HIS iudicium, quod prætendunt, VBINAM pof- *ʒ Tomo ʒ.*
fit agitari? Vt IIDEM fint INIMICI, TESTES, *Nicol. Pap.*
& IVDICES? Sed Tali iudicio nec Humana de- *ad Mich.*
bent committi negotia. Quod fi iudicio, vbi II- *Imp. Con-*
DEM funt INIMICI qui IVDICES, nec *ftant.*
HVMANA debent committi negotia: Quanto *Nota.*
minus DIVINA, id eft, ECCLESIASTICA? Qui
SAPIENS eft INTELLIGAT. Et fi de
Romano Pontifice olim dixit Petrus de
Alliaco Cardinalis: *a Nimis periculofum effe,* *a Petr. de*
Fidem noftram vnius committi hominis arbitrio: *Alliac. de*
quid nos de hoc vel illo Doctore Ecclefia- *reforman.*
ftico aut etiã Scholaftico, vtut nominetur, *Ecclef. apud*
Ortha. Grat.
fententiam, pro fua parte, præcipitanter
ferente, fumus dicturi? Et fi Chryfoftomus
b *Haud congruum effe, iudicauit, vt hi qui in Æ-* *b Chryf. E-*
gypto funt, iudicent eos, qui in Thracia funt, & *pift. ad In-*
præfertim Ille qui ipfe Reui eft, inimicus & hoftis: *nocent. Ro-*
man.
Quomodo congruum erit, vt hi qui in *Nota bene!*
Germania funt, iudicent eos, qui in Gallia,
Anglia, Scotia, Dania, Suecia, Polonia,
Vngaria, Morauia, Bohemia, Auftria, Sile-
fia, aliifque diuerfis Nationibus, præfertim
illi, qui ipfimet, ab altera parte, rei effe infi- *c Reg. iuris*
mulantur? Certe c *extra Territorium ius di-*
centi

d C.12. qu.1.
Can. multi.
Notetur!
e Legatur
Bulla Cænæ
Domini &
Concilium
Tridentin.

centi *impune non paretur:Et*, d *Si accuſare ſuffi-*
cit, *quis tandem erit innocens* ? Quod ſi damnationem & e *Anathemata*, contrà vtranque partem, quaſi contra *Hæreticos* à Pontificiis, ſub prætextu *Ecclesiæ Catholicæ* edita,
æſtimatis irrita, & plane nulla, vt proculdubio ab vtraque parte facitis; quàre? quia
itidem in nullo legitimo auditos *Concilio*
indiĉtaque cauſa, vos temere damnant, &
iampridem damnarunt: nonne? Vtquid
ergo idem prorſus in veſtros, nullamque
(vt vidimus) ob cauſam committitis Fra-

f Æmil.
Lampr.19
Alex Seu.
g Matth.7.
v.12.

tres? f *Quod tibi nolis fieri* clamabat olim A-
lexander Seuerus Imperator, *Alteri ne fece-*
ris, Et *Chriſtus* : g *Quæcunque volueritis*, *vt fa-*
ciant vobis homines,ita & vos facite eis.Iſta enim
eſt Lex & Propheta. Atque hæc & ſimilia
potius fuerunt conſideranda, quam cru-
deles eiuſmodi in Fratres, ſententiæ indi-

h 1.Cor.4.
v.5.

ĉta cauſa, ferendæ. h *Ne ante tempus quic-*
quam iudicate,fratres,vſque dum venerit Domi-
nus,qui & illuſtraturus eſt occulta Tenebrarum,
& manifeſta faciet conſilia Cordium, ac tunc
laus erit vnicuique à DEO.

111.
Marboſes.
i 1. Cor. 11.
v.9.

Cauillantur etiam aliqui; quod vniuerſalem inter omnes ſuaſerimus *Concor-*
diam, quùm teſte Apoſtolo, i *Oporteat Hæ-*
reſes eſſe, *vt qui probati ſunt*, manifeſti *fiant*
inter nos. Verum eſt. At quùm vniuerſalis,
quod optamus, inter omnes Eccleſias fuerit inſtituta Concordia; tunc ſane (quod v-
tinam

tinam cito eueniat:) certamina ista & Hærefes, quænonnifi hominum vitio excitari
folent, facile ceffabunt. *Sublata enim caufa,*
tollantur Effectus. Et quis adeo est vecors,
qui præ malo, nolit eligere bonum? Abo-
leantur fane, omnes (fi poffint) fectæ, vt
nemo fit Lutheranus, Caluinianus, Papi-
fta, Anabaptifta, Socinifta, & fimiles: fed
omnes fint *k Chriftiani: l Nos autem* fincere
nos gerentes in Charitate, *prorfus adolefcamus*
in eum, qui est C A P V T, nempe, CHRISTVS:
ex quo totum Corpus *congruenter coagmenta-*
tum & compactum, per omnes fuppeditatas com-
miffuras, ex vi intus *agente, pro menfura vnius-*
cuiufque membri, *incrementum capit CORPO-*
RI conueniens, ad fui ipfius *extructionem per*
CHARITATEM. Quis hæc potius præ o-
mnibus Hærefibus exoptanda eligendaq;
non exiftimet? Ipfi autem diftinguere fo-
lptis inter *l Neceßitatem abfolutam fiue violen-*
tam & neceßitatem Confequentiæ. Necab re
quidam: *m Neceßitas hæc,* inquit, *non est, vt*
dicunt abfoluta *vel ineluctabilis,* nempe vt
fint Hærefes, *fed tantum ex* antecedenti *&*
confequenti. Videt Paulus Sathanam omnia
mouentem, vt Ecclefia turbetur, & multos intelli-
git infirmos *ab E O feduci & cum illo facere: ideo*
iudicat hoc euenturum, vt hærefes contingant.
Ergo hærefes per fe non funt neceffariæ,
quæ plurimum nocent, etfi aliquo modo
doceant; fed per *accidens,* quod per eas
DEVS

k Actor. 11.
v. 26.
l Ephef. 4.
v. 15.

Notetur.
Neceßitas
duplex.
Dialect. Phi
Mel.
m Petr. Mar
tyr. Comm.
in 1. Cor. 11.
Nota.

DEVS velit, vt idem ait, *n probatum quemå̃*
ILLVSTREM *fieri*. Eſt ſua *paupertatis* vtilitas, quam etiam vltro quidam vouent,
quippe quæ tot inſidiis *o Sollicitudinibusq̃*
non pateat, quibus *p diuitiæ* ſæpius patere
ſolent: *Cantabit vacuus coram Latrone viator,* •
inquit Poeta: *Nec tamen hoc tanti eſt Pauper*
vt e,euellim! Sic ſua quædam *hæreſeon* com-
moditas Eccleſię Dei poteſt aſſignari:quis
tamen noſtrûm Hæreticus piæ Catholicô
atque Orthodoxô fieri propterea malit?
Neque eſt, quod multûm de *Hæreſibus* la-
boremus commendandis; Vt enim ſentes
& vrticę ſponte naſcuntur,ſationeque minime opus habent; ita quoque hæreſes vltro à *Contentioſis* quibuſdam excitantur,fa-
cileque,Diabolo inſtigante,propagantur;
vt ſemper Eccleſia habeat,quibus cûm cer-
tet,ac per quos probata, illuſtris, & mani-
q Iac.4.v.7. feſta euadat. *q Reſiſtite* ſaltem *Diabolo,ac`r te-*
r Eph.4.v.3. *nete* vnitatem *Spiritus per vinculum* PACIS;
manentes in Fraterna dilectione; Con-
ſortioque Eccleſiæ veræ; Erunt nihilominus altera bella: Erunt quibuſcum fortiter
congrediendum ac pugnandum ſæpius e-
rit:

> *Nunquam bella bonis, nunquam certamina*
> *deſunt,*
> *Et quo cum certet mens pia ſemper habet.*

Nobis ſane vtilitas illa, ſiue per ſe ſiue per
accidens,obtingat nunquam: Vtinam potius

tius: *Omnes* CONCORDITER, VNO ORE, | *Rom.15*
glorificemus DEVM *& Patrem Domini noſtri* v.6.
IESV CHRISTI, t *eandem* Charitatem | *Phil.2.v.2?*
Habentes, vnanimes, *& ſententiis* VNI! Id potius optandum, curandumque omnibus
eſſet. Summa : Apoſtolus dicens : v Oportet | x1.Cor.11.
hæreſes eſſe, docet ; quid x *malitia Sathanæ* 6.15.
ſemper futurum ſit: hon, quid y *noſtro ſtudio* x *Matth*.13.
vel culpa fieri debeat. v.25.
y *Marc.13.*
Cauillabuntur quidam, quod neutram *verſ.37.*
partem alterutri prætulerimus, ſed vtram- i.*Pet.3.v.8.*
que ſibi inuicem *coæqualem* fecerimus, di- IV.
centque nos eſſe *neutrales*. Atqui noſtrum *Æqualitas.*
non fuit ſublimare alteram, deprimere alteram partem, vt qui non iudicum, ſed *ex-*
hortatorum perſonam hic ſuſtinuerimus.
Neutrales vero non ſumus, qui vtramque *Notetur.*
partem in æqua bilance poſitam, fraterne
ad id, quod neceſſarium exiſtimauimus,
admonuerimus. Vos iam vtrinque vide-
ritis, quidnam vobis inuicem ex vſu futurum ſit. Certe qui *hæc ſpernit*, fidenter cum
Apoſtolo (cuius hactenus in z *exhortando* z i.*Cor. 6.*
veſtigiis diligenter inſtitimus) *à non ſpernit* *verſ.1.*
HOMINES, *ſed* DEVM, *qui* ETIAM DEDIT a i.*Theſſ.4.*
NOBIS *Spiritum* SVVM *ſanctum*! Noſter v.8.
interim zelus & candor, hac quidem in
parte, toti poſteritati notus manebit.
Quid enim? Num quia ſe hic *Lutheri* no- *Notetur.*
mine, contra voluntatem, contraque in-
terdictum ipſius venditat, præferendus eſt
ijs,

iis,ſi qui tales ſint,qui ſe potius *Zuinglianos*
aut *Caluinianos* appellari gaudeant? Aut
quia hic Zuinglii, ſiue Caluini doctrinam
ſequitur,præponendus mox omnibus *Lu-*
theranis cenſetur? At vnde hoc? *b An à*
ſolo Luthere, vel Zuinglio, vel Caluino,
verbum DEI profectum eſt? an ad illos SOLOS
deuenit? Abſit, fratres optimi, abſit! A
c CHRISTO enim communi Magiſtro noſtro verbum in omnes profectum eſt,inq;
ſolos Apoſtolos primum deuenit. Hoc
iam ſiue Lutherus, ſiue Zuinglius, ſiue
Caluinus,ſiue alius quiſpiam,quocunque
nomine tandem appelletur, amplexus eſt,
vt proculdubio omnes amplexi ſunt; imi-
temur ſane, non tam ipſos quam doctrinam ex verbo DEI ab ipſis traditam, nec
contemnamus veritatem vel à puero, non
ſolum à tot doctiſſimis viris,allatam. Sic-
ubi vero vteruis horum, aut quiſquis tandem ille ſit,à verbo DEI recedat,(vix enim
fieri poteſt, quin in tam 'multis & vaſtis
voluminibus, diuerſis temporibus con-
ſcriptis,id commiſſum ſit) *d nauos iſtos Pa-*
trum, vt probos decet Filios, manutega-
mus, neque propterea ipſas, cum impio
CHAM deteſtemur,aut vilipendamus perſonas. Præclare quidam: *e Poſt Eccleſiæ au-*
*thoritatem,*in quit, *& PATRVM ſcriptis HO-*
NOR deferendus. Qua vt abſque ratione NON
ſunt REIICIENDA, ita nec SINE examine AD-
MITTI

b 1.Cor.14.
*v.*36.

*c Mar.*16.
*v.*15.

Notat.

d Geneſ. 9.
*v.*23.

e Petr.Mart.
Comm. in
1.*Cor.*14.

MITTI debent. Nam ILLA si non excussa, & non
examinata statim susceperis, ex homine DEVM
facies. Si vero illico ac temere reieceris, ex homine
DIABOLVM facies. Nam aliquid ita reiicere,
est IVDICARE nihil vel sani, vel boni illic posse
inueniri. f Detestabile genus hominum est plane,
ait alter, quod OMNIA veterum omnium scripta FLOCCI FACIT & fastidit : rursus incauti
sunt, & incircumspecti admodum qui absque O-
MNI IVDICIO & discrimine CVNCTA illorum vocant. Regia via incedendum est, & CHRI-
STIANA vtendum prudentia. Ea enim o-
mnium hominum sors est, vt qui in vna
aliqua re pulchre stant, in alia turpiter labi
possint. Et bonus interdum dormitat Ho-
merus. Hoc etiam quum sæpenumero
Luthero, Zuinglio, Caluino, Martyri, Maiori, Pomerano, aliisque insigniter erudi-
tis Theologis accidere potuerit, quod nemo facile negarit, quis prudens illos, illo-
rumque labores pios & Christianos, ob
hanc solummodo causam penitus statuet
reiiciendos? Recte obseruandum monet
idem, in omnibus Patrum scriptis, g quid,
videlicet, ex ipsis sacrarum & Canonicarum
scripturarum FONTIBVS, quid ex Catholicis &
vulgatis OPINIONIBVS, quid ex AFFECTI-
BVS priuatis, quid ex FERVORE contentionis
ac disputationis, quid PACIS studio magis, quam
ex animi SENTENTIA & recto IVDICIO dictum appareat. Hæc eadem sane & nostris

Margin notes:
f VVolphg.
Muse.præ-
fat. in Greg,
Naz.oper.

Notatur.

g VVolph.
Muse. ibid.

P   kre-

Notetur. frequenter accidiſſe,ſtudioſus Lector vtriuſq; partis librorum; nullo negotio animaduertet;qui proinde eandem in recipiendis reiiciendiſve illorum dogmatis adhibebit limam.

V.
Eccleſia. , Cauillabuntur etiam nonnulli, quod Eccleſia *Pomæria* non ad Germaniæ duntaxat reſtrinxerimus fines, ſed illa ad *alias* quoque Gentes, Nationes,& Linguas, latiſſime extenderimus. Atqui non *Donatiſta* ſumus, qui vni loco, aut regioni, puta *Aphrica,*nedum *Papiſta,*qui vni Romæ(*Vrbi orbem includentes*) vniuerſalem DEI Eccleſiam concludamus: Quid enim tota Germania eſt ad totius Eccleſiæ *Catholicæ* ſub CHRISTO *capite,*comparationem? Vnum duntaxat membrum, tametſi præcipuum, non tamen totum *corpus.* Proinde haud Chriſtianum cenſemus, vnam aliquam Regionem, neque totam, ſe ſolam Eccleſiæ DEI nomine venditare, cæteras vero, propter vnum atque alterum dogma *paradoxon,* ritumque paullo diuerſum; (alioquin multis ac præclaris donis diuinitus ornatas) penitus ab hac poſſeſſione remouere! Vtinam vero omnes vbique gentium,perq; totum terrarum orbem, idem in Chriſto Ieſu ſapiant,doceant,recipiant, b Num. 11.
ℭ.19.
Notetur. reiiciant; *h omniūq, populus prophetet!* Quis iſtud non cum pio Moyſe optaret potius, quam aliquo modo inuideret? At repellere

re hinc florentiffimas intra & extra Europam, idem cum Germanicis fentientes, docentes, recipientes, reiicientes, & prophetantes Ecclefias, earumque fanctiffimos Martyres *diaboli Martyres*, & Martyria illorum *Tragicos exitus*, appellare, idque ob vnum atque alterum terminum, inftituumque humanitus introductum, in quibus illi ab his diffentiebant, quæ hæc, quæ fumus, Barbariea inhumanitas, imo crudelitas eft? Videte, cariffimi, quam nimis præcipitanter ifti & importune agant! Videte, quantam hic afflictis confcientiis addant afflictionem! Vt etiam de his merito cum diuino Vate poffit dici: *i Quem tu percuffifti, perfequuti funt: & DOLOREM vulneratorum tuorū numero auxerunt. k Memores eftote* potius, quod monet Apoftolus, *vinctorum, tanquam vna cum illis VINCTI: eorum qui malis premuntur, ac fi ipfi quoq CORPORE afflicti effetis!* Et quod Dominus ipfe: *l Ne iudicate, vt ne iudicemini: Quo enim iudicio iudicatis, eodem iudicabimini, & qua menfura metimini, eadem contra metietur vobis.* Nolumus autem ab Ecclefiæ confortio remoueri? quis enim id facile vellet? Eccur, quæfumus, alios ab eodem confortio, non fatis ob iuftam caufam, remouere conamur?

Cauillabuntur alii, quafi eos vellemus cum *Patribus* ac Magiftris eorum committere. Oftentant ifti eorum poftremas *Con-*

Ioach.
VVeftph.
cont. Ioh. à
Lafc. lib. 2.
6.
Legatur E-
pift. dedicat:
Pauli Eberi
ad Conf.
fuam Anno
1561. & per-
penditur be-
ne!
i Pfal. 69
v. 26.
k Hebr. 13.
verf. 2.

l Matth. 7.
v. 1.

VI.
Patres.

P 2   *feffio-*

feßionis, condita, *Scriptaq*̗ varia, quibus illi
contra Aduerſariam partem publicè pri-
uatimque ſunt proteſtati, ipſamq; ſumme
deteſtati. Atqui obiectionē iſtam propriè
hominum eſſe *Euangelicorum* præciſe nega-

ɒ *Matth.*
mus. Horum enim eſt, *in extra vnum Patrem*
23.*v*.8.9.
in cælis, & extra vnum Magiſtrum Chriſtum, de
ɒ *Matth.*17.
quo ille *n ipſum audite*, edixit, alios Patres
v.5.
& Magiſtros noſtros non quærere, nec
o *Iac.3.v.1.*
quenquam pro vtrouis agnoſcere.*o Ne eſto-*
te multi DOCTORES, ait Apoſtolus Domini, *Scientes fore, vt grauius* Iudicium *aufe-*
Notetur.
ramus: Nam ſi Patres iſti, & Magiſtri noſtri, quos prætendunt, cum Patre illo &
Magiſtro cæleſti conſentiunt, nec quicquā
diuerſi ab illo docent, ſiue pro Concione
ſacrà, ſiue in Scriptis qualibuſcunque; age,
hunc quoq; cum illis, & inter nos vniuerſi
p *Ephof.*4.
teneamus & colamus Conſenſum : *p Eua-*
9.13.
damus omnes *in vnitatem* fidei, *& agnitionis*
Filii DEI, *in virum adultum, ad menſuram*
ſtatura adulti CHRISTI, *vt ne ſimus ampliùs*
pueri, qui fluctuemus *& circumferamur quo-*
uis VENTO DOCTRINAE. Verum enim,
vbicunque repertum fuerit, verum eſt, &
manet (vel inuito Dæmone) nec à quopiam temere eſt reiiciendum, vtcunque perſona hominibus ſit exoſa : Falſum vero vbi
cunque etiam repertum fuerit, falſum eſt
& manet (rumpantur ilia Codro) neque à
quoquam temere eſt recipiendum, etiamſi per-

ſi perſona, per quam affertur, omnium eſ-
ſet acceptiſſima, imo q *etiamſi Angelus è Cœlo*   q *Gal.1.v.8*
id annunciaret, quod ſuo loco pluribus o-
ſtenſum eſt. Quod ſi vero iidem Patres &   *Notetur.*
Magiſtri noſtri in quibuſdam ſuis dogma-
tis & Inſtitutis, recedant à Parre illo & Magiſtro cœleſti, quod fieri poſſe ipſimet primi, vt ſupra vidimus, agnouerunt; tum non
ſolum eiuſmodi Patres & Magiſtri in illis
audiendi non ſunt , verum etiam ne i-
pſi quidem Apoſtoli, imo quod longe prę-
ſtantius eſt , ne Angeli quidem cæleſtes;
Anathema illis, hac in parte, dicendum eſt,
Quid hic iam, ſtolidi, Patres & Magiſtros
ingeminamus? r *Ego ſum hæres Apoſtolorum,*   r *Tert.lib.de*
aiebat Tertullianus , S I C V T *cauerunt Te-* *præſcr.adu.*
ſtamento ſuo, S I C V T *fidei commiſerunt,* S I C- *Hæret.*
V T *adiurarunt, ita teneo.* Et idem : s *Id verius,*   s *Idem lib. 2.*
inquit, *quod* P R I V S, *id prius quod ab* initio, *Virg.Velan.*
ab initio quod ab A P O S T O L I S. Idem alibi:
t *Quod unque aduerſus veritatem ſapit hoc erit*   t *Idem lib.4.*
H Æ R E S I S, *etiam* V E T V S C O N S V E- *adu.Marc.1.*
T V D O.: Ergo fruſtra quippiam allegamus,
à quocunque tandem profectum ſit, niſi
cum *Veritate Apoſtolica* congruens illud o-   *Nota.*
ſtenderimus. Alioquin ſi promiſcue recipiendum eſt, quicquid ab his traditum & relictum eſt, (puta Luthero, Zuinglio, Caluino, & ſimilibus) cur non eadem ratione
recipimus , quicquid ab Omnibus Anti-
quis Patribus, abſque vllo diſcrimine, tra-

ditum, inque Eorum Scriptis relictum est:
præsertim quum à Gratiano Decretorum
Compilatore sit adnotatum: *v Scripta Pa-*
trum hodie, inquit, OMNIA *teneri vsque ad*
vltimum IOTA. Quo iure iam Pontificiis,
nos ad Scripta Patrum simpliciter vocan-
tibus Scripturam S. Canonicam, opponi-
mus, siquidem ipsimet Christianos homines similiter ad Scripturas Nostrorum Patrum & Magistrorum adstrinxerimus? Audiant isti D. Lutheri, hac de re perspicuam
sententiam: *x Sæpißime*, inquit, MONVI,
& hodie admoneo: nihil inter Christianos præ-
dicandum nisi PVRVM DEI VERBVM.
Ita hit videmus, CHRISTVS *nonnisi in* Templo, *& nequaquam inter Cognatos & notos po-*
tuit inueniri. Ideo nihil est, *quod quidam cla-*
mant : Credendum quæ definierunt Concilia,
quæ Hieronymus, Augustinus, & alii scripserunt.
Petendus potius locus est, VBI CHRISTVS
certo, & SOLVS *inueniatur, quem scilicet ipse*
indicat, dicens Oportere se esse in his, quæ PA-
TRIS *sunt, Per hoc ipse testatus est, se haudqua-*
quàm ALIBI *quam in* SOLO DEI VERBO
posse inueniri. Proinde quæ Sancti scripserunt,
haudquaquam ita recipi debent, quod ILLIS
CONSCIENTIA *nitatur, ac Consolatio* IN-
DE *petatur. Cum itaque dixerint humanæ Au-*
ctoritatis assertores: An Patribus sanctis non
sit habenda fides ? Responde, CHRISTVS *in-*
ueniri se haud sustinet, inter Cognatos ac Notos.
                                  Hoc

u Grat. in
gloss. super
Can. Noli
meis.
Notetur!

x Luth. Po-
sill. Eccl.
sup. Euang.
Luc. 1. Dom.
prox. ad E-
piphan.

Notetur.

Hoc exemplum vtinam inuulgatißimum esset,
atque in Prouerbium *pridem abiisset, quod con-*
tra omnem *Doctrinam,* QVÆ NON EST
IPSISSIMVM DEI VERBVM, *obiiceremus:*
CHRISTVS *non inuenitur inter Cognatos &*
Notos, sed in Templo; Ergo nec idem reperitur per se & simpliciter in Scriptis Lutheri, Caluini, Zuinglii, & similium, (tametsi
CHRISTO Cognati & noti sint) sed reperitur potius in Scripturis Canonicis veteris ac noui Testamenti. *De similibus enim*
idem est Iudicium. Hæc autem si illi, ac inter
alios D. Lutherus, de aliorum Scripturis &
dogmatibus senserunt, quidni idem de
propriis sentirent? *γ Nec te mi Frater,* aiebat *γ Aug. Epist.*
olim D. Augustinus Hieronymo, *Sentire* 19 *ad Hie-*
aliquid aliter existimo. Prorsus, inquam, non te *ron.*
arbitror sic legi Libros tuos velle, tanquam
Prophetarum vel Apostolorum; de quorum
scriptis, quod omni errore careant, *dubitare ne-*
farium est. Huic Censuræ qui non subscri-
bit, eum quoque indignum, qui Patribus
ac Magistris Orthodoxis annumeretur,
censemus. Qua de re dictum est suo loco
fusius *x.* *x Vide supr.*
Cauillabuntur alii etiam hoc, quod *part 1.C.14.*
Concordiam istam, velut rem vtilißimam *VII.*
maximeque necessariam suaserimus. Isti *Concordia.*
autem: Ad quid nobis, inquient, ista Concordia? Viximus hactenus citra consen-
sum alterius partis, viuemus etiam deinceps,

ceps,prorogante nobis vitam Deo, Apage
igitur cum concordia ifthac ? Sane vixe-
runt,atque etiamnum viuunt, fi id viuere

Notatur.

dicendum eft. Atqui ea demum vita Chri-
ftiana eft dicenda, habendaque, quando,

a Tit.2.v.7.

vt ait Apoftolus, *a per omnia nos ipfos præhe-
mus,Exempla bonorum operum, in doctrina, in-
tegritatem, grauitatem, fermonem fanum, qui
damnari non poßit, vt qui fe ex aduerfo opponit,
erubefcat, nihil habens quod de vobis dicat mali.*

b Phil. 2.
v.15.

Sitis, ait idem, *irreprehenfi, & finceri, Dei filii,
inculpati, in medio nationis praua ac peruerfæ:
inter quos* homines *fplendetis vt luminaria in*

c Matth.5.
v.16.

mundo. Ita *fplendeat lux veftra,* inquit Dominus,*coram hominibus, vt videant veftra bona opera, glorificentque Patrem illum veftrum,*

d Ephef.2.
v.10.

qui eft in cœlis. d *Nam ipfius fumus opus,con-
diti in Chrifto Iefu, ad opera bona, quæ præpara-*

e Eph.1.v. 4.

uit Deus,vt in iis incederemus : e *Elegit Nos in i-
pfo ante iacta mundi fundamenta, vt fimus fan-*

Notetur.

cti,& inculpati,coram Eo cum Charitate. Hoc
fcililicet viuere eft. Vbi vero ifta defunt,
qualis,obfecro, vita illa cenfenda eft ? Atqui in diffidiis,contentionibus & Rancoribus hifce mutuis ifta omnia defunt, imo
quam longiffime à vobis(parcite)exulant.
Fieri enim haudquaquam poteft, vt tantum odium, & fraterna Charitas, fimul &
femel in vobis, tanquam iifdem fubiectis,

f 2.Cor.6.
v.14.

confiftant ac morentur.f *Quod enim confor-
tium iuftitiæ cum iniquitate ? Luci cum tenebris?*
Chrifto

Christo cum Belial: Quomodo vita eiusmo-
di vita dicenda est? g *Dilectio esto,* inquit g *Roman.*12.
Apostolus, *minime simulata, abhorrentes à* v.9.
malo, agglutinati bono. g *Omnia vestra cum* h 1.*Cor.*16.
Charitate fiant. i *Nam in Christo Iesu* (Nota- v.14.
te Christiani) *neque circumcisio quicquam* i *Gal.*5. v.6.
valet,neque praputium, sed Fides per Charitatem
agens. k *Si Charitatem non habeam,* inquit k 1.*Cor.*13.
Apostolus,*Nihil sum.* Et quid plura? l *Si* v.2.
quis dixerit,Diligo Deum, & fratrem suum ode- l 1.*Cor.*4.
rit,mendax est, (pulchra scilicet vita!) *Qui* V.20.
enim non diligit fratrem suum quem videt, De- Notetur.
um quem non videt, quomodo potest diligere? Et
hoc mandatum habemus ab eo, vt qui diligit De-
um,diligat & Fratrem suum. Sic vita esse debet. Vbi autem domestica regnat Discor- Simile.
dia, quam misera & acerba illic est vita!
Quanto magis vbi in Ecclesia D EI perpe-
tuæ dominantur lites, iurgia, expulsiones,
ac cædes mutuæ; cui bono id volupe esse
potest? Pessimum sane hominum genus Notetur
esse oportet, quod præ amœnissima fru- contra im-
ctuosissimaque concordia, detestabilem probatores
magis ac ineluctabilem eligit amatque Concilii.
Discordiam! Oremus potius vna, Fratres
optimi, vt simus omnes inter nos *VNVM*
sicut *CHRISTVS* Dominus noster pro
nobis omnibus precatus est: m *Non tan-* m *Iohan.*17.
tum pro istis,(Apostolis) *rogo,* inquit, *sed &* V.20.
pro iis qui per sermonem eorum credituri sunt in
ME, Vt OMNES SINT VNVM, sicut tu Pa-

ter in me, & ego in te, vt & IPSI in NOBIS
VNVM sint! vt credat Mundus me à te missum
esse. Et EGO *gloriam quam dedisti mihi, dedi*
eis, vt sint V N V M, ficut & N O S V N V M su-
mus, Ego in EIS, & TV in ME, vt sint CON-
SVMMATI in VNVM! Vtinam vero in

Cic.lib.2.
de nat.deor.

plerosque vestrûm non quadrent illa hominis Ethnici verba: *Vos,* inquit ille, *Vestra*
solum legitis, vestra amatis, cæteros, caussa inco-
gnita, condemnatis. Sapientibus satis.

VIII.

Silentium.

Cauillabuntur etiam nonnulli, quod
ante *Concilium* illud generale infestationes
mutuas in Cathedris publice omitti, *Silen-*
tiumque vtrique parti indici oportere, supra suaserimus: dicentque: Si infestationes
eiusmodi vsque ad *Concilium* omitti deberent, metuendum esset, ne totus interim
mundus alterutri parti adhæreret, & pars
altera sic opprimeretur, vt nullo deinceps
opus esset Concilio. Arqui (parcite Nobis, quæsumus Fratres venerandi, dum,
quod verum arbitramur, libere profer-

n Adag. E-
raf.

imus) hic locus est *paræmiæ* illi: n *Quid si cœ-*
lum ruat? Profecto metus hic arguit eos

Notetur.

caussæ suæ (vt de conscientia nil dicamus)
nonnihil diffidere, Malam enim caussam
esse oportet, quæ calumniis, infestationi-
bus, & inuectiuis eiusmodi defendi ac
promoueri velit: Econtra, testimonium
Veritatis apertum est, cuius doctrinam, vi
sua, breui ad omnes (si cessent infestationes)

nes) penetraturam pars altera fatetur. Nolite, quæsumus *Veritatem* sententiæ vestræ,
o quæ, Tertulliano teste, *nil nisi ABSCON-* ○ *Tert. lib. 1.*
DI erubescit, Aduersariæ parti sic deriden- *adu. Valent.*
dam propinare, suspectamque reddere, vt
etiam cum homine Gentili, exclamare
possit: p *O magna vis Veritatis, quæ contra* p *Cic. Orat.*
hominum ingenia, calliditatem, solertiam, con- *pro M.Cæl.*
traq; fictas omnium insidias, facile se, per seipsam
DEFENDAT! Perinde olim Iudæi sunt lo-
quuti: q *Si mittamus EVM ita, OMNES ei* q *Iohan.11.*
credent: Venientq; Romani, & delebunt tum lo- *v.48.*
cum NOSTRVM, tum GENTEM. At cur non
potius *Gamalielis* sententia obtinet? *Si est* r *Act.5.*
ex HOMINIBVS consilium, siue opus istud, in- *v.38.*
quit ille, *DISSOLVETVR. Sin ex DEO*
est, non potestis illud dissoluere, & VIDETE, ne
etiam cum DEO PVGNARE comperiamini.
Sileat ergo pariter, quæsumus, vt hæc ita
etiam altera pars, atque vtraque se, suam-
que sententiam *Concilio* illi iudicandam
submittat, ab eoque decisionem controuersiæ patienter expectet. Euentus horum
in manu Dei erit, qui procul dubio eum
ad gloriam suam gubernabit ac prouehet.

Cauillabuntur etiam, ab vtraque parte *IX.*
quidam, quod *controuersias,* quæ inter Eu- *Extenuatio*
angelicas nunc tanto impetu agitantur Ec- *controuer-*
clesias, nimis extenuauerimus, eas alicubi *siarum.*
leuiusculas, pauculas, friuolas, imo *nullas,* aliquando etiam *meras logomachias,* appella-
ueri-

uerimus, proque modulo noſtro conciliationem illarum aliquam quæſierimus: Dicentque nos illarum *ſtatum* haud ſatis aſſequutos. Etſi vero de nobis, noſtroque intelle&u, ſupra alios, nec quicquam præſumimus, libenterque nos intra *Modeſtia* terminos, quod ha&enus fecimus, continemus, meliora ab aliis, inprimis autem à *Concilio*, audire & diſcere cupientes: Has tamen *Contentionum* cauſas diligentius rimantes fatemur ingenue, nos nondum videre poſſe tantam ipſarum, quanta vtrinque prætenditur, magnitudinem. Ignoſcite, quæſumus, hebetudini ac tarditati, ſi tanta eſt, noſtræ! *Charitate* ſaltem fraterna, *Charitate* vobis opus hic eſſe exiſtimamus, cætera, iudicio noſtro, conciliatu facilima forent. Hac autem deſtitutis, quid mirum, ſi, quod per ſe exiguum eſt, ab vtraq; parte maximi æſtimetur? Videre id eſt in cauſis Forenſibus: Vbi inter litigantes *Charitas* adeſt, ibi maximæ controuerſiæ facillimo conciliantur ac ſopiuntur negotio: Vbi vero illa abeſt; vel minimæ conciliari ſopiriue vllatenus nequeunt. s *Eſtote RADICATI ac fundati in* CHARITATE, t *qua* VINCVLVM *perfe&ionis eſt:* u *Hæc magis ac magis* REDVNDET *in cognitione & OMNI SENSV veſtro, vt* DIGNOSCATIS *quæ* DISCREPANT, *vt ſitis* SINCERI, *& inoffenſo curſu* PERGATIS *ad diem vſque* CHRISTI, *pleni fru&i-*

Nota.

Simile.

s *Epheſ.* 3.
G 17.
t *Coloſſ* 3.
G 14.
u *Phil.* 1. v. 9

fructibus iustitia, qui sunt per IESVM CHRI-
STVM, *ad gloriam & laudem* DEI. Et sic nihil omnino difficultatis hic inerit. *Volenti-*
bus quoque aiunt *nihil fore difficile.* Quod Conatus
autem ad conatum attinet nostrum, in eo Polonorum
quoque nihil arbitramur inesse vitii:

Propere.

Quod si deficiant vires, AVDACIA *certe*
LAVS *erit: in* MAGNIS & VOLVISSE
fat est.

Quoties autem iam protestati sumus,
nos Prudentiorū, inprimis autem *Concilii*
iudicio, libenter cessuros, decretisque sta-
turos? Hoc ergo sibi quisque de nobis persuasum habeat.

Cauillabuntur etiam ab vtraque parte X.
aliqui, quod nonnulla, pauciflima licet, in Mutatio.
doctrina & ritibus externis, censuerimus
immutanda, omnemq; mutationem di-
cent esse periculosam. At si quid *pacis* ergo
concedendum ac donandum inui-
cem est ab vtraque parte, illud quidem citra aliquam, non tamen adeo, vt existimatur, periculosam haudquaquam fieri potest mutationem. Cæterum duo in eo sem- Observanda
per sunt observanda ac memoria tenenda:
Primum, Nos ista neutiquam dictatorio,
nedum Tyrannico more, præter spontа-
neum vtriusque partis assensum, exigere,
nedum extorquere voluisse, quod sæpissi-
me in præcedentibus testari sumus: quinetiam, monstratis vrgentissimis necessita-
tibus,

Nota.
tibus, obnixe, nec fine lachrymis, orauimus, vt eo, quem præfcripfimus, aut etiam
meliori modo, labenti fuccurratur Eccle-
x 1. Teff 5.
v 21.
y Phil. 3. v. 15
fiæ. *x Omnia ergo explorate, & quod BONVM
eſt retinete.* *y Quod fi quid aliter fentitis, HOC
quoque vobis* D ε ν s *reteget.* Alterùm hic ob-
feruandum eſt, nos iſta non priuato fpiritu
Notatur.
& arbitrio cenfuiſſe mutanda, fed ex decreto, auctoritateq, publica generalis Concilii Euangelici, quod poſt omnes bonos,
conuocandum poſtulauimus. Quid hic
rurfum mali commifimus? Nonne autem
præſtaret mutatiunculam aliquam, non
magni momenti, admittere potius, quam
aſſiduis hifce contentionibus vtrinque
x Eraf. Ro-
tbr. ib. de
fa cion. Conc.
Ecclef.
conficiacpeffundari? *z Nam dum illi,* aiebat olim de fui temporis hominibus Erafmus, NIHIL *omnino patiuntur* INNOVARI;
hi NIHIL *finunt* R E L I N Q V I, *tempeſtas orta
eſt pene infedabilis. Et dum vtrinque* NIMIVM
TENDITVR *funiculus contentionis, fit, vt vtraq;
pars, rupto fune, in tergum* CADAT. Vtinam
iſtud noſtro tempore nimis verum non
iampridem effemus experti. dum iam à
a Pub. Mim. *Nimium altercando* VERITAS *amittitur.* Vt
autem optimus quifque ciuis femper pu-
Notatur!
blicà priuatis præferre folet: ita profecto
optimus quifque Chriſtianus publicam
Concilii fententiam, priuatæ, cùm fuæ, tum
aliorum, præferet opinioni. Meminerint
hic Ecclefiæ D ε ι Miniſtri, rudem popu-
luſn

lum docendum effe , non fequendum.
Nam quum vt dicitur, ab affuetis fiat paf-
fio, populufque rudis mutatione affueto-
rum facile offendi foleat, tametfi offendiculum eiufmodi fit non *datum,* fed imprudenter *acceptum :* Vigilantia tamen & fo-
lertia pii Magiftratus, nec non diligentia
Ecclefiafticorum , offendiculo illi facile
occurri poterit, ne in apertam degeneret
Apoftafian, præfertim vbi mutatiunculam aliquam non propria, fiue Miniftrorum, fiue Magiftratus, fed *Concilii* generalis auctoritate, fieri animaduerterit. Si *Nota.*
D. Lutherus olim tantam vulgi rationem
habuiffet, nunquam is profecto Ecclefiæ
Reformandæ adeo diligentem nauaffet
operam: Cæterum meminerat ille, *b Obe-* *b Act. 5.*
dire oportere D E O potius, quam hominibus: id- *v. 29.*
eoque totum maluit in fe concitare mun-
dum, quam veritatis caufam turpiter de-
ferere : idque exemplo Apoftolico: *c An* *c Gal 1 v. 10.*
quæro hominibus placere? Enimuero fi adhuc ho-
minibus placerem, CHRISTI SERVVS non ef-
fem. d Nefcitis amicitiam MVNDI, inimici- *d Iac. 4. v. 4.*
tiam effe aduerfus DEVM? Quicunque ergo vo-
luerit AMICVS effe mundi, INIMICVS DEI
conftituitur. Videte autem focordiam noftram, Fratres dilectiffimi. D. Lutherus
totum ferme, doctrina Euangelii, fubuer-
tit Papifmum: Nos autem exiguas faltem *Notatur.*
eius reliquias euertere, tollereque aut nolumus,

lumns, aut non possumus? Pudeat nos

b Psal.53.v.6 e timere, vbi nullus est timor , & non timere, vbi maximus est terror? Hoc, hoc potius fuit considerandum, quam vulgi opinionibus standum.

XI.
Ascensio
Christi &
sessio ad dex-
ter.Patr.
Cauillabuntur quoque, sine dubio, aliqui, quod cum de persona C H R I S T I, supra ageremus, declarationem Cæli, in quod GHRISTVS ascendit, & sessionis eius ad dexteram Patris, nullam fecerimus. At hoc quia tunc, per occasionem non licuit, nunc per Dei gratiam, breuiter, nihil tamen præiudicando aliis, & inprimis declarationi generalis Concilii, præstabimus. Arbitramur

Notetur.
autem eos, nihil absurdi, à fideique regula alicui dicere, imo simplicissimum Scripturæ S.sequi intellectum, quicunque per Cæ-

Cælum.
f Hebr.9.
v.11. & 24.
lum, supremum illum, augustissimum, sanctissimumque locum, f Tabernaculum, & sacrarium non manufactum, in quem CHRISTVS corpore suo ascendit & introiuit,

Sessio ad
dextram
Patris.
intelligunt. Per Sessionem vero ad dextram D e i Patris Omnipotentis, summum honorem, maiestatem, gloriam, potentiam, di-

g Phil.2.v.7
gnitatemque, ad quam g CHRISTVS post exinanitionem sui, exaltatus ac subuectus est,

h Iohan. 17.
v 5.
h glorificatusque illa gloria, quam habuit apud Patrem, antequam mundus esset. Hanc simplicissimam, verissimam, minusque labyrinthorum ac difficultatis habentem, iudicamus esse sententiam, quam tot apertissima

confir-

confirmant Scripturæ S. Testimonia: i DO- | i *Mat. 16.*
MINVS igitur postquam loquutus fuisset eis : | *v. 19.*
Sursum receptus est in Cœlum, & sedit ad dex-
teram DEI. k Et factum est, vt dum ipse benedi- | k *Luc. 24.*
ceret eis, disiunctus ab eis sursum ferretur in Cœ- | *v. 51.*
lum. l Quid si igitur spectaueritis Filium hominis | l *Ioh. 6. v. 62.*
ascendentem eò vbi erat prius? Vbi verò erat?
Nempe in Cœlo; ait enim: m Descendi è Cœ- | m *Ibid. v. 38.*
lo. Et Baptista: n Qui superne venit, supra o- | n *Ioh. 3. v. 31.*
mnes est. o Et quum hæc dixisset, aspicientibus | o *Act. 1. v. 9.*
ipsis eleuatus est & nubes susceptum eum abstu-
lit ab oculis eorum. p Non enim Dauid ascendit | p *Acton. 2.*
in Cœlos, sed dicit ipse: Dixit Dominus DOMI- | *v. 34.*
NO meo, sede ad dextram meam. q Cum autem | q *Acton. 7.*
Stephanus esset plenus Spiritu sancto, intentis in | *v. 55.*
Cœlum oculis, vidit gloriam DEI, & IESVM
adstantem ad DEXTRAM DEI. Et ait: Ecce,
conspicio Cœlos apertos. & Filium hominis ad-
stantem ad DEXTRAM DEI. r Qui est ad | r *Roman. 8.*
dextram DEI & interpellat pro nobis. s Quem | *v. 38.* s *Ephes. 1.*
suscitauit ex mortuis, & collocauit ad dexte- | *v. 20.*
ram suam in Cœlis. t Ascendit supra omnes | t *Ephes. 4.*
Cœlos, vt impleret omnia. v Sedit ad dextram | *v. 10.*
Maiestatis illius in excelsis. x Penetrauit Cœ- | u *Heb. r. v. 3.*
los. y Non in manufactum sacrarium ingressus | x *Heb. 4.*
est, sed in IPSVM COELVM, vt compareat nunc | *v. 14.* y *Hebr. 9.*
FACIEI DEI pro nobis. z Qui est ad dexteram | v 14.
DEI, profectus in Cœlum, subiectis ipsi Angelis | z *1 Pet. 3.*
& potestatibus ac virtutibus. Hinc etiam nunc | *v. 22.*
CHRISTVM iubemur quærere in Cœlis: | *Notetur.*
a Si resurrexistis cum CHRISTO, superna quæ- | a *Col. 3. v. 1.*
rite. | rite.

Q

rite, V B I C H R I S T V S *eſt ad dextram* D E I *ſedens.* Hinc illum non aliunde, quam è Cœlo venturum, certo ſperamus: *b Noſtrum autem Municipium eſt in* Cœlis, vnde expecta. *mus Dominum* I E S V M. CHRISTVM. *c Quem oportet quidem* Cœlum *accipere, vſque ad tempora reſtitutionis omnium.* Nihil ergo hìc no-ſtro iudicio, in re tam manifeſta, difficul-tatis ineſt, modo ſimpliciter verbo D E I ac-quieſcamus : nec curioſè quæramus : V-trum Chriſtus aſcenderit, *à motu naturali, qui eſt, vt Corpus graue deorſum tendat, an verò motu tantum viſibili, eoque mirabili, & à Diuina potentia profecto?* Item : Vtrum aſcende-rit, *vt Cœlo materiali & Phyſico aut loco creato aliquo, vbicunque ille ſit, capiatur, contineatur, & comprehendatur, quo minus poſſit eſſe alibi,* vbi velit eſſe, etiamſi Cœlum ipſum aſcendentem, *cum gaudio, ſuſceperit, & ipſi aſcendenti, & o-mnes nubes & Cœlos penetranti, ceſſerit?* Item: Vtrum aſcenderit, *vt deinceps plane à nobis corpore ſuo velit eſſe ſeparatus, nec poſſit, nec velit nobiſcum eſſe amplius, & in Cæna ſancta, præ-ſens?* Item : *Quomodo* CHRISTVS *aſcenderit, & ſit ſupra omnes* Cœlos *aſpectabiles, cum, teſte ſcripturâ, e Supra Cœlos ſint* A Q V Æ? Quaſi vero *aqua ſupra cœlos,* non ſint nubes, quæ ſunt aquarum & pluuiarum materia : f quod prolixe in aliis Scripturæ S. locis de-monſtratur. Eiuſmodi ergo Quæſtiones moueant ſane illi, de quibus Apoſtolus:

Si

Marginal notes:

b Phil. 3. *G.*20.

*c Actor.*3. *v.*21.

Quæſtiones curioſæ.
1.
d Seluec. in Exeg. Symb. Apoſt. & Nic.

2.
Quæſtiones iſtæ non Ver-bum DEI, *ſed carnem & ſangui-nem recipi-unt.*

3.

*e Pſal.*148. *v.*4.
*f Legatur Iob.*26.*G.*8. *Pſal.* 18. *G.* 22.*& *104. *G.* 3. *& *147.

g *Si quis,* inquit, *diuersam docet doctrinam, neq,* *v. 8. & Tim.*
acquiescit sanis sermonibus Domini nostri IESV *10. v. 13.*
CHRISTI, *& ei quæ secundum pietatem est Do-* *§ 1. Tim. 6.*
ctrinæ, is turget, Nihil sciens, sed insaniens cir- *v. 3.*
ca Quæstiones, ac verborum pugnas, ex quibus *Nota.*
nascitur inuidia, lis, maledicentia, suspitiones
mala, peruersa exercitationes, hominum mente
corruptorum, & qui priuati sunt veritate *&*
Quæstui *habent pietatem.* Quæramus hic *Necessaria*
potius vtilia & necessaria, nempe, quas ob
causas Christus corpore suo Cœlum af-
scenderit? & quas eo ascensu *vtilitates* nobis omnibus attulerit? Istorum quippiam
neganti sane dicatur Anathema: quamobrem? quia negat manifestum DEI ver-
hum, negat & ipsam salutis nostræ in Christo basin & fundamentum, videlicet, fidem. At neganti illa è cerebro humano
conficta commenta, quis bonus dicet A-
nathema? quamobrem vero? quoniam is
non DEI verbum, non fidem Christi, non *Notetur.*
denique salutis nostræ fundamentum, sed
meram duntaxat opinionem humanam,
abnegauerit. Quod vel pueris *Symbolum* te-
nentibus Apostolicum, haud ignotum es-
se potest. Cæterum ne quid rursus hic soli *Consensus*
præsumere videamur; audiamus aliquot *veteris Ec-*
Magnorum, super hac re, Theologorum *clesiæ.*
sententias: Multū semper in Christianis-
mo tributum est iudicio & auctoritati D.
Augustini quondam Hipponensium Epi-

scopi: Is autem hac de re plane ac rotunde,
quod ex verbo DEI didicerat, in hunc professus est modum: *Noli dubitare*, inquit, *ibi
nunc esse Hominem* CHRISTVM IESVM,
vnde venturus est: memoriterque recole ; & fideliter retine Christianam Confessionem: *quoniam resurrexit à mortuis*, Ascendit in Cœlum, *Sedet ad* dexteram Patris, *nec aliunde
quàm inde venturus est ad viuos mortuosq́; iudicandos.* Et sic venturus est, illa Angelica voce
testante: Quemadmodum ire visus est in Cœlum, id est, in eadem Carnis Forma atque substantia, cui profectò immortalitatem dedit,
NATVRAM non abstulit. *Secundum* HANC
formam non est putandus VBIQVE diffusus. *Cauendum enim est, ne Diuinitate astruamus* HOMINIS, vt VERITATEM CORPORIS
*auferamus. Non est autem Consequens, vt quod
in DEO est, ita sit vbique vt* DEVS. *Nàm & de
nobis veracissima Scriptura dicit: i Quod in* illo
*viuimus, mouemur & sumus: nec tamen sicut ille
vbique sumus. Sed aliter homo ille in Deo, quoniam & aliter Deus ille in homine, Proprio quodam & singulari modo. Vna etiam persona Deus
& homo est, & vtrumq́; est vnus Christus Iesus,
vbique per id quod Deus est, in cœlo autem per id
quod homo:* Nec diuersum quid professus
est alibi, quàm ita scriberet: k *Nam secundum Maiestatem suam, secundum prouidentiam,
secundum ineffabilem & inuisibilem Gratiam,
impletur ab eo, quod dictum est: Ecce ego vobiscum*
sum

sum vsque ad consummationem seculi. Secundum
Carnem vero, quàm verbum assumpsit, secundum
id, quod de virgine natus est, secundum id, quod à
Iudæis reprehensus est, quod ligno confixus, quod de
cruce depositus, quod linteis inuolutus, quod in se-
pulchro conditus, quod in resurrectione manife-
status, Non semper habebitis me vobiscum. Quare?
Quoniam conuersatus est secundum Corporis præsentiam quadraginta diebus cum Discipulis suis,
& eis deducentibus, videndo non sequendo, Ascendit in cœlum, & non est hic: Ibi enim est, & sedet
ad dexteram Patris. Et hic est, non enim recessit
præsentia Maiestatis. Et rursum: Habuit eum   *Ibidem.*
Ecclesia secundum præsentem Carnis paucis diebus: modo Fide tenet, oculis non videt. Hæc ille.
Multum quoque D. m Selneccerus tribuit   *m Sein. Exig.*
Vigilio Martyri, vt suo vidimus loco. Is   *Symb. pag.*
autem non minus apertis, id quod corde   *273. 320.*
                                            Lips.
sensit, ore & calamo professus est verbis,
quum inter cætera multa sic scriberet:
n. Nam quando in terra fuit, non erat vtique in n *n Vig. Mart.*
cœlo: & nunc quia in cœlo est, non est vtiq, in ter- *lib 4 cont.*
ra. Et in tantum non est, vt secundum ipsam   *Eutich.*
(carnem) spectemus venturum de cœlo, quem secundum Verbum nobiscum esse credimus in terra.
Et paulo post: o Diuersum autem est, inquit, o *o Idem ibid.*
& longe dissimile circumscribi loco, & vbique es-
se: Et quia verbum vbiq, est, apparet vnum eundemq, Christum vtriusq, esse naturæ, & esse quidem vbique secundum naturam Diuinitatis suæ,
& loco contineri secundum naturam humanita-

Q 3   *tis*

tis sua. Circumscribitur loco per naturam Carnis sua, & loco non capitur per naturam Diuinitatis suæ. Et post hæc ita concludit: Hæc est Fides & Confessio Catholica, quam Apostoli tradiderunt, Martyres roborarunt, & fideles nunc vsque custodiunt. Non minus quóque idem D. p Selneccerus tribuit Fulgentio Ruspensi quondam Episcopo: Is autem q Vnus idemque, inquit, secundum Carnem de Matre temporaliter natus, qui secundum Diuinitatem de Patre permanet sempiternus. Vnus idemq, Homo localis ex homine, qui est Deus immensus ex Patre. Vnus idemque secundam humanam substantiam Absens cælo quùm esset in terra, & derelinquens terram quum ascendisset in cælum: Secundum Diuinam vero immensamque substantiam nec cælum dimittens, quum de cælo descenderet, nec terram deserens quum ad cælum adscenderet. Quod ipsius Domini certissimo potest cognosci sermone: qui vt localem ostenderet Humanitatem suam, dicit Discipulis suis: r Ascendo ad Patrem meum & Patrem vestrum, Deum meum, & Deum vestrum. De Lazaro quoque cum dixisset, s Lazarus mortuus est, & gaudeo propter vos, vt credatis, quoniam non eram ibi. Immensitatem vero suæ Diuinitatis ostendens discipulis dicit: t Ecce ego vobiscum sum omnibus diebus, vsque ad consummationem seculi. Quomodo autem ascendit in cælum, nisi quia localis & verus est homo? Aut quomodo adest fidelibus suis, nisi quia idem immensus & verus est Deus? u Qua sancti

Pa-

p Selnec. Exeg.
Symb. pag.
279.
q Fulgent.
li. 2. ad Trasin. Reg.

Notatur.

r Iohan. 20.
v. 17.

Iohan. 11.
v. 15.

t Matth. 28.
G. 20.

u Buceri lib.

Patres, inquit Bucerus, *de loco proprio Corporis* *de vi & vsu* *Christi in cœlo scripserunt, iis equidem non video,* *S. Minister.* *quid valuerint dicere amplius, quam seruanda es-* *se in Christo naturæ veriusque Idiomata : Et Di-* *uinæ naturæ idioma esse , Esse vbique, implere o-* *mnia, etiam per Substantiam : Humanæ autem,* *esse definito loco , & conditione, & non diffundi,* *vel in multa, vel in omnia loca. Hæc vera, &* *scripturis consentanea sunt, etiamsi non tribua-* *tur corpori locus ex quarto Physicorum. Et conti-* *Notetur!* *neamus nos in iis precise , quæ scriptura de cœlis,* *& Christi sessione in cœlis, prædicat.* Ista non ideo adduximus, quasi fides nostra Patrum *Conciliatio-* auctoritate nitatur, quæ solo D E I verbo *num ista-* *rum finis.* nititur, vt suis in locis demonstrauimus: Neque etiam ideo, vt quorūdam Fratrum qualicunque præiudicaremus opinioni: quod libentei *Concilio* illi faciendum com- mittimus. Sed, vt plerisque viam simpli- *Notetur!* cem, planam, & apertam ad intelligendos de *Christi persona, adscensione, sessione ad dexte-* *ram* D E I, *& præsentia in terra ,* articulos, præmonstraremus. Nobis enim, vt inge- nue fateamur, nimis argutum videtur, hu- manam in Christo naturam fingere *illocal-* *lem,* Assensum vero ipsius pro *disparitione* saltem accipere: & cœlum, in quod ille corpore suo introiuit, omnino *extra omnem* *esse locum.* Id quod non solum auctoritati S. Scripturæ, quam produximus, verumeti- am Orthodoxorum Patrum sententiæ,

Q 4   ma-

manifeste aduersari videtur. Hæc, vt à candido & simplici profecta sunt animo, ita quoque candido & liberali ab vnoquoq; vestrûm accipi postulamus pectore! *Candida pax homines, trux decet ira feras:*

XII.
Modus &
tendi Cœna
Dominica.

Cauillabuntur etiam aliqui, quod singulariter in ritibus, & modo vtendi cœna Dominica, censuerimus quædam, ab vtraque parte, mutanda seu corrigenda: Prætendentque longam, qua hactenus vtrinque vsi sunt, consuetudinem, à qua sibi nunc demum religionem esse recedere. Fatemur nos id bonam concordiæ vniformitatisq; causa duntaxat, & non ob alium finem, censuisse: Nihil tamen vt hic, ita alias, præscripsisse, nedum violenter quippiam, sub Anathematis supplicio, extorquere à quopiam voluisse. *Ab infimis* enim *ad summa*, nonnisi per eiusmodi peruenitur *media.* Propterea auctores hortatoresque fuimus, vt generale *Concilium* cogeretur, in quo cuncta melius sapientiusque discerni, disponi, constituive possint: cuius iudicio nos quoque vna cum isthac *Exhortatione* nostra humiliter subiecimus & submisimus. Tametsi enim *Consuetudo* longa soleat abire in *legem,* apud cordatos tamen illa tum saltem, vt ait Tertullianus, *x pro lege suscipitur, cum deficit Lex. y DOMINVS autem,* ait idem, *VERITATEM se, non CONSVETVDINEM cognominauit.* Vnde Cyprianus

Notatur.

x Tertul. lib.
de corona
mil. Chrift.
y Idem de
..... §. Idd.

nus: *z Non est*, inquit, *de CONSVETVDINE z Cypr. E-*
præscribendum, sed RATIONE vincendum. pist. ad
a Nam CONSVETVDO, ait idem, sine VE- Quintin.
RITATE, *VETVSTAS ERRORIS est, propter* a Idem E-
quod relicto ERRORE, sequamur VERITATEM. pist. ad Pompei.
b *Itaque* ait Concilium Carthaginense. *VE-* b Conc. Car-
RITATE manifestata, cedat CONSVETVDO thag. Lib.
VERITATI: Si qui vero ad id, quod *decen-* ab Agr.
tius maioriq; cum c ædificatione fieri videa- c 1. Cor 14.
tur, refugiunt, meminerint id non penes v. 40.
se, verum penes *Concilium* esse potius, decernere, quid magis deceat, quidue ædifi-
cet. Vtinam omnes *d quæ ad* PACEM *fa-* d Roman.
siunt, sectemur, & quæ ad mutuam ÆDIFI- 14. v. 19.
CATIONEM! *atque e vnusquisque nostrum e Roman. 15.*
PROXIMO *placeat in bonum, ad eius* ÆDIFI- *v. 2.*
CATIONEM! f *Qui vero contempta* VERI- f Grat. dist.
TATE, inquit post Augustinum Gratianus, 8. Can. qui
præsumit CONSVETVDINEM *sequi, is aut circa* cons.
fratres INVIDVS est, & MALIGNVS, *quibus*
VERITAS *reuelatur, aut circa* DEVM IN-
GRATVS *est, cuius inspiratione Ecclesia eius in-*
stituitur. Viderit ergo *Concilium* illud, quid
magis è re Christiana fore iudicauerit, &
quid non.

Cauillabuntur adhuc multi, quod non- XIII.
nullas *quæstiones* de diuina *prædestinatione* in *Quæstiones*
speciem necessarias, inter curiosas & mi- *curiosæ.*
nus necessarias retulerimus, resecandasq;,
aut ad scholas Academiasque relegandas,
censuerimus: dicentque illarum aliquot

Q 5   singu-

singulari studio ac diligentia à magnis ex
vtraque parte Theologis fuisse tractatas &
explicatas. Quod quidem nos minime
diffitemur. At quænam, obsecro, ex enu-
meratis censetur tantopere necessaria, vt
vel publice pro concione facta populo
Christiano proponi, vel priuatim in com-
potationibus mutuis agitari, curiose debeat? Quænam illarum tam necessaria est,
vt citra eius perfectam scientiam, Christia-
nus homo esse, & in CHRISTO saluari,
nemo possit? Quæ denique adeo necessaria existimatur, vt quum frater ad aliquam earum, seu affirmatiue, seu negati-
uè, siue etiam neutro modo, per ignorantiam, responderit, idcirco iam non pro
fratre agnoscendus sit amplius, sed ex com-
municandus, aut etiam interficiendus?
Non arbitramur inter vos quenquam reperiri, qui adeo violentam in eiusmodi
publice aut priuatim mouendis excutien-
disque statuat quæstionibus necessitatem.
Nos quidem, ne vtramuis hic contra nos
prouocaremus partem, maluimus eas intactas relinquere, quam intempestiue, aut
non sufficienter, ad illas respondere. Duo
hæc potius censemus facienda: Alterum,
Contineamus nos intra modestiæ Christianæ fines ac metas, nec curiose, atque
exquisite de his & similibus, in vtramuis
partem disputemus. Nam quæ scitu ad

salu.

Notetur.

Quid in hi-
sce quæstio-
nibus faci-
endum.
1.
Scitu neces-
saria.

salutem fuerunt necessaria, de iis nos scriptura sacra satis sufficienter instruxit: g Hæc est Via, inquit, ambulate in Ea: nec declinetis ad dextram, neque ad sinistram: h Vtilis enim est ad doctrinam, ad redargutionem, ad correctionem, ad institutionem, quæ est in iustitia, vt Perfectvs sit homo Dei ad Omne opvs bonvm perfecte instructus. i Et quæ ante Scripta sunt, ad Nostram doctrinam ante scripta sunt: vt per tolerantiam & consolationem Scripturarum Spem habeamus. k Saluator autem noster dedit Semetipsvm pro nobis, vt redimeret nos ab omni iniquitate, & purificaret sibiipsi Popvlvm peculiarem, studiosum Bonorvm opervm. l Et Ipse est propitiatio pro peccatis nostris, nec pro Nostris solum, sed etiam pro Totivs mvndi peccatis. m Teneamus ergo quod Habemvs, vt nemo accipiat Coronam nostram. n Qui enim Coepit in nobis Opvs bonvm, perficiet vsque ad diem Iesv Christi. q Nam Dona illa, & illa vocatio Dei eiusmodi sunt, vt Eorvm ipsum pœnitere non possit. p Et is Patiens est erga Nos, nolens Vllos perire, sed Omnes ad resipiscentiam tendere, prout apud Prophetam testatur, inquiens: q Vivo ego, dicit Dominus Deus, nolo mortem impii, sed vt conuertatur impius à via sua, & viuat. Conuertimini, conuertimini à viis vestris pessimis: & quare mo-

g Isa. 30.
v.21.

h 2.Tim.3.
v.16.

Nota.

i Roman. 15.
v.4.

k Tit.2.v.14

l 1.Ioh.2.v.2

m Apoc. 3.
v.11.
n Phil.1.v.6.

o Rom. 11.
v.29.

p 2.Pet.3.
v.9.

q Ezech.
33.v.11.

re moriemini domus Ifrael ? Alioquin dicit:
ɤ Pfal. 5. 6. 5. ɤ Non Dɛvs volens iniquitatem Tv ɛs,
Neque habitabit iuxta Tɛ malignus, neque per-
manebunt iniufti, ante Ocvlos tvos,
Odisti omnes qui operantur iniquitatem,
Pɛrdɛs omnes qui loquuntur mendacium,
Virum fanguinum & dolofum Abominatvr
Dominvs. Et fimilia.

Scitu non
neceſſaria.
s Deut 29.
6. 19
t Eccl.3.6. 22
u Rom. 11.
v. 3.
x Act. 1. 6.7.
y R. m.9.
v. 22.

x Aug. de
Gen. lib. 1.
cont. Ma-
nich.
a Prosp.de
voc. gent.

Notetur.

2.
Magis ne-
ceſſaria de-
ligenda ac
definienda.

Quæ vero fcitu non admodum fuerunt
neceſſaria, eaque Dɛvs, ceu s abſcondita,
rationique noſtræ t altiora, v imperueſtigabi-
lia, in x ſua poſuit poteſtate, y volens oftende-
re IRAM, & notam facere potentiam ſuam,
pertulit multa lenitate Vaſa Iræ coagmentata
ad interitum, & vt notas faceret Diuitias gloriæ ſuæ erga Vaſa miſericordiæ, quæ præpara-
uit ad gloriam, in ea nos curioſius inquirere
nec decet, neq; omnino neceſſe eſt. z Com-
peſcat ſe Humana temeritas, inquit D. Auguftinus, & id quod non eſt, non quærat : ne illud
quod eſt, non inueniat. a Quæ enim Dɛvs occulta eſſe voluit, ait Prosper, NON SVNT
SCRVTANDA : quæ autem manifeſta fecit,
nõ ſunt negligenda: ne & in illis illicite curio-
ſi, & in his damnabiliter inueniamur ingrati.
Alterum hic faciendum cenſemus. Si o-
mnino neceſſe eſt, aliquam earum Quæ-
ſtionum excuteri habeatur ſane inter eas
certus delectus, diſtinguanturque magis
neceſſariæ à minus neceſſariis, definian-
turque ac determinentur in Concilio generali

rali, ex mutua Scripturæ S. collatione fideique analogia: aut, fi libet, ponantur alio, quam hic funt pofitæ modo, Nos enim eas ex certis, ita vt fcriptæ fuerunt, defcripfimus Authoribus. Proponantur fane ibi, ventilentur, expedianturque diligenter, Nemo noftrûm erit, qui hic temere contraire voluerit. Concilii autem erit non modo *foluere*, fed etiam in vniuerfum *tollere* & abolere eiufmodi, fi qui reftiterint, nodos fcrupulofque. Nobis fufficiet, quod fæpius proteftati fumus, vel leuiffimam faltem Prudentioribus, hifce & aliis de rebus cogitâdi præbuifle occafionem. *b Credidimus, propter quod etiam loquuti fumus.* Quod potuimus attulimus, adferant qui poffunt plura & meliora, & quam debebimus, illis habebimus gratiam. Alioquin fi hos Controuerfias omnes tollere poffemus, ad quid Concilium generale conuocandum poftularemus?

Cauillabuntur etiam idipfum aliqui, quod ad tollendum eiufmodi Schifma & controuerfias Concilium generale conuocandum cenfuerimus: dicentque etiamfi illic Concordia inter partes Controuertentes fuiffet fancita, neutiquam tamen futuram & manfuram deinceps farram tectam, fore enim plurimos, qui eam deinceps aut retractaturi, aut refutaturi funt, Tametfi nos haud quicquam extra Chriftianam

hacte-

Noxatur

b Pfal. 115. G. 1.

Notetur.

XIV.

Concilium.

Recufatores Cöcilii (nufa fa fua diffidere videntur.

hactenus poftulauerimus officium, vt qui
omnium bonorum infiftentes veftigiis exi-
ftimauerimus nullo alio modo hoc Schifma Euangelicum tolli ac pacıri poffe,
quam per Generale ac liberum *Concilium*.

Sic olim Apoftoli in c *Concilio Hierofolymi-*
tano fuftulerunt controuerfiam *Antioche-*
nam: Sic Conftantinus Magnus in d *Conci-*
lio Niceno fuftulit controuerfiam *Arianam*.
Sic alii in aliis fecere e *Conciliis*. Quidni &
nos idem in noftro Generali Concilio e-
uenturum fperemus? Non tamen ij fumus
qui ignoremus multos fuiffe nihilominus
repertos inquietos, qui vel *Oecumenicis* contradicere aufi fuerunt *Conciliis*; plures tamen piorum ac quietorum hominum in
veritate verbi D E I fuiffe confirmatos; etiam bene houimus; quorum caufa etiam
merito fuerunt, funtque adhuc, eiufmodi
congreganda Concilia. De eo paffim nota loquimur. Duo rurfum vobis hic cenfe-

mus confideranda: Primum, vt nihil mo-
rati malos, bonorum faltem iuftam, hac in
parte habeatis rationem. *Propter* enim *abu-*

fum rei bona non tollitur effentia eius. f *Qui nocet,*
noceat adhuc, & qui fordidus eft fordefcat adhuc,
& qui iuftus eft, iuftificetur adhuc, & Sanctus

fanctificetur adhuc. g *Qui vero ignarus eft I-*
GNARVS ESTO. h *Si infidi fumus, ille*
tamen FIDVS *manet,* NEGARE *fe ipfum*
NON POTEST. *Sufficiat* SOLI. NOS
pla-

placuiſſe DEO! Alterum hic conſideran-
dum eſt, vt DEO omnem rei euentum
committamus : Ipſius erit noſtrum tam
ſanctum, i in nomine ipſius peractum opus   i Matth. 18.
& propoſitum ad gloriam ſuam dirigere   v. 20.
ac prouehere; Contradicentium ac Hoſti-
um Inſoleſcentiam, vt olim Iudæorum, ſi
ita viſum ei fuerit, compeſcere ac reprime-
re. k *Qui irritam fecerit Moſis Legem, abſque*   k Heb. 10.
miſericordia, ex duorum aut trium Teſtimonio   v. 28.
moritur. Quanto putatis acerbiore ſupplicio di-
gnus cenſebitur, qui SPIRITVM *gratiæ con-*
tumelia affecerit? Nouimus enim eum, qui, dixit: Notetur.
MEVM eſt VLCISCI, EGO rependam, di-
cit DOMINVS. Et rurſum: m DOMINVS   l Deut. 32.
iudicabit populum SVVM. *Horrendum eſt in-*   v. 5.
cidere in MANVS DEI Viui! Faciamus   m Pſal 35.
ergo nos noſtrum officium, faciet quoque   v. 24.
DEVS SVAM, vt promiſit, n in nobis mi-   n Pſal. 14.
ſericordiam & veritatem. Cæterum viderit   v. 10.
Concilium ſuper toto hoc negotio, ne fruſtra tantum videatur ſuſcepiſſe laborem.
Non enim minor eſt Virtus quàm quærere parta tueri. Nobis abunde eſt. quod primo *Normam* controuerſiarum, ipſi præſti-   Conſolatio
tuerimus *Concilio*, ſolum DEI verbum, cui,   noſtra.
qui poſtea contradicere voluerit, merito   I.
percutietur, cum Dſuino o Anathemate, tum   o Gal. 1. v. 8.
etiam Cenſura Eccleſiaſtica: p *Qui enim Eccle-*   p Matth. 18.
ſiam AVDIRE *neglexerit, ſit ſanè velut Eth-*   v. 17.
nicus & Publicanus. Confidimus autem pi-
                                                os E-

os Euangelii fectatores verbo Diuino minime contradicturos, quin tanto magis
obedituros. Deinde, quod Synodos *Prouinciales* ante cenfuerimus cogendas, quam
Generale illud *Concilium* congregetur. Inde enim rebus quifque domi pacatis ad-
ueniens, non Controuerfiam aliquam,
fed *Concordiam* mutuam, in *Concilio* approbandam, fecum adferet: relaturus domum
quæcunque ex verbo DEI, velut è puriffi-
mo fonte, haufta, deductaque fuerint, ad
gloriam eius, noftramque mutuam ædificationem. Ne vero *definitio* aliqua degeneret in Difputationem, quæ poftea maioribus poffet dare occafionem *Contentionibus*, poterunt cettæ perfonæ ab vtraque
parte deligi, quæ feorfim in'er fe eiufmodi
pacifice tractent quæftiones; *decifionemque*
illarum *Concilio* approbandam offerant;
ne quis fit, qui fibi nondum fatisfactum effe, iure aliquo, queri poffit. Id quod in o-
mnibus dubiis & Controuerfiis obfer-
uandum tenendumque cenfemus. Sic in
noftra *Toruniensi* Synodo, per delectos Ar-
bitros, multæ Quæftiones, paullo momen-
to fuerunt folutæ, Controuerfiæque fopi-
tæ. q *DEVS tolerantiæ & Confolationis*, det
vobis, vt *EODEM animo inter VOS mutuo
affecti fitis, fecundum IESVM CHRISTVM,
vt Concorditer, VNO ORE glorificetis DE-
VM ac Patrem Domini noftri IESV CHRI-
STI*

Marginalia:
- ꝗ.
- *Notetur.*
- *Ratio tollendi controuerfias.*
- *Notetur.*
- q *Rom.* 15. ꝟ. 5.

§ T I. *Propterea assumite* A L I I A L I O S, *sic-*
ut & C H R I S T V S *assumpsit in gloriam* D E I!
Amen. r *De cætero, ne quis nobis molestias exhi-* r *Gal.6.v.*
beto, quorum aliqui etiam *Stigmata Domini* 17.
I E S V *portamus in Corpore nostro.*

CONCLVSIO.

FEcimus s *iudicium & iustitiam* DOMINE, s *Psal.* 118.
nè tradas nos CALVMNIANTIBVS NOS! ç.111.
Suscipe SERVOS TVOS *in bonum, ne* CA-
LVMNIENTVRNOS SVPERBI! Et-
enim ostendimus iam, per D E I gratiam, *Recapitula-*
caufas grauissimas, Fratres in Domino co- *tio superius*
dictorum.
lendissimi, quæ vos vtrinque ad mutuam 1.
in toto religionis veræ negotio Concordiam merito impellere, atque adunare debeant. Ostendimus etiam modum certum 2.
quem nos facilimum iudicauimus, ad hâc
inter vos conciliandâ, stabiliendam, con-
firmandamq; Concordiam: Ostendimus 3.
deniq; quam nihili sint rationes, quæ, quo
minus ad hanc ineundam accedatur Concordiam, ab vtraq; parte prætendi solent.
Quid tandem restat? nisi vt positis omni- *Notetur.*
bus inimicitiis, rancoribus, odiis, conten-
tionibusq; mutuis, vos inuicè in Fraterna
complectamini *Charitate,* iuxta mandatâ
D E I? t HOC enim est M A N D A T V M eius, t 1. *Iohan.* 3.
vt C R E D A M V S *nomini Filii eius* I E S V ç.23.
C H R I S T I, & diligamus alii alios, *sicut*
R *Man-*

mandauit nobis. Curemus igitur, vt ex omni parte id, re ipſa, & in effectu, compleamus, *v Ipſe autem* DOMINVS PACIS, *ſemper det vobis* PACEM *in* OMNI LOCO! *Amen.*

1.Teſſ: 3:
v. 16.

VOTVM.

Sint VNVM, *doceant* VNVM, *fateantur &* VNVM,

. VNVM *qui à* CHRISTI *nomine* NOMEN *habent!*

FINIS.

CPSIA information can be obtained
at www.ICGtesting.com
Printed in the USA
BVHW042206030319
541685BV00016B/384/P